马克思的晚年岁月

THE LAST YEARS OF KARL MARX

〔意〕马塞罗·穆斯托◎著

刘同舫　谢　静◎译

人民出版社

目　录

英文版前言

2016 年 8 月，本书以"L 'ultimo Marx, 1881—1883"为题，首次在意大利罗马的 Donzelli Editor 出版社出版。这本书在关注马克思的读者中引起了极大的兴趣，现在已有了英文版本。

该书的意大利原版印刷了 2500 册，并配有电子书，很快就销售一空，并于 2017 年 1 月重印。随后，在另一次重印之后，处于按需印刷状态中。

这本书的第一批译本出版不久后，在 2018 年马克思诞辰 200 周年之际，该书以五种语言出版。第一部用泰米尔语出版，印数为 1000 册，由金奈老牌出版商新世纪书屋私人有限公司发行。几个月后，圣保罗的 Boitempo 出版社接着出版了葡萄牙文版，印数为 4000 册。几周后，釜山的 Sanzini 出版社出版了韩文版 1000 册（2019 年再版），汉堡的 VSA 出版了德文版 2000 册。截至 2018 年底，这本书也被东京的堀内弘之翻译成日文版，共 500 页，印刷 2000 册，其中还包括我最近出版的《另一个马克思：早期的国际手稿》的日文版（伦敦，布卢姆斯伯里出版社 2018 年版）。2019 年，这本书又被翻译成三种语言：阿拉伯语，1000 册，由开罗的 Al Maraya 出版社翻译出版；波斯语，3000 册（一个月内重印 3 次），由德黑兰的 Cheshme 出版社翻译出版；印地语，500 册，由新德里的 Aakar Books 出版社翻译出版。此外，印尼语版本——和日文版一样，也包含了《另一个马克思：早期的国际手稿》——由 Marjin Kiri 在印度尼西亚的南坦格朗翻译出版。这个英文版本，包含了相对于意大利原版的新内容和一些修改，随之而来的是一系列的翻译和重印。新译本将于 2020 年 1 月面世：西班牙文版本在墨西哥城 Siglo XXI 出版社翻译出版，共 2500本；由 Donzelli 编辑出版的意大利文新增订本，以及正在准备中的中文版本。

　　这本书自首次出版以来，在不到 3 年的时间里，已经在国际上取得了巨大反响，并在许多国家的报纸和期刊上得到了广泛评论。作者感谢斯坦福大学出版社前执行主任艾米丽－简·科恩的热心协助，帕特里克·卡米尔的出色翻译，以及恩里科·坎波对于完成参考文献和参考书目的帮助。

马塞罗·穆斯托

2019 年 6 月于那不勒斯

译者序

　　党的十八大以来，国内外学界掀起了一股研究和宣传马克思主义理论的热潮。尤其以 2018 年马克思诞辰 200 周年为节点，全世界各地敬仰和钦佩马克思的人们纷纷以不同的方式纪念这位"千年伟人"，重温他的光辉思想。其中，也不乏一些研究型和理论性的著作面世，这些著作有利于我们进一步还原马克思的"真实肖像"，汲取马克思主义的科学智慧和理论力量。加拿大著名马克思主义学者马塞罗·穆斯托（Marcello Musto）的《马克思的晚年岁月》就是这样一部传记式的研究著作。该书聚焦于马克思生命的最后 3 年（1881—1883），从"最后 3 年"这一具体阶段进行考察、展开论述，为我们全面把握马克思及其思想，特别是其晚年生活提供了丰富的历史资料和科学依据。

　　译者刘同舫一直从事马克思主义基本理论研究，重点关注马克思的早期思想，曾翻译过英国著名学者大卫·列奥波德《青年马克思——德国哲学、当代政治与人类繁荣》一书，也曾出版《青年马克思政治哲学思想研究》等著作。译者谢静主要研究方向为马克思主义哲学史，曾翻译过马塞罗·穆斯托教授的《论马克思异化概念》等相关作品，对原作者及其作品较为熟悉。本次我们合作翻译马塞罗·穆斯托教授关于马克思晚年生活的书籍，不仅推进了对于马克思理论学说完整性和丰富性的研究，还加深了我们对于马克思的崇敬之情，并且更加明确了作为马克思主义研究学者的使命担当。

　　青年马克思展开了丰富的学术创造和敏锐的理论斗争,并以极大的政治热情和革命精神投入群众运动中;晚年马克思则几乎将全部心血投入到《资本论》的写作中,致力于揭示资本主义社会剩余价值的产生奥秘,从根本上揭露资本家压榨雇佣工人的残酷行径。如果说,早年活跃于各种现实工人运动、理论报刊文章中的马克思,给我们展现了一个勇敢无畏、朝气蓬勃的革命斗士形象,其晚年则愈加表现出睿智沉稳、凝重庄严的理论家气质。马克思为彻底批判资本主义社会耗尽心血,在日益严重的身体疾病和接连发生的家庭变故的摧残下,依然笔耕不辍并积极开拓新的研究领域。如此看来,马克思晚年的创作环境似乎更加艰难,其间的深邃思考更加让人肃然起敬。但是,针对马克思晚年的创作状态,一直有疑惑之处,例如,对"马克思为什么没能完成《资本论》这一巨著"这一问题,传统上学界的回答主要聚焦于其身体疾病等原因;近年也有学者提出,是由于马克思晚年思维能力的下降,其生命处于"慢性死亡状态";还有观点表示,是"马克思低估了自己习惯性的严重的拖延症"等原因所致。针对这样一些误解、曲解或者不全面的理解,我们认为有必要加强对马克思晚年生活的探究,以真实、完整地再现马克思晚年的理论创作和实践活动,回击各种不实的言论。《马克思的晚年岁月》这本书中较为真切、翔实的资料为我们还原历史提供了参考。

　　《马克思的晚年岁月》展现出一个伟人最后的创作时光和人生经历,回应了学界对马克思晚年生活的相关争议,是对马克思的"最后著作"和晚年生活的重新评估。本书致力于消除对马克思晚年生活的两个关键误解:马克思晚年不再写作;他是一个以欧洲为中心的经济思想家,只关注阶级冲突。马塞罗·穆斯托教授提供的大量资料表明,在马克思生命的最后3年里,他不仅没有停止思考和创作,还积极地将关注视域拓展至从前很少触及的领域:研究最近的人类学发现,分析前资本主义社会的公共所有制形式,对俄国的资本主义发展和民粹主义运动进行评价，对印度、爱尔兰、阿尔及利亚和埃及等地的殖民压迫提出批判等。马克思晚年的写作量惊人，包括各类著作手稿、摘录笔记、工人组织的文件、大量书信等，其阅读和摘录的内容涉猎广泛，具体包括人类社会、历史、政治、生物、物理、化学以及数学等领域。除了高强度的理论工作外，马克思第一次也是唯一一次到欧洲以外的地方考察，虽然是出于治疗身体疾病的目的，但他依然没有停下思想的历险，惯常地用他那审视和洞穿时代的双眼密切关注着当地乃至全球的政治事件和工人运动。

通过马塞罗·穆斯托教授的描述，我们发现在马克思晚年的手稿、笔记和信件中，出现了一个"不同的马克思"。这个"马克思"是生活中的"不幸者"，遭受着常人难以忍受的恶劣环境和严重的病痛折磨；但他依然是学术上的"开拓者"，致力于追求真理和涉足新的研究领域，执着于学术创作和人类的解放事业，"我一直在坟墓的边缘徘徊。因此，我不得不利用我还能工作的每时每刻来完成我的著作"。《马克思的晚年岁月》呈现出马克思颇为悲壮和令人敬佩的最后时光，也进一步勾画了马克思关注现实、投身革命的伟大一生和从未停歇且成果丰富的晚年创作生涯。

追求真理永无止境，学术之路任重道远！立足新时代，展望人类未来，我们更应葆有作为马克思主义理论学者的使命感和责任感，将理论研究融入社会现实，用现实行动回应理论需要，力争传播正能量，弘扬主旋律，积极回应各种对马克思本人及其理论的非难和误解。愿本书的翻译出版能够帮助人们廓清对马克思晚年思想的一些误解，为学界研究贡献微薄力量，并继续感染那些和我们一样热爱马克思和马克思主义的读者们。

最后，译者需要向读者说明的是，我们在翻译的过程中，关涉原作者对马克思、恩格斯经典文献的引文部分，我们都对应查找了中文版的相关文献。在中译版的版本选择上，我们优先选用了《马克思恩格斯文集》（人民出版社 2009 年版），但在《马克思恩格斯文集》中没有出现的内容，我们使用了《马克思恩格斯全集》（中文第一版），相比《马克思恩格斯文集》中的内容，该部分所占比重较小。

译者

2021 年春

引 言

也许一千个社会主义者中有一位读过马克思的经济学著作，而一千个反马克思主义者中甚至没有一个人读过马克思。①

一、马克思的晚年成果及其政治价值

十多年来，享有盛誉且拥有广泛读者群体的报纸和杂志一直将卡尔·马克思描述为一位富有远见的理论家，其经典命题不断得到确证。许多持进步观点的作家坚持认为，对于任何认为有必要寻求资本主义替代方案的人来说，马克思的观点仍然是不可或缺的。如今，马克思的学说已经成为诸多大学课程和国际会议的主题，他的身影几乎无处不在；他的著作得以不断再版或者以新版本出版，并且重新出现在书店的书架上。在被忽视了 20 年或更久之后，对他作品的研究已获得越来越大的动力。2018 年，我们进一步见证了这种"马克思的复兴"，这得益于世界各地为纪念《资本论》出版 150 周年和马克思诞辰 200 周年取得的一些成果。②

1998 年重新出版的《马克思恩格斯全集》（MEGA2）是马克思

---

① Boris Nicolaevsky and Otto Maenchen—Helfen, *Karl Marx: Man and Fighter,* London: Pelican Books, 1976, p.IX.

② 最近的代表作之一是马塞罗·穆斯托主编的 *The Marx Revival: Essential Concepts and New Critical Interpretations*, Cambridge: Cambridge University Press, 2020。

和恩格斯全集的历史考证版，对全面重新评价马克思的全部著作具有特殊价值。目前已经出版了 26 卷（其中有 40 本是在 1975 年至 1989年间出版的），其他卷正在准备出版中。这些包括：（1）马克思部分著作的新版本（最著名的是《德意志意识形态》）；（2）马克思于 1857年至 1881 年所写的《资本论》的相关手稿；（3）马克思、恩格斯通信全集；（4）马克思的笔记约 200 本，包括他的阅读摘录及其所引起的思考。所有这一切构成了马克思批判理论的集合，揭示了他复杂的思维过程以及思想发展的逻辑遵循。

以上这些仅限于小范围研究领域的珍贵材料只能在德国才能找到，它们向我们展示了与众多评论家或自封为马克思的追随者长期以来所呈现的截然不同的作者形象。的确，自 MEGA 中获取的新文本使我们可以这样认为，在政治、经济和哲学思想的经典著作中，马克思被认为是在 20 世纪头几十年来形象变化最大的作者。苏联解体后的新政治格局所发生的变化也促成了这种新的认知。马克思列宁主义在苏联的终结，使得马克思关于社会发展的思想摆脱了意识形态的束缚。

可以肯定的是，1917 年后，马克思的著作在很多区域和社会阶层中得到了广泛传播，而在此之前，这种状况是不存在的。但是，在俄国革命的第一推动力耗尽之后，后来的苏联正统学说强加了一种僵化的一元论，这对马克思主义理论产生了负面的影响。在莫斯科的马克思—恩格斯—列宁研究院（Marx—Engels—Lenin Institute）整理的手册，或是各种主题的"马克思主义"选集中，马克思的著作常常被肢解并重新建构成一套语录，以达到预定的目的。这也是德国社会民主党从 19 世纪末开始采用的一套做法。[1] 有人可能会说，对待

---

[1] 关于马克思著作出版史的变迁，参见马塞罗·穆斯托："The Rediscovery of Karl Marx", *International Review of Social History* 52, no. 3 (2007): 477—486。

马克思文本的方式和强盗普罗克拉斯蒂①对待其受害者的方式是一样的：如果文本内容太长，就要截肢；如果文本内容太短，就要加长。即使在最符合文本原意的情况下，也很难将大众化的需要与避免理论匮乏的要求结合起来。但是在苏联，首先是约瑟夫·斯大林（Joseph Stalin，1878—1953），然后是尼基塔·赫鲁晓夫（Nikita Khrushchev，1894—1971）以及列昂尼德·勃列日涅夫（Leonid Brezhnev，1906—1982），他们对于马克思著作的错误认识，导致了对马克思思想僵化理解的结果。

对马克思经典批判理论的教条化理解导致了最不可能出现的悖论：这位最坚决地反对"为未来的饭店开（实证主义的）食谱"的思想家，②反而被认为是一种新的社会制度的先驱；这位从不满足于自身所取得成果的辛勤思想家，被误解为彻头彻尾的教条主义的根源；这位唯物史观的坚定捍卫者比任何其他学者都更为严重地在其历史背景中被扭曲了。甚至他所坚持的"工人阶级的解放必须由工人阶级自己推翻旧的社会制度"③的主张也陷入了强调政治先锋和政党在推动阶级意识和领导革命中的首要地位的意识形态僵局。主张缩短工作时间是提高人类能力的先决条件的人们发现，自己被劝诱支持斯达汉诺夫

---

① 在希腊神话中，普罗克拉斯蒂是非常残暴的海盗。——译者注

② Karl Marx, "Afterword to the Second German Edition", in Marx, *Capital*, Volume One, MECW, 35: 17; "Nachwort zur zweiten Auflage", in Marx, *Das Kapital. Erster Band*, MEW, 23: 15. （MECW= Karl Marx and Friedrich Engels, Collected Works. Moscow London, and New York, 1975-2005（1-50）. 其中的 35 和 17 这两个数字分别指卷数和页码，下文同此处，再出现时将不再重复标注；MEW=Karl Marx-Friedrich Engels-Werke, Institut für Marxismus-leninismus beim Zentralkomitee der Sozialistischen Einheitspartei Deutschlands. "Ergänzungsbanden". Berlin, 1957-1968（1-39）. 23 和 15 这两个数字分别指卷数和页码，下文同此处，再出现时将不再重复标注。——译者注）

③ Karl Marx, "Provisional Rules of the International Working Men's Association", MECW, 20: 14; "Provisorische Statuten der Internationalen Arbeiter—Assoziation", MEW, 16: 14.

主义①的生产主义信条。坚持废除国家制度的信徒们却建立起了最坚固的（国家）堡垒。马克思和少数其他思想家一样，都提倡个性的自由发展。他认为，权利的平等掩盖了在资产阶级统治下的社会差距，这种权利上的平等仅仅是法律上的平等，他提出，"要避免所有这些弊病，权利就不应当是平等的，而应当是不平等的"②。然而，具有这一思想的马克思，却被错误地与一种毫无特色、单一维度的观念联系在一起，而被抹去了其思想本身所具有的丰富性。

学界最新的研究驳斥了各种把马克思关于共产主义社会的概念简化理解为生产决定论的观点，同时特别体现了马克思对生态问题的重视。他多次谴责资本主义生产方式的扩张不仅增加了工人的盗窃行为，也构成对自然资源的掠夺这一事实。马克思关注的另一个问题是移民。他论证了资本主义造成的劳动力强制流动是资产阶级剥削的主要组成部分，而反对这种剥削的关键是工人阶级的团结，无论他们的出身有何种差异，也无论本地劳工和外来劳工之间的区别。

马克思深入研究了许多其他问题，这些问题虽然常常被研究他著作的学者所低估或忽视，但马克思研究的问题对我们这个时代的政治发展仍具有至关重要的意义，其中包括经济和政治领域的个体自由、性别解放、对民族主义的批判、技术的解放潜力以及新的集体所有制形式。

此外，马克思对欧洲以外的社会进行了深入的调查，旗帜鲜明地表示反对殖民主义侵略的坚定立场。马克思批评了一些思想家，原因在于这些思想家在分析全球边缘地区时仍使用的是分析欧洲地区所特

---

① 阿列克塞·斯达汉诺夫（Alexey Grigoryevich Stakhanov）是苏联的采煤工人，他的工作量超过普通采煤定额十多倍。《联共（布）党史简明教程》描述了"斯达汉诺夫运动"并作为苏联工业劳动率提高的典型案例。——译者注

② Karl Marx, *Critique of Gotha Programme,* in MECW, 24:87; *Kritik des Gothaer Prograrnms,* NEW, 19:21.

有的语境和方式。马克思多次警告那些未能观察到现象背后存在的基本原则的做法，尤其是他本人于 19 世纪 70 年代获得理论上的进步之后，他对在完全不同的历史或地理领域中转换解释类别的做法非常谨慎。尽管怀疑主义在某些学术领域仍然很流行，但马克思的这些思想如今得以进一步明晰和肯定。

因此，在柏林墙倒塌 30 年后，更客观地阅读马克思的著作已经成为可能。人们有可能读到的马克思完全不同于那个被误以为是教条主义的、经济主义的和以欧洲为中心的理论家。当然，人们可以在马克思的大量文献遗产中发现一些陈述，这些陈述表明生产力的发展正在加速资本主义生产方式的瓦解。马克思认为，改变社会的可能性取决于工人阶级及其通过斗争引发社会变革的能力，从而产生另一种经济和政治制度。

马克思主义研究已经取得的新进展表明，对马克思著作的阐释可能会变得越来越精细。从这一角度来看，本书所涉及的时期（1881—1883）和马克思在这一阶段所论述的主题为当代读者提供了反思当今紧迫问题的丰富空间。长期以来，许多马克思主义者重视青年马克思的著作（主要是《1844 年经济学哲学手稿》和《德意志意识形态》），而《共产党宣言》仍然是他著作中得到最为广泛阅读和引用最多的文本。然而，人们察觉到这些早期作品中的许多思想被他后来作品中的观点所取代。在《资本论》及其手稿以及在他最后几年的研究中，我们发现了其对资本主义社会批判的最宝贵的反思，这是马克思最后得出的结论。如果以批判的眼光来审视自他去世以来世界的变化，这些理论可能仍然对建立资本主义以外的另一种社会经济模式的任务非常有用。

1881 年和 1882 年，马克思在人类学、前资本主义生产方式、非西方社会、社会主义革命、唯物史观等方面的研究工作取得了重大进展。他还密切关注国际政治中的重大事件，从他的书信中可以看出，他强烈支持爱尔兰解放斗争和俄国民粹主义运动，坚决反对英国在印度和埃及的殖民压迫以及法国在阿尔及利亚的殖民统治。马克思绝不是一个欧洲中心主义者、经济中心主义者以及只关注阶级冲突的人。马克思认为，研究新的政治冲突、理论主题和地域问题是他对资本主义制度进行批判的基础，这使他能够分析和揭示各国的具体问题，并思考不同于他早年对共产主义构想的可能性。

二、被遗忘的一章：“马克思的晚年岁月”

马克思的思想改变了世界。然而，尽管马克思的理论得到肯定，并在 20 世纪成为相当一部分人的主流意识形态和国家学说，但他的所有著作和手稿仍然没有完整的版本。其主要原因在于马克思著作的不完整性，他发表的作品数量远远少于未完成的文本总数，更不用说他孜孜不倦研究相关主题的堆积如山的笔记遗作。

马克思留下的手稿比他寄给印刷商的要多得多。[①] 不完整的书稿是他晚年生活中不可分割的一部分：他生活的贫困有时令人难以忍受，他的健康状况不断恶化，这更增加了他日常的忧虑；他严谨的方法和无情的自我批判增加了许多事业上的困难；他对知识的热情始终没有随着时间的推移而改变，并总是驱使他进行新的研究。马克思的不懈努力将对人类世界的未来产生最非凡的理论影响。[②]

在马克思的许多传记中，对他生命中主要事件的叙述与他的理论被截然分开了。[③] 对马克思思想研究的大多数都会忽略了其生存的困

① 参阅“马克思著作编年史”部分，Marcello Musto, *Another Marx: Early Manuscripts to the International,* (London: Bloomsbury Academic, 2018), pp.7-11。
② Maximilien Rubel, *Marx critique du marxisme*, Paris: Payot, 2000, pp.439-440.
③ 这种区分最引人注目的例子是弗兰茨·梅林（Franz Mehring）要求罗莎·卢森堡（Rosa Luxemburg）为其著作《卡尔·马克思：他的人生故事》撰写关于《资本论》第二卷、第三卷的部分。参见“作者简介”（the Author's Introduction），XIII.

境，而这些困境在很大程度上影响了马克思的工作进程。相当多的作者徘徊在马克思早期作品和晚期作品的差异之中，①并没有显示出对后者足够透彻地了解。许多其他的研究都是基于"哲学家马克思""经济学家马克思"和"政治家马克思"之间的错误划分。

迄今为止，几乎所有已出版的人物传记都较为重视研究马克思青年时期的作品。在很长一段时间里，对马克思晚年，特别是 19 世纪 80 年代早些时候研究加以检视的困难，阻碍了我们对他所获重要成就的认识。这就是为什么所有的传记作者都花很少的篇幅介绍马克思在国际工人协会②解散之后的活动。这并非偶然，这些传记作家几乎总是用"最后 10 年"作为这部分工作的统称，他们错误地认为马克思已经放弃了完成工作的想法，没有更深入地研究他在这一时期的实际工作。如果在过去（资料掌握有限的情况下）存在这样做的理由，

---

① 关于学者对马克思早期著作的研究，请参见马塞罗·穆斯托（Marcello Musto）的《〈1844 年经济哲学手稿〉解读中的"青年马克思"的神话》，《批判》43 卷第 2 期（2015），第 233—260 页。

② 例如，参阅 Mehring, chapter 15, "The Last Decade", in *Karl Marx*, 501-532; Otto Rühle, "The Evening and the End", in *Karl Marx: His Life and Work*, (New York: Routledge, 2011), 359-370; Karl Vorländer, chapter XIX "Relations to the Social Movement", and chapter XX "The FinalPeriod of Suffering–Death–Marx's Personality", in *Karl Marx* (Leipzig: F. Meiner, 1929), 248-260 and 261-278; Boris Nicolaevsky and Otto Maenchen-Helfen, chapter 21, "The Last Ten Years", in *Karl Marx*: *Man and Fighter*, rev. ed. (London: Pelican Books, 1976), 392-407；以及 David McLellan, "The Last Decade", in *Karl Marx: His Life and His Thought* (London: Macmillan, 1973), 412-451. 即使马克西利米安·吕贝尔（Maximilien Rubel）以其细致的文本研究而闻名，也没有超越他的前辈们的局限 *Karl Marx Essai de biographieintellectuelle*, (Paris: Rivière, 1957), 416-434. In Maximilien Rubel, *Marx: Life and Works*, (London: MacMillan Press, 1980)，这位法国学者写道，"马克思生命的最后十年就像一场缓慢的痛苦"，在此期间"他的活动仅限于通信和几篇文章"。但他补充道："尽管如此，即使在出版作品如此匮乏的时期，马克思也写了大约 50 本笔记本，几乎全部都是他的阅读摘录。"他的"文学贪食症"产生了近 3000 页的小文。最后，还应该加上"大量"的统计资料，在他去世之后，这些资料让恩格斯目瞪口呆。

但是如今却很难理解为什么MEGA①提供的新资料以及20世纪70年代以来关于"晚年马克思"的大量研究并没有导致这一趋势发生更重大的变化。②

这本书旨在填补马克思文本研究中的一个空白。但作者也意识到，这仍然是一个局部的、不完整的贡献，不仅因为与包含1881年至1883年时期文献的MEGA卷尚未全部出版有关，③也因为马克思的著作涵盖了人类知识中最多样化的领域，即使对最严谨的学生来说，他的理论成果也是难以攀登的高峰。此外，由于需要依循这本专著的篇幅安排，因此不可能以同等的精力来分析马克思的所有著作：通常有必要用几句话总结一段文字的内容，或者在一页纸上总结一个

① MEGA（全称为Marx-Engels-Gesamtausgabe），即《马克思恩格斯全集》历史考证版。——译者注

② 近年来出版的传记就是一个例证，说明MEGA提供的新资料使得马克思思想研究愈发受到重视，但"晚年马克思"的著作仍被绝大多数学者所忽视。乔纳森·斯珀伯的精彩作品，*Karl Marx: A ineteenth—Century Life*（New York: Liveright, 2013.）忽略了马克思的晚期作品。加雷思·斯特德曼·琼斯的长篇《卡尔·马克思：伟大与幻想》（哈佛大学出版社2016年版）只在一个简短的后记中考察了从1872年到1883年的整个时期，其中用了五章（170页）来描述马克思的早年生活（1818—1844年），当时马克思只发表了两篇期刊文章，刚刚开始了政治经济学的研究，用了三章（150页）来描述1845—1849年的时间框架。在斯文—埃里克·里德曼750页的《一个必胜的世界：卡尔·马克思的生平与著作》（London: Verso, 2018）中，只有两个非常短的章节是关于马克思在批评《哥达纲领》之后所做的事情。其中之一——对摩尔根的古代社会的浅表分析（Liedman, *a World to Win*, 507—513）——奇怪地出现在《文各特先生》等著作（1860年出版）以及马克思参与国际工人协会（1864—1872年）之前。非时间顺序的选择阻碍了对马克思在其生命最后阶段理论演进的清晰理解。这三部传记的共同之处在于对二手文学的关注很少。最后，格雷戈里·克莱伊斯（Gregory Claeys）的有趣著作《马克思与马克思主义》（London: Penguin, 2018）中也不乏这种倾向。在这本书中，1872年至1883年间发生的一切都被压缩为"马克思的成熟体系"这一简短章节，尽管已故的马克思几乎没有什么系统的体系（ibid., 203—215）。

③ 大卫·史密斯编辑的《马克思的世界：马克思晚年手稿中的全球社会与资本积累》（耶鲁大学出版社即将出版）一书将是一个重要的里程碑。

章节文字的内容。特别是《人类学笔记》所具有的丰富性和复杂性确实需要进行详尽的分析，这将在本人以后的著作中进行尝试。正是在充分意识到这些局限性的情况下，本书尽可能地让读者获取到目前为止所进行的最新研究成果。

1957 年，20 世纪最权威的马克思著作的研究者之一马克西米利安·吕贝尔（Marxmilien Rubel，1905—1996）写道，"不朽的传记"仍有待书写。① 这个判断在 60 多年后的今天仍然有效。MEGA 系列揭穿了马克思作为一位思想家所有的一切都已经被书写和言说了的谎言。但是，如果像那些在每一篇新文章问世时就过于激动欢呼"未知的马克思"的人一样，认为最近的研究已经颠覆了人们对马克思的已有认知，也是不准确的。

我们仍有很多方面要从马克思那里学习。今天要做到这一点，不仅要研究他已发表的作品中所写的内容，还要研究他未完成的手稿中所包含的问题和反思。从他生命最后几年留下的文献资料来看，这种考虑就更有道理了。

"晚年"马克思是最为无私的：他在生活中没有掩饰自己的弱点，而是继续奋斗；他没有逃避质疑，而是公开地面对；他选择继续他的研究，而不是在自我确信中寻求庇护，也不是欣然接受"马克思主义者"的盲目崇拜。马克思是一个非常罕见的、具有颠覆性的、有教养的人，这与 20 世纪人们所误以为的形象——以教条的方式来确定未来——截然不同。马克思向新一代的研究者和政治活动家们发出召唤，因为这些人正在从事并继续着他的斗争，就像之前和之后的许多人一样，马克思把他的整个生命都奉献给了这场斗争。

---

① 吕贝尔：《卡尔·马克思》，《知识分子传记随笔》，第 3 页。

序幕:"斗争!"

　　1880 年 8 月,一位具有先进观点的美国记者约翰·斯温顿(John Swinton, 1829—1901)开始了他前往欧洲的旅程。[①] 在那里,他到访了拉姆斯盖特,这是英格兰肯特郡的一个沿海小镇,距离英格兰东南尽头几公里。这次旅行的目的,是要为他供职的纽约《太阳报》对当时已经成为国际工人运动主要代表人物之一的卡尔·马克思进行一次专访。《太阳报》是当时美国最受欢迎的大众读物之一。

　　尽管马克思出生在德国,但在法国、比利时和普鲁士政府镇压革命运动(1848—1849)之后,他被这些国家驱逐,自此以后他就没有了国籍。当马克思在 1874 年申请加入英国籍时,他被拒绝了,因为一份伦敦警察局的报告诬陷他为"恶名昭著之德国鼓动家,国际工人协会首领与共产主义理论捍卫者""该人对其君其国不忠"[②]。

　　十多年来,马克思一直是《纽约每日论坛报》的通讯记者。1867年,他发表了一部批判资本主义生产方式的著作——《资本论》;从1864 年开始的八年时间里,他一直是国际工人协会的领导人物;1871年,他的名字出现在欧洲最受欢迎的报纸上,当时他在《法兰西内战》(1871)一文中捍卫了巴黎公社,反动媒体将他命名为"红色恐怖博

---

①　参见 Sender Garin, "John Swinton, Crusading Editor," in *Three American Radicals: John Swinton, Charles P. Steinmetz and William Dean Howells* (Boulder: Westview Press, 1991),第 1—41 页。

②　参见警方报告"卡尔·马克思关于归化英国的声明",MECW, 24: 564。

士"①。

1880 年夏天，马克思和家人在拉姆斯盖特，医生命令他"任何形式的工作都不要做"，②"什么也不做以恢复神经系统"。③ 他妻子的健康状况比他更糟糕，燕妮·冯·威斯特法伦（Jenny von West-phalen，1814—1881）患有癌症，她的病情"突然恶化到病终的程度"。④ 斯温顿在 19 世纪 60 年代一直担任《纽约时报》的主编，他就是在这种情况下认识了马克思。斯温顿对马克思抱以同情，并对他进行了较为客观的描绘。

在个人形象上，斯温顿将马克思描述为"那位亲切而温厚的 60 岁的人有着硕大的头、和善的面容、长而密的蓬松花白头发"，他充满生活乐趣，"在做外公的艺术方面和维克多·雨果比起来也毫不逊色"。⑤ 他的谈话"那样无拘无束、那样广博、那样富于独创之见、那样锐利、那样真挚，而且是辛辣老道，妙趣横生，奔放爽朗"。这让斯温顿想起了苏格拉底式的谈话方式和语言艺术。他还注意到马克思"既不追求表面效果，也不追求荣誉；对庸俗的吹吹拍拍丝毫不感兴趣，也丝毫无意追求权力"。⑥

然而，这并不是斯温顿向读者描述的马克思的全部。1880 年 9 月 6 日，刊登在《太阳报》头版上的采访稿主要呈现的是马克思面向

① 参见卡尔·马克思 1877 年 9 月 27 日写给弗里德里希·左尔格的信，MECW，45: 278; MEW, 34: 296。

② 参见卡尔·马克思 1880 年 6 月 27 日写给费迪南·多梅拉·纽文胡斯（Ferdinand Domela Nieuwenhuis）的信，MECW, 46: 16; MEW, 34: 447。

③ 参见卡尔·马克思 1880 年 9 月 12 日给尼古拉·丹尼尔逊的信，MECW, 46: 30; MEW, 34: 463。

④ Ibid.; ibid.

⑤ 卡尔·马克思："《太阳报》记者约翰·斯温顿的采访记录"，1880 年 9 月 6 日，MECW, 24: 585; 斯温顿（John Swinton）："对卡尔·马克思的采访"。刊登在《太阳报》上，MEGA, I/25: 442—443。

⑥ Ibid., MECW, 24: 583; ibid., MEGA, I/25: 442.

公众的一面:"是当代最杰出的人物之一,他在过去40年中一直在革命政治中起着不可思议的然而无疑是强大的作用。"斯温顿写道:"他从容不迫,不知疲倦,具有敏锐的头脑、广博的学识和超群的智慧;他满怀深远的谋略、逻辑的方法和实际的目标。正是这位卡尔·马克思,他过去和现在促成的地震般的大动荡多于包括朱塞佩·马志尼在内的欧洲任何人。这些地震般的大动荡震撼了多少民族,摧毁了多少王座,如今又使多少帝王和官高爵显的骗子心惊胆战、变颜失色!"①

通过与马克思的交谈,这位来自纽约的记者确信自己面对的是一个"沉思时代"的人,马克思深邃的目光遍布"从涅瓦河到塞纳河,从乌拉尔山到比利牛斯山,他都在为新的纪元准备条件"。马克思之所以给斯温顿留下深刻印象,是因为马克思具有"考察一个又一个欧洲国家,揭示社会表面和现象背后的特点、发展和关键性人物"的能力。马克思"接着谈到欧洲各国的政治力量和人民运动——俄国的大规模的思想运动,德国的思想发展,法国的积极行动和英国的停滞不前。他寄以希望地谈论俄国,富有哲理地谈论德国,欢快地谈论法国,忧郁地谈论英国,轻蔑地提到英国议会里的自由党人花那么多时间搞的'原子论改革'"。②马克思对美国的了解让斯温顿感到惊讶,他认为马克思是一个细心的观察者,"马克思先生正注视着美国事态的发展,他关于某些构成美国社会的主要力量的看法很能发人深思。"

在一系列热烈的讨论之后,当天下午,马克思提议"沿着海岸到海滨浴场去"并去见见他的家人,斯温顿称这是"总共大约十来个人"的一次愉快聚会。夜幕降临时,马克思的女婿沙尔·龙格(Charles Longuet,1839—1903)和保尔·拉法格(Paul Lafargue,1842—1911)继续陪伴着两人;"谈话涉及到世界、人、时代和思想,我们的碰杯

---

① Ibid., MECW, 24: 583; ibid., MEGA, I/25: 442.

② Ibid., MECW, 24: 584; ibid., MEGA, I/25: 442.

声在海上回荡。"这位美国记者正是在这样的一个时刻"思考着现今时代和过去时代的空虚和苦痛"，他沉浸在"白天的谈话和晚间的活动"中，鼓起勇气向他面前的这位伟人提出了一个"涉及存在之最终规律"的问题。在人们沉默下来的时候，他向这位革命家和哲学家提出了一个问题："什么是存在？"斯温顿感觉到马克思"眼望着我们面前咆哮的大海和岸上喧闹的人群，一瞬间好像陷入了沉思"。最后，马克思严肃而郑重地回答道："斗争！"

起初，斯温顿以为他在那个回答中听到了"绝望的回声"。然而，他后来意识到："斗争"确实是人类一直试图理解的"生命法则"①。

①　Ibid., MECW, 24:585; ibid., MEGA, I /25:443.

第一章　新的研究视野

一、梅特兰公园路上的房间

1881 年 1 月，在接受约翰·斯温顿采访几个月后的一个晚上，这位胡子几乎全白的男人坐在伦敦北部的一处小房间里，翻看一堆书籍并仔细记录下最重要的段落。这就是马克思，他正以极大的毅力继续推进自己的人生目标：为工人运动提供摧毁资本主义生产方式的理论基础。

马克思的身体，留下了几十年来坚持每日阅读和伏案写作的痕迹。他的背上和身体的其他部位留下了可怕的疖子带来的伤疤，这些疖子是他在为《资本论》艰苦工作的那些年里长出来的。他的精神还承受着艰难困苦生活的伤害，但对统治阶级的掌权人物和政治对手的打击，使得他的精神得到满足，因而身体上的创伤就会得以减轻。

在冬天，马克思经常感到疲惫不堪，因为身体的衰老不可避免地限制了他以往拥有的旺盛精力。他的妻子也越来越担心他的健康状况。但他仍然是卡尔·马克思，他带着一如既往的激情，为工人阶级的解放事业而不懈奋斗。马克思一直沿用他在大学早期的方法：一如既往的严格缜密以及毫不妥协地批判现实。

多年来，马克思坐在一把木制扶手椅上，日复一日地一直工作到深夜。"在房间正中光线最好的地方，是一张非常朴素的小小的写字台（三英尺长两英尺宽）"①，只摆放了一盏绿色台灯、几张信纸和他当时正在写的几本书。除此之外，马克思再没有别的需要了。

马克思的书房在二楼，有一扇可以俯瞰花园的窗户。在医生禁止他吸烟之后，房间里烟草的气味完全消失，但是他多年来一直使用的陶制烟斗仍然留在那里，使他回想起那些剖析政治经济学经典著作时度过的不眠之夜。

一排密不透风的书架遮住了墙壁，里面存放的书籍和报纸比人们想象得要多。马克思的藏书室不像具有同样地位的资产阶级知识分子的藏书室那样气派——当然他们也富有得多。在他最贫困的那些年里，他主要利用大英博物馆阅览室的资源，但后来他设法收集了近 2000 册藏书。② 马克思的藏书中最大的一部分是经济学书籍，但也有许多政治理论、历史研究（尤其是法语）和主要来自德国传统的哲学著作，也有很好的自然科学的代表作品。这些书籍在语言的分布上也符合这种学科的多样性，德语图书约占总数的三分之一，英语图书约占四分之一，而法语图书的数量略少，也有其他语言的作品，如意大利语。从 1869 年开始，马克思开始学习俄语，这是为了研究沙皇俄国发生的变化，因而斯拉夫字母的书籍也占据了他藏书的相当一部分。

马克思的书架上不仅仅有学术类的著作。《芝加哥论坛报》的一

① 关于马克思在梅特兰公园路 1 号居住期间的研究，参见保尔·拉法格的《马克思恩格斯回忆录》（莫斯科外文出版社 1957 年版），马克思列宁主义研究所编，第 73—74 页。

② 参见 Hans-Peter Harstick、Richard Sperl 和 Hanno Strau, "Einfuhrung", 载于《卡尔·马克思和弗里德里希·恩格斯》，MEGA, IV/32: 73。这本书超过 730 页，是作者 75 年研究的成果，包括 1450 本书的索引（2100 卷），其中三分之二来源于马克思和恩格斯所著文本（时间跨度为 2100 年，总共 3200 卷书），以及这本书所有的附加注释清单，还包含了马克思在 40000 页的 830 篇文章中所作的旁注。

位匿名记者在 1878 年参观了马克思的书房，他描述了书房的内容：
"一般说来，观察一个人读了哪些书就可以对他作出判断。如果我告诉你，你随意在书架上扫一眼就可以看到莎士比亚、狄更斯、萨克雷、莫里哀、拉辛、蒙田、培根、歌德、伏尔泰、潘恩的著作，英国的、美国的、法国的蓝皮书，① 以及用俄语、德语、西班牙语、意大利语等撰写的政治哲学著作，等等；你就可以得出自己的结论了。"②

保尔·拉法格对马克思的广泛兴趣和渊博知识也做了类似的描述。他的结论是："如果你想真正了解马克思精神生活的深处，就必须知道这个具有历史意义的房间。"拉法格曾写道："他能背诵海涅和歌德的许多诗句，并且常在谈话中引用他们的句子；他经常研读诗人们的著作，从整个欧洲文学中挑选诗人，他每年总要重读一遍埃斯库罗斯③的希腊原文作品，把这位作家和莎士比亚当作人类两个最伟大的戏剧天才。……但丁与罗伯特·彭斯也是他所喜爱的诗人。……他比较喜欢十八世纪的小说，特别是菲尔丁的《汤姆·琼斯》。现代小说家中，他喜欢保尔·德·科克、查理·利弗尔、亚历山大·大仲马和沃尔特·司各特，他认为司各特的长篇小说《清教徒》是一部典范作品。他特别喜欢探险故事和幽默的短篇小说。他认为塞万提斯和巴尔扎克是超群的小说家。他把《堂·吉诃德》当作衰落的骑士制度的史诗，骑士的德性在刚刚兴起的资产阶级世界中已显得荒诞和可笑了。他非常推崇巴尔扎克，曾经计划在完成自己的政治经济学著作之

---

① 蓝皮书是欧洲各国议会委员会关于国内社会问题和工业生活各方面的报告，因其蓝色装订而得名。马克思在《资本论》中充分利用了它们。

② "Account of Karl Marx's Interview with the *Chicago Tribune* Correspondent", *Chicago Tribune*, 5 January 1879, MECW, 24: 569; "Interview mit dem Grundleger des modernen alismus. Besondere Korrespondenz der Tribune", 5 Januar 1879, MEW 34: 508—509.

③ 埃斯库罗斯是古希腊的悲剧诗人，与索福克勒斯和欧里庇得斯一起被称为古希腊最伟大的悲剧作家。——译者注

后，就动手写一篇关于巴尔扎克最重要著作《人间喜剧》的评论文章。马克思认为巴尔扎克不仅是当代的社会生活的历史家，而且是一个创造者，他预先创造了许多在路易·菲利普王朝时还不过处于萌芽状态、而直到拿破仑三世时代即巴尔扎克死了以后才发展成熟的典型人物。马克思能够阅读欧洲一切国家的文字……他喜欢这样说：'外语是人生斗争的一种武器。'……当他开始学俄文的时候已经五十岁了……但经过半年的努力，他已经能够津津有味地阅读俄国诗人和散文家的著作了，他特别敬爱普希金、果戈理和谢德林。"[1]

拉法格还反复强调马克思与其著作之间的关系，马克思的著作是他思维的工具，而不是奢侈品。马克思常说："它们是我的奴隶，一定要服从我的意旨。"马克思"常折叠书角，画线，用铅笔在页边空白上做满记号。他不在书里写批注，但当他发现作者言过其实的时候，就常常忍不住要打上一个问号或一个惊叹号。画横线的方法使他能够非常容易地在书中找到所需要的东西"。[2]马克思如此关注书籍，以至于他把自己定义为"我只不过是一架机器，注定要吞食这些书籍，然后以改变了的形式把它们抛进历史的垃圾箱"。[3]

马克思的藏书里也有他自己的作品，这些作品最终没有他计划写得那么多，而且由于他高强度的脑力创作，有些作品最终没有完成。他的藏书中有《神圣家族》（1845）和《哲学的贫困》（1847）的副本，自然也少不了他与弗里德里希·恩格斯（1820—1895）合著的《共产党宣言》（1848），尽管它是在 1848 年革命前夕及时出版，但是从19 世纪 70 年代才开始广泛流传。政治文本如《路易·波拿巴的雾月

---

① Lafargue, in *Reminiscences of Marx and Engels*, 73—75. 关于马克思兴趣与知识的大量文献，参见 Siebert S. Prawer, *Karl Marx and World Literature* (London: Verso, 2011)，特别是第 384—385 页。

② Lafargue, in *Reminiscences of Marx and Engels*, 73.

③ Karl Marx to Laura and Paul Lafargue, 11 April 1868, MECW, 43: 10; MEW, 32: 545.

十八日》（1852）和他的辩论小说《帕默斯顿勋爵的生平故事》（1853—1854）放置在《揭露科隆共产党人案件》（1853）或《18 世纪外交史内幕》（1856—1857）等时事小册子的旁边，以及相对不那么显眼的《政治经济学批判》（1859）和《文格特先生》（1860）。在马克思最引以为豪的著作中，也有当时已经译成俄文和法文的《资本论》，还有国际工人协会最重要的发言和决议。他把年轻时编辑过的论文和期刊的副本如《德法年鉴》（*Deutsch—Französiche Jahrbücher*），以及 1849 年 5 月之前的最后一期用红墨水出版的《新莱茵报》（*Neue Rheinische Zeitung*）和随后出版的《新莱茵报·政治经济学评论》月刊副本（*Neue Rheinische Zeitung. Politisch—ökonomische Revue*）打包放在某处。马克思的藏书还有几十本笔记，里面有摘录和未完成的手稿——尽管大部分都被放在了阁楼里，其中容纳了他一生中不同时期开始但从未完成的所有项目。这一大堆文本中的一些被遗弃在"老鼠牙齿的批判"之中①，包括很多散落的笔记本和对开本。② 这些论文包括后来的《1844 年经济学哲学手稿》（1844）和《德意志意识形态》（1845—1846），它们是 20 世纪最为广泛阅读和激烈辩论的两本理论著作。马克思绝不出版一本没有经过他仔细加工和认真琢磨的作品。他不能忍受未完成的作品公之于众，他"宁愿把自己的手稿烧掉，也不愿将半生不熟的遗留于身后。③ 因为，对于这些手稿的出版他肯定会感到惊讶，并对这些作品受到的公众关注持反对态度。然而，最庞

---

① Karl Marx, *A Contribution to the Critique of Political Economy*, MECW, 29: 264; *Zur Kritik der Politischen Ökonomie*, MEW, 13: 9.

② 马克思去世一年后，恩格斯于 1884 年 2 月 16 日给劳拉·拉法格（Laura Lafargue, 1845—1911）写信说道："我们终于把老'仓库'清理了出来，发现了大量需要保存的东西，以及约有半吨无法清理的旧报纸。……在手稿中，有《资本论》的第一种稿本（1861—1863 年），在那里头我发现了几百页《剩余价值理论》"。MECW 47: 104.

③ Lafargue, in *Reminiscences of Marx and Engels*, 74.

大也最重要的手稿是与《资本论》草稿有关的手稿，即从《政治经济学批判大纲》，即《政治经济学批判（1857—1858 年）手稿》延伸到1881年他的最后一部笔记①。马克思、恩格斯的大部分信件过去被称为"党的档案"，但实际上它们都保存在恩格斯的家里。

在马克思拥挤的书房中间有一张皮沙发，他常常躺在沙发上休息。他惯常的放松方式之一就是在房间里来回踱步。事实上，根据拉法格的说法，"他在书桌前稍坐一会儿，就能把他漫步时所想到的东西写在纸上"。他回忆说，马克思也"非常喜欢谈话时来回走动，只有当话题非常活跃或特别重要的时候，他才时而停下来"。他的休息就是在室内来回走动，以致在门与窗之间的地毯上踏出了一条痕迹，就像穿过草地的一条小路一样。另一位经常来拜访的人说，马克思"每当对讨论感兴趣时，就习惯在房间里活跃地走来走去，就好像是在帆船甲板上走来走去锻炼身体一样"②。另有一张桌子放立在马克思的书桌前。偶尔来访的人会对桌面混乱的文件感到困惑，但任何熟悉马克思的人都知道，这种混乱只是表面上的："实际上，一切东西都在一定的地方，不需要找，他就能很快拿到他所需要的任何书籍或笔记簿。即使在谈话时，他也常常停下来，指出书中有关的引文或数字。他与他的书斋已融为一体，其中的书籍与文件就像他自己的四肢一样服从他的意志。"③

最后一件家具是一个大五斗橱。他在五斗橱上放置了一些他所珍视的人的照片，比如给《资本论》题献的威廉·沃尔夫同志。在很长一段时间里，书房里还有一尊朱庇特主神的半身像和两块戈特弗里德·莱布尼茨（Gottfried Leibriz，1646—1716）故居的墙面，这两件礼物都是马克思的医生兼多年的挚友路德维希·库格曼（Lud-

---

① 指的是马克思 1881—1882 年撰写的《历史学笔记》。——译者注

② Henry Hyndman, *Record of an Adventurous Life* (London: Macmillan, 1913)，250.

③ Lafargue, in *Reminiscences of Marx and Engels*, 73.

wig Kugelmann，1828—1902）送给他的，库格曼在 1867 年圣诞节
和 1870 年马克思 52 岁生日之际把它们送给马克思，而当时的莱布
尼茨——这位德国 18 世纪最伟大的哲学家——在汉诺威的房子被
拆除了。

马克思和他的家人住在伦敦北部梅特兰公园路 41 号的一座小房
子里。1875 年，他和家人搬到这里，租了更大更贵的房子。① 当时，
核心的家庭成员包括马克思和他的妻子燕妮，他们最小的女儿爱琳娜
（Eleanor Marx，1855—1898），以及和他们一起生活了近 40 年的忠诚
的家庭女教师海伦·德穆特（Helene Demuth，1823—1890）。家里还
有三条狗，马克思非常喜爱它们。托蒂、威士忌还有第三条不知道名
字的狗，它们也不是什么特别的品种，但确实是家庭中重要的成员。②
马克思还有另外两个女儿，燕妮·龙格（Jenny Marx Longuet，1844—
1883）和劳拉·拉法格（Laura Lafargue，1845—1911），但她们结婚
后就不再和马克思住在一起。

1870 年，恩格斯从商界退休，离开曼彻斯特的家，他住在摄政
公园路 122 号，距离马克思的家不到 1 公里，他自 1844 年起就和马
克思一起经历了政治斗争，并建立了最真挚的友谊。③

由于马克思的身体健康问题，多年来他的医疗顾问完全禁止他
通宵工作。④ 但他仍然孜孜不倦地从事研究工作，主要是为了完成
《资本论》的写作。自 1867 年第一卷出版以来，《资本论》第二卷

---

① 参见 Asa Briggs and John Callow, *Marx in London: An Illustrated Guide*,（London:
Lawrence and Wishart, 2008），pp.62-65.

② Marian Comyn, "My Recollections of Marx", *The Nineteenth Century and After* 91
（January 1922）: 165.

③ 1870 年 7 月，作为缝纫线生产商欧门—恩格斯公司的联合继承人，弗里德里
希·恩格斯卖掉了他在该公司的股份，获得了足够的资金，以保证他自己和马
克思一家过上体面的生活。

④ Karl Marx to Nikolai Danielson, 19 February 1881, MECW, 46: 61; MEW, 35: 154.

一直在写作之中。

马克思还批判性地关注了当时世界所有主要的政治和经济事件，试图预测这些事件可能会为工人阶级的解放而产生的新情况。最终，百科全书式的头脑和永不满足的好奇心驱使他不断更新知识，紧跟最新的科学发展。因此，在他生命的最后几年里，马克思在他的几十个笔记本里记满了笔记和无数卷关于数学、生理学、地质学、矿物学、农学、化学和物理学的摘录；除了期刊文章，他还查阅了议会记录、统计资料、政府报告以及与蓝皮书类似的出版物。他用多种语言进行这些研究的时间很少被中断。甚至恩格斯也为此表示担忧："花费了很大的精力"才"说服马克思离开了自己的房间"。① 除了一些特殊情况，马克思只在通常的休息和会客时间才停止工作。

下午晚些时候，马克思会穿上大衣前往附近的梅特兰公园（Maitland Park），他喜欢和外孙约翰尼·龙格（Johnny Longuet, 1876—1938）在那里散步，或者去稍远的汉普斯特德西斯公园（Hampstead Heath Park），他和家人在那里度过了许多快乐的周日。马克思小女儿的朋友——女演员玛丽安·科明（Marian Comyn, 1861—1938）简要地描述了她经常看到的场景："很多时候，当我和爱琳娜·马克思坐在客厅炉火前的地毯上，在暮光之中交谈，我们会听到前门轻轻地关上，随后，博士的身影就会从窗前走过，他披着黑斗篷，戴着软毡帽（正如他女儿所说，他看上去简直像要去指挥合唱团），直到夜幕降临才回来。"②

马克思的另一放松方式是参加道勃雷俱乐部的会议，这个俱乐部的名字来源于威廉·莎士比亚的《无事烦恼》中的一个角色。③ 马克

---

① Karl Kautsky, in *Gespräche mit Marx und Engels*, ed. Hans Magnus Enzensberger (Frankfurt: Insel, 1973), 556.

② Marian Comyn, "My Recollections of Marx", 163.

③ Karl Marx to Jenny Longuet, 11 April 1881, MECW, 46: 82; MEW, 35: 178.

思的活动包括阅读莎士比亚的作品，为他最亲密的朋友恩格斯以及女儿的朋友们准备晚餐。① 马克思对他那些夜晚的感受加以自嘲，和他用来摧毁他的理论对手的讽刺一样尖锐："真是怪事，没有社交根本不行，而当有社交的时候，又想竭力回避。"②

马克思的家庭面临的困难并没有阻碍他们向来自世界各国的访问者开放。访客们前来与这位德高望重的经济学家和著名的革命家进行面对面的交谈。1881年的访问名单包括克里米亚出生的尼古拉·西贝尔（Nokolai Sieber，1844—1881）、莫斯科大学教授尼古拉·卡布卢科夫（Nokolai Kablulkov，1849—1919）、后来成为国会议员的德国记者路易·维雷克（Louis Viereck，1851—1921）、一直以来的社会民主主义者弗里德里希·弗里茨切（Friedrich Fritzsche，1825—1905）和俄国民粹主义者利奥·哈特曼（Leo Hartmanm，1850—1908）。其他经常光顾梅特兰公园路的人还有卡尔·希尔施（Carl Hirsch，1841—1900），他是一名与社民党有联系的记者；当年早些时候在英国建立民主联邦的亨利·迈尔斯·海德门（Henry Hyndman，1842—1921）；还有卡尔·考茨基（Karl Kautsky，1854—1938），一位来自布拉格的年轻社会主义者，他来到伦敦，通过与马克思、恩格斯的联系加深了自身的政治知识，他注定会成为工人运动中有影响力的理论家之一。

任何一个与马克思接触过的人，都无法抗拒他的人格魅力，无一例外地被他的精神状态所打动。苏格兰政治家茅茨图华特·埃尔芬斯冬（Mountstuart Elphinstone，1829—1906）在1879年初见马克思，他发现马克思的目光相当严厉，但是他的整个表情却令人愉快，"这绝不是一个习惯在摇篮里吓唬婴儿的绅士的表情——我敢说，警察对他

---

① Cf. Marian Comyn, "My Recollections of Marx", 161.

② Karl Marx to Jenny Longuet, 11 April 1881, MECW, 46: 82; MEW, 35: 178.

的看法是这样的"①。

爱德华·伯恩施坦（Eduard Bernstein, 1850—1932）也被马克思的人格和谦逊所震撼："我本以为认识的是一位多少有些压抑、过于激动的老绅士；现在我发现自己正站在一位满头白发的老人面前，他深邃的眼睛里流露着友好的微笑，他的言谈充满了慈爱。"②

考茨基回忆说，"马克思有一副家长般的威严面孔"③，他微笑着，"温柔的微笑，几乎像是父亲的微笑"④，与"总是穿着讲究"的恩格斯不同，他"对外在形象漠不关心"。⑤

玛丽安·科明很好地描述了马克思的气质："（他的）个性非常刚毅和沉着。他的脑袋很大，长着灰色的长发，与蓬乱的胡须和小胡子相衬；那双黑眼睛虽然不大，却机敏、锐利、辛辣，带着幽默的光芒……作为一名观众，他是令人愉快的，从不批评，总是对任何正在进行的娱乐感兴趣，当他觉得有什么特别好笑的事情时，他就大笑起来，直到他的眼泪流下来——他的年纪最大，但精神上却和我们一样年轻。"⑥

马克思的家经常是熙熙攘攘的，他的信箱里也总是塞满了来自不同国家的活动家和知识分子的信件。寄信人希望就当时的重大政治事件同国际工人协会领导人磋商，并就具体的决定或行动方针征求他的建议。

---

① "Sir Mountstuart Elphinstone Grant Duff's Account of a Talk with Karl Marx: From a Letter to Crown Princess Victoria", 1 February 1879, MECW, 24:580; "Sir Mountstuart Elphinstone Grant Duff, Account of a Jalk with Karl Marx: Aus einem Brief an Kronprinzessin Victoria", MEGA2 I/25: 438.

② Eduard Bernstein, *My Years of Exile* (London: Leonard Parsons, 1921), 156.

③ Kautsky, in *Gespräche mit Marx und Engels*, 556.

④ Ibid., 558.

⑤ Ibid., 556.

⑥ Marian Comyn, "My Recollections of Marx", 161.

　　马克思生活在阴雨连绵的英国。正如他在 1881 年 2 月写给尼古拉·丹尼尔逊（Nokolai Danielson，1844—1918）的信中所说，尽管他"从拉姆斯盖特回来后，健康状况总体上有所改善，但持续数月的恶劣天气"使他"长期感冒和咳嗽干扰睡眠"。① 不幸的是，那年冬天，燕妮的病情越来越严重。随着春天的到来，马克思不得不请来一位新的家庭医生布莱恩·唐金（Byran Dokin，1842—1927），希望为他的妻子找到治疗方法。

　　马克思告诉他的俄国朋友丹尼尔逊另一件令人沮丧的事情。1880 年 7 月，法国政府赦免了数百名为躲避遭到 1871 年巴黎公社镇压而逃到国外的革命者。尽管这一消息本身使马克思感到振奋，但家人的分离却不可避免地令他痛苦。因为与他的大女儿燕妮结婚了 10 年的丈夫，法国记者和公社成员沙尔·龙格成为由乔治·克里孟梭（Georges Clemenceau，1841—1929）创办的激进日报《正义报》的联合编辑，因此可以带着他的孩子们回到法国首都。这次离别给马克思和他的妻子带来了无尽的伤感，因为他们的三个外孙是他们生活中取之不竭的快乐源泉。②

　　在接下来的几个月里，马克思和妻子不断地意识到孩子们的离开带来的痛苦。马克思时而高兴，时而忧郁，他总是在给燕妮的信中打听孩子们的消息："你们走了以后，这里就变得寂寞起来了——你不在了，琼尼、哈拉和'茶！'先生③不在了！我听到与我们的孩子们相似的声音时，我往往就跑到窗子跟前去，刹那间忘记了孩子们已在海峡的彼岸。"④

　　1881 年 4 月底，当大女儿燕妮生下马克思的第四个外孙时，马

①　Karl Marx to Nikolai Danielson. 19 February 1881, MECW, 46: 60; MEW, 35: 154.
②　Ibid., MECW, 46: 61; ibid., MEW, 35: 154.
③　马克思的外孙埃德加尔的绰号。——译者注
④　Karl Marx to Jenny Longuet, 11 April 1881, MECW, 46: 81; MEW, 35: 177.

克思开玩笑地祝贺她，并写道，他期望这个"新来的人"能增加人类"最美好的一半"。他还说："而我却宁愿在历史的这一转折关头出生的孩子们是'男'性。他们面临着人类未曾经历过的最革命的时期。"

在这些思虑中，马克思对政治的希望、关切和遗憾混杂在一起。第一种遗憾完全出于个人原因，来自于马克思本应该在巴黎帮助他的女儿，而如今她过着艰苦的生活，这使马克思想起了他长期忍受的那种生活。在马克思给她的信中，马克思转达了他妻子对"一切可能的美好事情"的愿望，但是他没有看到"愿望"在"除了掩饰一个人无能为力之外对任何事情的用处"。第二种遗憾就是他在政治上的遗憾，他意识到自己可能无法见证国际工人运动的崭新而富有热情的斗争："糟糕的是现在人'老'了，只能预见，而不能亲眼看见。"①

不幸的是，所有的问题都越来越糟糕。1881 年 6 月初，马克思告诉斯温顿，他妻子的病"越来越要命"②。他自己也继续遭受新的疾病折磨，由于一条腿患有风湿病，他不得不忍受"洗土耳其浴"的痛苦。③ 他还经历了一场令人讨厌的"永恒的"寒冷，尽管现在似乎"很快就过去了"。他非常想念他的大女儿和外孙们："其实没有一天我不想念你和可爱的孩子们。"他送给琼尼一本约翰·沃尔夫冈·冯·歌德（Johann Wolfgang Von Goethe，1749—1832）的《列那狐》（1794），并询问"有人读这本小书给他听吗?"。④1881 年上半年，马克思就是在这些困难中度过的，而下半年的情况将会更糟糕。

---

①　Karl Marx to Jenny Longuet, 29 April 1881, MECW, 46: 89; MEW, 35: 186.

②　Karl Marx to John Swinton, 2 June 1881, MECW, 46: 93; MEW, 35: 191.

③　Friedrich Engels to Jenny Longuet, 31 May 1881, MECW, 46: 77; MEW, 35: 188.

④　Karl Marx to Jenny Longuet, 6 June 1881, MECW, 46: 95; MEW, 35: 194.

二、新的理论探索

1879 年 9 月，马克思以极大的兴趣收藏并阅读了马克西姆·柯瓦列夫斯基（Maksim Kovalevsky,1851—1916）的《公社土地占有制，其解体的原因、进程和结果》（1879），他称柯瓦列夫斯基是其"学术上的朋友"之一。[①] 他进行摘录的部分，主要是关于外国殖民统治下国家的土地所有权问题。他总结了西班牙人在拉丁美洲、英国人在印度、法国人在阿尔及利亚所制定的各种形式的占有权。[②]

在考察拉丁美洲、印度、阿尔及利亚三个地理区域时，马克思首先联系到前哥伦布文明。他观察到，随着阿兹特克和印加帝国的建立"农村人口一如既往地拥有共同的土地，但同时必须以支付给统治者的实物形式减去部分收入"。根据柯瓦列夫斯基的说法，这一过程以牺牲公有土地所有者的财产利益为代价，为大庄园的发展奠定了基础。公共土地的解体只会因西班牙人的到来而加速。[③] 殖民帝国的可怕后果（对印第安人的原始灭绝政策）遭到了柯瓦列夫斯基和马克思的谴责（他又亲自补充说，"在西班牙人掠夺了他们在那里发现的黄金后，印第安人则注定要在矿上工作"）。[④] 在这部分摘录的最后，马克思注意到，"农村公社（在很大程度上）存续"的部分原因是"不像英属东印度群岛，那里没有立法规定让部落成员可以出售

---

① Karl Marx to Nikolai Danielson, 19 September 1879, MECW, 45: 409; MEW, 34: 409. 马克思写给柯瓦列夫斯基的这些信件没有保存下来，因为俄国历史学家的一位同事担心警察会在突袭中发现，所以销毁了它们。

② 参见 Lawrence Krader, *The Asiatic Mode of Production: Sources, Development and Critique in the Writings of Karl Marx*（Assen: Van Gorcum, 1975），343.

③ Karl Marx, "Exzerpte aus M. M. Kovalevskij: *Obschinnoe zemlevladenie*", in Karl Marx, *Über Formen vorkapitalistischer Produktion. Vergleichende Studien zur Geschichte des Grundeigentums 1879–1880*（Frankfurt: Campus, 1977），28. 马克思关于柯瓦列夫斯基的笔记的一部分，包括这里引用的一些话，还没有被翻译成英文。

④ Ibid., 29.

土地"①。

在马克思对柯瓦列夫斯基著作的摘录中，有一半以上是关于英国统治下的印度。他特别关注书中重塑当代印度和印度王公的共同土地所有权形式的部分。通过柯瓦列夫斯基的文本，他发现，即使在英国人引入土地分割制度之后，集体的形式仍然存在，"某些联系仍然存在，让人不禁联想起早期村社拥有土地的群体"②。尽管马克思对英国殖民主义怀有不满，但他对柯瓦列夫斯基历史叙述中的某些方面仍持有批判态度，这些叙述错误地将欧洲的背景投射到印度。在一系列简短而详细的评论中，他指责柯瓦列夫斯基把两种截然不同的现象同质化。因为尽管"政府机关之外的农业——绝不仅仅是封建主义，就像罗马所证实的那样——在印度也发现了这种委身（commendatio）"③，这并不意味着"西欧意义上的封建主义"在那里发展起来。在马克思看来，"柯瓦列夫斯基忘记了农奴制，这种制度并不存在于印度，而且它是一个基本因素"④。此外，"根据印度法律，统治权力不接受子女之间的分割，因此欧洲封建主义的一个重要来源被阻隔"⑤。综上所

---

① Ibid., 38. Kevin Anderson, *Marx at the Margins. On Nationalism, Ethnicity, and Non—Western Societies* (Chicago: University of Chicago Press, 2010)，他认为与印度的差异部分是由于"印度在后期被一个先进的资本主义强国英国殖民，它积极地试图在农村创造个人私有财产"（ibid., 223—224）。

② Marx, "Excerpts from M. M. Kovalevsky", 388; "Exzerpte aus M. M. Kovalevskij", 82. 马克思添加的词都在括号内。凯文·B. 安德森《边缘地带的马克思》将其与"印度的公有形式"的重要性联系起来，认为马克思将其作为"抵抗殖民主义和资本的潜在场所"（ibid., 233）。

③ 自由人将自己置于一种依附关系（包括某些服务义务）之上，以换取对其土地财产的"保护"或承认。

④ Cf. Marx, "Excerpts from M. M. Kovalevsky", 383; "Exzerpte aus M. M. Kovalevskij", 76.

⑤ Ibid., 376; ibid., 69. 为了分析柯瓦列夫斯基的立场，以及他与马克思的某些不同之处，参见 the chapter "Kovalevsky on the Village Community and Land—owner-ship in the Orient", in Krader, *The Asiatic Mode of Production*, 190—213. Cf. Peter Hudis, "Accumulation, Imperialism, and Pre—capitalist Formations. Luxemburg and Marx on the Non—Western World", *Socialist Studies* VI, no. 2 (2010)：84。

述，马克思对在完全不同的历史和地理语境之间转换诠释范畴抱有高度怀疑态度。① 他从柯瓦列夫斯基的文本中获得的更深刻见解将通过他对其他有关印度历史著作的研究而得到整合。

关于阿尔及利亚这一地理区域，马克思强调在法国殖民者到来之前共同土地所有权的重要性，也强调这些土地所有权带来的变化的重要性。他从柯瓦列夫斯基《公社土地占有制，其解体的原因、进程和结果》那里抄录："（在法国资产者看来），土地私有制的形成是政治和社会领域任何进步的必要条件。把公社所有制'这种支持人们头脑中的共产主义倾向的形式'（1873 年国民议会中的辩论）继续予以保留，无论对殖民地或者对宗主国都是危险的"。② 他还从《公社土地占有制，其解体的原因、进程和结果》一书中摘取了以下观点："首先是作为削弱经常准备起义的被征服部落的手段，其次是作为把地产从土著手中进一步转移到殖民者手中的唯一途径。这个政策，法国人从 1830 年到现在尽管历届政府彼此取代，却始终不渝地奉行着。手段有时改变，目的始终是一个：消灭土著的集体财产，并将其变成自由买卖的对象，从而使这种财产易于最终转到法国殖民者手中。"③

对于 1873 年左翼共和党人儒勒·瓦尼耶（Jules Warnier, 1826—1899）提议的关于阿尔及利亚的立法，马克思赞同柯瓦列夫斯基的主

① 根据汉斯-彼得·哈斯蒂克的说法，"Einführung. Karl Marx und die zeitgenössische Verfassungsgeschichtsschreibung", in Marx, *Über Formen vorkapitalistischer Produktion*, 马克思赞成"对亚洲和欧洲历史进行区别分析，他的论战主要针对那些简单地将社会结构概念从西欧模式转移到印度或亚洲社会关系的人"（ibid., XIII）。

② Marx, "Excerpts from M. M. Kovalevsky", 405; "Exzerpte aus M. M. Kovalevskij", 100. 括号里的话是马克思加的，单引号中间的话来自于柯瓦列夫斯基书里收录的《民族汇编年鉴》，1873 年，第八卷。

③ Marx, "Excerpts from M. M. Kovalevsky", 405; "Exzerpte aus M. M. Kovalevskij", 100—101.

张，即其唯一目的是"欧洲殖民者和投机商对当地居民的土地进行征用"①。法国人的厚颜无耻甚至达到"直接抢劫"或将其转化为"政府财产"的地步。② 这个过程旨在造成另一个重要的结果：消除当地民众抵抗的危险。马克思再次通过柯瓦列夫斯基的话指出："建立私有制，让欧洲殖民者迁居到阿拉伯氏族中去，将是加速氏族团体瓦解过程的最有力手段……在最近的将来，将用皇帝敕令规定：（1）确定属于每一氏族的土地的地界；（2）将所有氏族占有地在各个家庭之间进行分配，不宜耕种的土地除外，这些土地应当仍然是各个家庭的共同财产。"③ 马克思评论说，这种"通过把土地所有制个人化"不仅为入侵者带来了巨大的经济利益，而且达到"政治的目的——消灭这个社会的基础"。④

马克思的观点以及他在柯瓦列夫斯基文本摘录中加入的少量但直率的对欧洲殖民政策的谴责表明，他拒绝相信印度或阿尔及利亚社会注定走上欧洲的发展道路。⑤ 柯瓦列夫斯基认为，土地所有权会遵循欧洲的先例，就像遵循自然法则一样，从公有到私有，而马克思则认为，集体财产在某些情况下仍然可以存在，而且肯定不会因为历史发展而必然会消失。⑥

通过对柯瓦列夫斯基著作的研究，马克思考察了印度的土地所有制形式，并在 1879 年秋至 1880 年夏编写了一系列《印度史编年稿（664—1858）》。这些文献纲要，涵盖了 1000 多年的历史，摘录自

---

① Ibid., 411; ibid., 107.

② Ibid., 412; ibid., 109.

③ Ibid., 408 and 412; ibid., 103 and 108.

④ Ibid., 412; ibid., 109.

⑤ 根据克拉德的《亚述人的生产方式》，《柯瓦列夫斯基札记》中包含了马克思对"封建社会理论在印度和阿尔及利亚的应用"的反驳（ibid., 343）。

⑥ James White, *Marx and Russia: The Fate of a Doctrine* (London: Bloomsbury, 2018), 37—40.

许多书籍，特别是罗伯特·塞维尔（Robert Swell，1845—1925）的《印度历史分析》（1870）和蒙特斯图尔特·埃尔芬斯顿（Mountstuart-Elphinstone，1779—1859）的《印度史》（1841）。

马克思把他的笔记划分为四个时期。第一个时期是穆斯林征服印度时期，始于664年第一次阿拉伯入侵到16世纪初。第二个时期覆盖了莫卧儿帝国的历史，由札希尔丁·穆罕默德·巴布尔于1526年创立并一直延续到1761年；也简要地介绍了外国对印度的入侵以及4页纸的从1497—1702年欧洲商业活动纲要。马克思从塞维尔的书中抄录了孟加拉首位纳布尔和新税制的设计者穆尔希德·库利汗（Murshid Qulikhan，1660—1727）的一些具体观点，并将印度的制度描述为"一种肆无忌惮的勒索和压迫制度，由此产生了大量孟加拉税收的盈余，这些税收按时送到了德里"[1]。根据库利汗的说法，正是这些收入维持了整个莫卧儿帝国的运转。第三个时期也是最实质性的一个时期，涵盖了从1725—1822年的历史，涉及英国东印度公司的存在。马克思在这里没有把自己局限于主要事件、日期和名称的抄写，而是更为详细地跟踪了历史事件的进程，特别是关于英国在印度的统治。第四个时期也是最后一组笔记致力于记载1857年的印度军队起义以及英国东印度公司的垮台。

在《印度史编年稿（664—1858）》中，马克思几乎没有给他的个人思考留出空间，但他的旁注为我们了解他的观点提供了重要的线索。这些入侵者经常被称为"英国狗"[2]"篡位者"[3]"英国伪君子"或"英国入侵者"[4]。相比之下，印度的抵抗斗争总是伴随着团结一致的

---

① Karl Marx, *Notes on Indian History* (664—1858)（Honolulu: University Press of the Pacific, 2001），58.

② Ibid., 165, 176, 180.

③ Ibid., 155—156, 163.

④ Ibid., 81.

表现形式。① 马克思总是用"起义者"代替塞维尔的"叛乱者"，这并非偶然。② 他对欧洲殖民主义的谴责非常明确。

马克思把他的注意力转向澳大利亚，对澳大利亚土著社区的社会组织表现出特别的兴趣。从民族学家理查德·贝内特（Richard Bennett）关于"澳大利亚中部的一些记述"（1880）中，他获得了必要的批判知识，用来对付那些认为土著社会既没有法律也没有文化的人。他还阅读了《维多利亚评论》（*The Victorian Review*）中有关澳大利亚经济状况的其他文章，包括"澳大利亚的商业未来"（The Commercial Future of Australia, 1880）和"澳大利亚东北部的未来"（The Future of northeast Australia, 1880）。

从 1879 年秋季开始，马克思展开了对自然科学的深入研究。尽管他的健康状况不佳，但一种永不停歇的求知欲驱使他不断更新某些在 19 世纪下半叶获得重大发展的新领域的知识。为了迎接挑战，马克思从新近出版的书籍中摘录了大量的内容，比如劳尔·梅耶（Lothar Meyer, 1830—1895）的《现代化学理论及其对静态化学的意义》（1872），《科学新概念之后的简明化学教程》（1873）第四版，以及两卷本的《化学论》（1877—1879），这两本书均由亨利·罗斯科（Henry Roscoe, 1833—1915）和卡尔·肖莱马（Carl Schorlemmer, 1834—1892）合著，后者是恩格斯在曼彻斯特的老朋友和伙伴。马克思还阅读了肖莱马的《碳化合物化学教程，或有机化学》（1874），并从威廉·库恩（Wilhelm Kühne, 1837—1900）的《生理化学教程》（1868）中抄录了一些观察结果。马克思使用这些资料绘制了大量的有机和无

---

① 安德森在《边缘地带的马克思》（*Marx at the Margins*）一书中写道，"这些段落表明了一种转变，从（马克思的）1853 年关于印度在征服面前被动的观点；他经常嘲笑或删除……休厄尔把英国征服印度描绘成一场反对亚洲野蛮主义的英勇战斗的段落"。自从 1857 年马克思在《纽约每日论坛报》上发表有关印度人民起义的文章以来，他对印度抵抗运动的"同情""只增不减"（ibid., 216, 218）。

② Marx, *Notes on Indian History* (664—1858), 163—164, 184.

机化学的图表和概况表，① 他特别关注金属、碳和分子理论。

与此同时，马克思阅读了物理学、生理学和地质学的著作，并按照他通常的方式进行摘录。

1880 年，马克思研究了柏林大学政治经济学教授、国家社会主义的捍卫者阿道夫·瓦格纳（Adolph Wagner, 1835—1917）的《政治经济学教程》（1876）。按照他的习惯，马克思从该书的主要部分中摘录了一些内容，并在此过程中添加了一系列有份量的批判性评论。在这些"旁注"中，他注意到，即使是在被他讽刺地称为"学术社会主义者"（Kathedersozialisten）的假想社会中，资本主义的基本矛盾几乎不会改变。因为"国家本身是资本主义的生产者，如矿山、森林等的开发，其产品是一种商品，因此具有其他商品的特殊性"②。

这些笔记的另一目的是为了证明瓦格纳并不理解价值和交换价值之间的区别，因此，他无法将马克思的理论与大卫·李嘉图（David Ricardo，1772—1823）的理论区分开来，后者"只把劳动作为价值量大小的衡量标准"。③ 根据瓦格纳的观点，使用价值和交换价值应该"源自价值的概念"。④ 而对马克思来说，它们应该以"一个具体的对象：商品"为基础来分析。⑤

瓦格纳宣称马克思的价值理论是"他的社会主义制度的基石"⑥。

---

① Karl Marx, "Exzerpte aus Werken von Lothar Meyer, Henry Enfield Roscoe, Carl Schorlemmer, Benjamin Witzschel, Wilhelm Friedrich Kühne, Ludimar Hermann, Johannes Ranke und Joseph Beete Jukes", MEGA, IV/31: 21—442.

② Marx, "Marginal Notes on Adolph Wagner's *Lehrbuch der politischen Ökonomie*", MECW, 24: 546; "Randglossen zu Adolph Wagners *Lehrbuch der politischen Ökonomie*", MEW, 19: 370.

③ Ibid., MECW, 24: 534; ibid., MEW, 19: 358.

④ Ibid., MECW, 24: 537; ibid., MEW, 19: 361.

⑤ Ibid., MECW, 24: 538; ibid., MEW, 19: 362.

⑥ Adolph Wagner, *Lehrbuch der politischen Ökonomie* (Leipzig: Winter), 45; quoted in Marx, "Marginal Notes", MECW, 24: 533; MEW, 19: 357.

马克思对此提出异议，并强调，瓦格纳"不应当要我来提出这类未来社会设想的证据"，而是"应该先证明"，社会生产过程"在资本家出现之前的很多公社(古代印度的公社、南斯拉夫人的家庭公社等) 内，是不存在的"。① 马克思进一步指出："在原始社会中，生活资料是共同生产的，并在社会成员之间进行分配，公共产品直接满足了社会成员和每个生产者的基本需要。"在这种情况下，"产品的社会特性，使用价值，就在于它（共同的）公共特性"。②

马克思还反对瓦格纳的其他论断：例如，"资本利润实际上也是……一种'构成'的价值元素，而不像社会主义者所认为的那样，只是从工人身上克扣出来的，或者是对工人的'掠夺'。"作为回应，马克思强调："他已经'详细论证'资本家不仅'克扣'或'掠夺'，而且'强制剩余价值的生产'。""克扣"和"剩余价值生产"是不同的，资本家通过向"工人支付其劳动力的实际价值"，从工人创造的剩余价值中获益。这是资本家在"这种生产方式"③下的"权利"，并不违反"与商品交换相对应的法律"。④ 无论如何不能表明——如瓦格纳所假设的那样——"资本利润"是"价值的构成要素"。⑤

马克思进一步引用了瓦格纳似是而非的陈述："马克思的说明是正确的，但是他的错误在于，把这种经济⑥看作是暂时的，而相反，亚里士多德的错误在于把奴隶制经济看作非暂时的。"⑦ 对于这名巴伐

---

① Marx, "Marginal Notes", MECW, 24: 535; MEW, 19: 359.

② Ibid., MECW, 24: 546; ibid., MEW 19: 370.

③ Wagner, *Lehrbuch der politischen Ökonomie*, 45—46; quoted in Marx, "Marginal Notes", MECW, 24: 535; MEW, 19: 359.

④ Ibid., MECW, 24: 536, ibid., MEW, 19: 360.

⑤ Wagner, *Lehrbuch der politischen Ökonomie,* 45—46; quoted in Marx, "Marginal Notes", MECW, 24: 535; ibid., MEW, 19: 359.

⑥ 指的是资本主义生产。——译者注

⑦ Marx, "Marginal Notes", MECW, 24: 535; ibid., MEW, 19: 359.

利亚经济学家来说，"如果现在的国民经济组织及其法的基础"——"土地的私有制和资本等等被看作是基本上不应变化的制度"。① 相反，对马克思而言，它们只是一种历史生产方式，因此可以被完全不同的经济和政治组织所取代：一个无阶级的社会。

三、关于人类学、古代社会和数学的笔记

只要环境和身体状况允许，马克思就会坚持继续工作。与一些传记作家声称的马克思对知识的求知欲和理论的敏锐度在他生命的最后几年逐渐消退的说法相反，他不仅继续自身的理论研究，而且将其拓展到新的领域。②

1880 年 2 月，马克思在给丹尼尔逊的信中写道："一堆糟糕的阅读欠债正摆在我面前。"这在很大程度上归因于他对新研究的投入以及"努力读完来自不同国家，尤其是美国寄来的大量蓝皮书"的

---

① Wagner, *Lehrbuch der politischen Ökonomie*, 105; quoted in Marx, "Marginal Notes", MECW, 24: 556; MEW, 19: 380.

② 1918 年，弗兰茨·梅林（Franz Mehring, 1846—1919）在他的《卡尔·马克思：他一生的故事》（Ann Arbor: University of Michigan Press, 1962）一书中将马克思的最后 10 年是"缓慢死亡"的说法描述为"极度夸张"（同上，501）。但他也错误地断言，"自 1878 年以来，他没有做任何进一步完成他主要工作的事。"（同上，526）David Ryazanov（1870—1938）在 1923 年表明，"尽管在 1881—1883 年期间，他失去了部分从事创造性工作的能力，但他从来没有失去他的思考和研究的能力"，"Neueste Mitteilungen über den literarischen Nachlaß von Karl Marx und Friedrich Engels", in *Archiv für die Geschichte des Sozialismus und der Arbeiterbewegung* 11,（1925）：386。1929 年，Karl Vorlander（1860—1928）指出，"一个人成熟得如此早，但经历了如此多的考验，身体衰老开始得比许多其他人更早"（同上，248），并补充说，"从 1878 年起，他感到越来越没有足够的能力开展工作"（同上，261）。10 年后，以赛亚·伯林（1909—1997）回应道："他写得越来越少，他的风格变得越来越难以理解和晦涩难懂。"以赛亚·伯林：《卡尔·马克思：生平与环境》（牛津大学出版社 1963 年版），第 280 页。马克思最后一段时期的工作肯定是艰难的，经常是曲折的，但它在理论上也是非常重要的。

决心。①

　　1880 年 12 月至 1881 年 6 月，马克思的研究兴趣集中在另一门学科：人类学。他从美国人类学家路易斯·摩尔根（Lewis Morgan, 1818—1881）的著作《古代社会》（*Ancient Society*, 1877）开始研究。该书是俄国民族学家马克西姆·柯瓦列夫斯基从北美旅行带回来的，在其出版两年后寄给了马克思。

　　让马克思印象最深刻的是，摩尔根将生产和技术因素视为社会进步的先决条件。于是马克思编撰了一本 100 页的汇编，这些构成了我们所知的《人类学笔记》（1880—1881）的大部分内容。② 它们还包含了其他著作的摘录：律师兼印度尼西亚专家詹姆斯·莫尼（James Money, 1818—1890）的《爪哇，或怎样管理殖民地》（1861）；《印度和锡兰的雅利安人村社》（1880），作者约·布·菲尔（John Phear, 1825—1905）是锡兰最高法院院长；历史学家亨利·梅恩（Henry Maine，1822—1888）的《古代法制史讲演录》（1875），总共又有 100 页。③ 马克思对这些作者的比较评价让人们感觉到，他在相当短的时间内编纂了这些资料，并试图真正掌握这些资料。

　　在之前的研究中，马克思已经在《德意志意识形态》的第一部分、《政治经济学批判大纲》手稿中"资本主义生产以前的各种形式"的章节以及《资本论》第一卷中对过去的社会经济形式进行了广泛考察

---

①　Karl Marx to Nikolai Danielson, 19 February 1881, MECW, 46: 61; MEW, 35: 154.

②　这一题目是劳伦斯·克拉德（Lawrence Krader, 1919—1998）后来起的，他是这些手稿的编辑。然而，这些研究的内容更准确地与人类学相关，因此作为本章这一节的标题。

③　来自菲尔和格因的部分被收录在《卡尔·马克思民族学笔记》中，编者劳伦斯·克拉德（Assen: Van Gorcum, 1972），243—336; 马克思并没有留下他的著作的确切年代。这些文本的主要研究者克拉德认为，马克思首先使自己熟悉了摩尔根的著作，然后汇编了其节录，见"附录"，（同上，87）。考茨基在 1881 年 3 月至 6 月的伦敦之行中也证实了，"当时马克思集中关注史前史和民族学"，参见考茨基：《*Gesprache mit Marx and Engels*》，552。

和评论。1879 年，马克思阅读了柯瓦列夫斯基的《公共土地占有制，其解体的原因、进程和结果》，进一步明确了自身的研究主题。但只有在《人类学笔记》中，他才真正进行了最为全面和最新的研究。

马克思开展新的研究旨在拓宽对世界历史时期、地理区域以及他认为对继续批判政治经济学至关重要主题的认识。这些研究不仅使马克思获得了有关远古时代社会特征和制度的具体信息，而且使他掌握了其在 19 世纪 50 年代和 60 年代写作手稿时所缺乏的资料，同时也获取了当时最杰出学者的最新理论。

马克思致力于完成《资本论》第二卷的同时，也投身于研究这些较为耗费时间的人类学问题。他这些严谨的理论和政治学说是服务于新的社会模式的重建。随着时间的推移，不同的生产方式将彼此相继。马克思尤为关注资本主义的诞生和发展，他相信这将为他关于共产主义社会的理论提供更坚实的历史基础。①

因此，在《人类学笔记》中，马克思整理了关于史前社会、家庭关系的发展、妇女的状况、财产关系的起源、前资本主义社会的社区实践、国家权力的形成和性质、个人的作用以及一些关于人类学研究方法的更为现代的汇编资料和有趣注释。

在史前社会和家庭关系发展这一特殊主题上，马克思从摩尔根的

---

① 根据莫里斯·布洛赫的《马克思主义与人类学：关系的历史》（伦敦劳特利奇出版社 1983 年版），马克思首先想要"重建一个社会的一般历史和理论，以解释资本主义的到来"。他还有一种"修辞上的"兴趣，即需要用实例和案例证明资本主义制度具有历史特殊性，因此是可以改变的。然而，第二种"对人类学资料的修辞使用从来没有完全脱离历史使用，两者的混合成为许多问题的根源"（同上，10）。皮埃尔·达多和克里斯蒂安·拉瓦尔在 Marx, prénom Karl (Paris: Gallimard, 2012) 中写道："马克思在他最后几年的主要努力是冒着严重危及建立在 19 世纪进化主义和进步主义知识基础上的理论体系的风险进行辩论"。一项批判性研究 (Leiden: Brill, 2012) 指出，手稿包含了"在马克思最后的笔记中一些最具创造性的尝试"。希瑟·布朗在马克思的《人类社会的发展》中论述（同上，147）。

著作中得到了一些独特的启示。亨利·迈尔斯·海德门回忆说："当路易斯·摩尔根在他的《古代社会》中向马克思有力地证明了旧部落制度和古代社会的社会单位是氏族①而不是家庭时，马克思立即抛弃了他以前的观点。"②

正是缘于对原始氏族社会结构的研究，摩尔根克服了传统的亲属关系解释的局限，包括德国历史学家巴托尔德·尼布尔（Barthold Niebuhr, 1786—1831）在《罗马史》（1811—1812）中提出的解释。与之前的所有假设相反，摩尔根指出，如果认为氏族是"一夫一妻制家庭"之后的产物，是"家庭集合"的结果，那就大错特错了。③ 马克思对史前社会和古代社会的研究使他得出这样的结论：父系家庭不应被看作是最初的社会基本单位，而应被看作是一种社会组织形式，其形成时间比人们通常所认为的要晚。这是一个"太弱而无法独自面对生活艰辛"的组织。④ 假设存在美国土著民族那样的形式，即辛尼斯（the sindiasmic family）家庭，他们奉行"生活中的共产主义"，这似乎更合理。⑤

另一方面，马克思不断地与梅恩辩论。梅恩在《古代法制史讲演录》（1875）的讲座中将"私人家庭"想象为"氏族和部落发展的基础"。马克思对梅恩试图将维多利亚时代倒转到史前时代的尝试表示蔑视，他断言："作为一个呆头呆脑的英国人，不从氏族出发，而从后来成为首领等等的族长出发。愚蠢。"⑥ 他的嘲讽逐渐达到高潮："梅恩毕竟

---

① 氏族是一个"由具有共同血统的血亲组成"的单位，参见亨利·摩尔根的《古代社会》（纽约亨利·霍尔特出版社 1877 年版），第 35 页。

② Hyndman, *Adventurous Life*, 253—254.

③ Morgan, *Ancient Society*, 515.

④ Ibid., 472.

⑤ Marx, *The Ethnological Notebooks*, 115; *Die Ethnologischen Exzerphthefte*, 153.

⑥ Ibid., 292; ibid., 430.

不能把英国的家庭从他的脑海中抹去。"① 他"把他的'家长制的'罗马家庭作为事情的开端"。② 马克思也没有放过菲尔,③ 他批判说:"他把一切都建立在私人家庭的基础上!"④

摩尔根关于家庭概念的评论给了马克思更多的思考,因为"家庭"一词的"本义"与 famulus 或 servant 同根,"与已婚夫妇或他们的孩子没有关系,而是与那些为维持生存而辛勤劳作,并且处于家族首领权力之下的奴隶和仆人们有关"⑤。对此,马克思指出:"现代家庭在萌芽时,不仅包含着奴隶制(servitus),而且也包含着农奴制,因为它从一开始就是同田野耕作的劳役有关的。它以缩影的形式包含了一切后来在社会及其国家中广泛发展起来的对立。父权的萌芽是与对偶制家庭一同产生的,随着新家庭日益具有专偶婚制的性质而发展起来。"⑥

马克思在其他著作中发展了自己的思想,他写道,"房屋、土地和畜群的财产"与"一夫一妻制家庭"是紧密相连的。⑦ 事实上,正如《共产党宣言》所提出的,这是"阶级斗争史"的历史起点。⑧

恩格斯将《家庭、私有制和国家的起源》(1884)描述为"完成了一项使命",只不过是他的"亲爱的朋友"生前没有完成的"微不

---

① Ibid., 309; ibid., 456.

② Ibid., 324; ibid., 479.

③ 菲尔指的是约·布·菲尔。马克思在 1881 年 8 月至 9 月阅读并写下关于菲尔所著《印度和锡兰的雅利安人农村》一书的摘要。——译者注

④ Ibid., 281; ibid., 417.

⑤ Morgan, *Ancient Society*, 469.

⑥ Marx, *The Ethnological Notebooks,* 120; *Die Ethnologischen Exzerpthefte,* 160—161.

⑦ Ibid., 210; ibid., 302.

⑧ 卡尔·马克思和弗里德里希·恩格斯:《共产党宣言》,MECW, 6: 482。在 1888 年英文版的《共产党宣言》中,恩格斯写道:"路易斯·亨利·摩尔根对氏族的本质及其与部落的关系的最高发现,揭示了原始共产主义社会的内部组织的典型形式。"随着原始社会的解体,社会开始分化为分离的、最终对立的阶级。(同上)

足道的替代品"。① 恩格斯完成了马克思在《人类学笔记》中的分析，他认为，专偶制代表着一种性别对另一种性别的服从，宣告了在之前的历史中一直不为人知的两性之间的冲突。"在马克思和我于 1846 年合写的一个旧的、未发表的手稿中，我发现了如下一句话：'最初的分工是男女之间为了生育子女而发生的分工'。"②"现在我可以补充几句：在历史上出现的最初的阶级对立，是同个体婚制下夫妻间的对抗的发展同时发生的，而最初的阶级压迫是同男性对女性的压迫同时发生的。个体婚制是一个伟大的历史的进步，但同时它同奴隶制和私有制一起，却开辟了一个一直延续到今天的时代，在这个时代中，任何进步同时也是相对的退步，因为在这种进步中，一些人的幸福和发展是通过另一些人的痛苦和受压抑而实现的。个体婚制是文明社会的细胞形态，根据这种形态，我们就可以研究文明社会内部充分发展着的对立和矛盾的本质。"③ 恩格斯的论文在经济冲突和性别压迫之间建立了一种相对简要的关系，这是马克思零散和高度复杂的笔记所没有的。④

　　马克思也密切关注了摩尔根关于性别平等的观点。摩尔根认为前希腊古代社会在尊重和对待妇女的行为方面较为进步。马克思摘抄了摩尔根书中有关希腊人"从母系到父系的转变损害了妻子和女性的地位和权利"这一部分。事实上，摩尔根对希腊的社会模式评价较

---

① Friedrich Engels, *The Origin of the Family, Private Property and the State*, MECW, 26: 131. *Der Ursprung der Familie, des Privateigentums und des Staats*, MEW, 21: 27.

② Ibid., MECW, 26: 173; ibid., MEW, 21: 68.

③ Engels, *The Origin of the Family*, MECW, 26: 173—174; MEW, 21: 68. 在这部著作中，恩格斯实际上发表了一些马克思关于摩尔根作品的评析。

④ Cf. Raya Dunayevskaya,《罗莎·卢森堡：妇女解放与马克思革命哲学》(伊利诺伊大学出版社 1991 年版)："马克思的研究表明，一般的压迫，特别是妇女遭受的压迫，起源于原始共产主义内部，不仅仅与'母系社会'的变化有关"(同上，173)。

为负面，"在文明的鼎盛时期，希腊人对待妇女仍然很野蛮，她们所受的教育非常肤浅……她们反复地被灌输自卑的原则，直到女性自己也接受了这一事实。"此外，在男性中还存在着一种自私自利的原则，这种原则倾向于减少对女性的欣赏，对女性的欣赏在野蛮人中是很少有的。马克思敏锐地观察到，与古典神话形成鲜明对比的是"对奥林匹斯山女神们的态度，则反映了对妇女以前更自由和更有地位的回忆。朱诺有权力欲，智慧女神是从宙斯脑袋里跳出来的，等等"①。对马克思来说，过去关于自由神的记忆为现在可能的解放提供了思路。②

马克思从研究过的众多著作中，摘录了许多对古代社会中妇女作用的论述。例如，在提到瑞士人类学家约翰·巴霍芬（Johann Bachofen, 1815—1887）的著作《母权论》（1861）时，马克思指出："妇女在克兰氏族里，乃至一般在任何地方，都有很大势力。有时，她们可以毫不犹豫地撤换酋长，把他贬为普通的战士。"③

马克思对摩尔根文本的解读也为他的另一个重要问题——财产关系的起源提供了一个新的研究视角。为此，这位著名的人类学家在不同类型的亲属结构与社会经济形态之间建立了因果关系。在马克思看来，西方历史上对血缘关系的描述系统是值得肯定的，这一系统规定了每个人的亲属关系（如称兄弟的儿子为侄子，称父亲的兄弟为伯叔父，称父亲的兄弟的儿子为叔伯兄弟），还分析了分类系统的衰落。这种分类系统将血亲划分为不同的类别，而没有说明与自我的距离或

---

① Karl Marx, *The Ethnological Notebooks*, 121; *Die Ethnologischen Exzerpthefte*, 161.

② 布朗：《马克思论性别与家庭》，"在古希腊，妇女显然受到压迫，但对马克思来说，古希腊关于妇女的神话有可能说明妇女可以获得更多自由"（同上，172）。

③ Marx. *The Ethnological Notebooks of Karl Marx*. 116; *Die ethnologischen Exzerpthefte, 154*. 布朗的《马克思论性别与家庭》努力地汇集了许多其他引起马克思注意的观点（同上，160ff）。

亲近程度（例如，我的亲兄弟和我父亲的兄弟的儿子在同等程度上是我的兄弟）与财产和国家的发展有关。①

摩尔根的著作分为四个部分：1.通过发明和发现来发展智力；2.政府观念的发展；3.家庭观念的发展；4.财产观念的发展。马克思进而将摩尔根这四个部分简化并重新排序为：1.发明；2.家庭；3.财产；4.政府；以便更清楚地揭示后两者之间的联系。

摩尔根在著作中认为，尽管"财富、等级和官职的权力"在几千年的时间里已经凌驾于"正义和智慧"之上，但有充分的证据表明"特权阶级"对社会产生了"繁冗"的影响。② 马克思几乎完整地抄录了《古代社会》的最后一页关于财产可能带来的曲解，这些内容给马克思留下了深刻的印象："自从进入文明时代以来，财富的增长是如此巨大，它的形式是如此繁多，它的用途是如此广泛，为了所有者的利益而对它进行的管理又是如此巧妙，以致于这种财富对人民说来已经变成了一种无法控制的力量。人类的智慧在自己的创造物面前感到迷惘而不知所措了。然而，总有一天，人类的理智一定会强健到能够支配财富，一定会规定国家对它所保护的财产的关系，以及所有者的权利的范围。社会的利益绝对地高于个人的利益，必须使这两者处于一种公正而和谐的关系之中。"③

摩尔根并不认为"人类的最终命运"仅仅是对财富的追求。他发出了严厉的警告："社会的解体理所应当地成为一种以财产为目的事业的终结；因为这样的事业包含着自我毁灭的元素。政府的民主，社会中的兄弟情谊，权利的平等以及普及教育预示着一个更高层次的社会，而经验、智慧和知识正稳步走向这一层次。它（社会的更

---

① Ibid., 123, 104; ibid., 164, 136. 参见 Maurice Godelier, *Perspectives in Marxist Anthropology* (London: Verso, 1977), 67—68, 101—102.

② Morgan, *Ancient Society*, 551.

③ Ibid., 551—552.

高计划①）将是对古代氏族的自由、平等和博爱的更高形式的复兴。"②

因此，资产阶级的"文明"本身就是一个过渡的阶段，它是在"野蛮时代"（当时流行的术语）的中级阶段和高级阶段的漫长时代结束后才开始产生。这些形式随着财产和财富的积累以及社会阶级和国家的出现而消失。但史前史和历史迟早会再次结合在一起。③

摩尔根认为，古代社会非常民主和团结。他把自己定位于对人类进步的乐观主义，而没有提到政治斗争的必要性。④ 然而，马克思并没有设想"野蛮人的高尚神话"会在社会主义中复兴，他从来没有希望回到过去，而是正如他在摘抄摩尔根的作品时所表明的那样——他期待一种基于新的生产和消费方式的"更高形式的社会"的到来。⑤

---

① 括号里的字是马克思加上去的，参见马克思：《人类学笔记》，139; *Die Ethnologischen Exzerpthefte*, 190。

② Morgan, *Ancient Society*, 551—552.

③ 参见 Godelier, *Perspectives in Marxist Anthropology*, 124. 或者对任何可能的"回到统一的原始状态"的批判，参见 Daren Webb, *Marx, Marxism and Utopia*（Aldershot: Ashgate, 2000），113ff.

④ 恩格斯错误地认为，摩尔根的政治立场是非常进步的。参见弗里德里希·恩格斯 1884 年 3 月 7 日写给弗里德里希·阿道夫·左尔格的信，他在信中写道，《古代社会》是"对原始时代及其共产主义的娴熟揭露"。摩尔根独自重新"发现了马克思的唯物主义历史观……并且还对现代社会提出了直接的共产主义的要求"。MECW 47, 115—116。马克思本人从未这样表述过。关于这位美国人类学家的思想、生平和作品，可参见丹尼尔·摩西《进步的诺言：路易斯·亨利·摩尔根的生活和工作》（密苏里大学出版社 2009 年版）。

⑤ Marx, *The Ethnological Notebooks*, 139; *Die ethnologischen Exzerpthefte*, 190. 据克拉德说："正如摩根所没有指出的那样，马克思清楚地指出，这一重建的过程将在另一个层面上进行，这是人的努力，是人为自己的努力，文明的对抗不是静止的或被动的，而是由支持或反对重建结果的社会利益构成，这将以一种积极的、动态的方式来决定。"克拉德，"引言"，《卡尔·马克思人类学笔记》，第 14 页。正如 Maurice Godelier 在《精神与物质》（伦敦：Verso, 2012）中指出的那样，马克思从来没有任何"关于原始的'黄金国'的想法"。他从未忘记，在原始的"无阶级社会"中，"至少有三种形式的不平等：男人和女人之间，老年人和年轻人之间，土著居民和外国人之间"（同上，78）。

这一社会不会通过机械进化来实现，而只会通过有意识的工人阶级斗争来实现。

马克思对人类学的所有解读都涉及国家的起源和功能，对摩尔根著作的节选也总结了国家在野蛮时代到文明时代转变中的功能，而他关于梅恩的笔记则集中分析了个人与国家之间的关系。[①] 从《黑格尔法哲学批判》(1843)[②] 到《法兰西内战》(1871)[③]，这些著作与《人类学笔记》一样，都将国家描绘成一种压迫社会发展和阻碍个人全面解放的力量。

在 1881 年的笔记中，马克思强调了国家的寄生性和暂时性，他认为：梅恩忽略了深得多的东西：国家的看来是至高无上的独立的存在本身，不过是表面的，所有各种形式的国家都是社会身上的赘瘤；正如它只是在社会发展的一定阶段上才出现一样，当社会达到迄今尚未达到的阶段，它也会消失。

在此之后，马克思对特定历史环境下的人类状况进行了批判。文明社会的形成，伴随着从公有制度向个人财产制度的过渡，产生了"个性的片面发展"。[④] 但是，"只要我们分析这种个性的内容即它的

---

① 参见 Krader, "Introduction", in Marx, *The Ethnological Notebooks*, 19。

② 在这部著作中，马克思分析了"市民社会"与"国家"之间的"对立"，"国家"并不在"社会"之内，而是站在"社会"之上。马克思认为，"在民主制中，作为特殊事物的国家仅仅是特殊事物，而作为普遍事物的国家则是现实的普遍事物，就是说，国家不是有别于其他内容的规定性。现代的法国人对这一点是这样了解的：在真正的民主制中政治国家就消失了。这可以说是正确的"。卡尔·马克思，"《黑格尔法哲学批判》导言"，MECW, 3: 30; "Kritik des Hegelschen Staatsrechts", MEW, 1: 233。

③ 30 年后，马克思的批判更加尖锐地集中在："现代工业的进步促使资本和劳动之间的阶级对立更为发展、扩大和深化。与此同步，国家政权在性质上也越来越变成了资本借以压迫劳动的全国政权，变成了为进行社会奴役而组织起来的社会力量，变成了阶级专制的机器。" Karl Marx, *The civid War in France*, MECW, 22: 329, Der Bürgerkrieg in Frankreich, MEW, 17: 336。

④ Marx, *The Ethnological Notebooks*, 329; *Die Ethnologischen Exzerpthefte*, 487. Cf. Krader, "Introduction", in ibid., 59.

利益，它的真正性质就会显露出来。那时我们就会发现，这些利益是一定的社会集团共同特有的利益，即阶级利益等。所以，这种个性本身就是阶级的个性，而它们最终全都以经济条件为基础。"对马克思而言，"这种条件是国家赖以建立的基础，是它的前提。"因此，在这种社会中存在的个体是"阶级个体"，归根到底，它是"基于经济前提"的。①

在《人类学笔记》中，马克思还对自身所研究的许多人类学报告中的种族主义内涵进行了考察。②他断然地拒绝了相关意识形态的主张，并讽刺地评论了以某种方式表达这类意识形态的作者。因此，当梅恩使用带有歧视性的称谓时，他坚决地批判道："又是胡说八道！"此外，类似"魔鬼接受了这个雅利安人的行话"③的表达也反复出现。

在谈到莫尼的《爪哇，或怎样管理殖民地》和菲尔的《印度和锡兰的雅利安人村社》时，马克思研究了欧洲人对亚洲殖民的负面影响。他对莫尼关于殖民政策的看法一点也不感兴趣，但是他发现他的书很有用，因为它提供了关于商业的细节。④他对菲尔的著作采取了类似

---

① Marx, *The Ethnological Notebooks*, 329; *Die Ethnologischen Exzerpthefte,* 487—488.

② 参见 Krader, "Introduction", in ibid., 37; and Christine Ward Gailey, "Community, State, and Questions of Social Evolution in Karl Marx's Ethnological Notebooks", in *The Politics of Egalitarianism,* ed. Jacqueline Solway（New York—Oxford: Berghahn Books, 2006）, 36.

③ Marx, *The Ethnological Notebooks*, 324; *Die Ethnologischen Exzerpthefte,* 479.

④ 参见 Fritjof Tichelman, "Marx and Indonesia: Preliminary Notes", in *Schriften aus dem Karl Marx—Haus*, vol. XXX: *Marx on Indonesia and India*（Trier: Karl—Marx—Haus, 1983）, 18. 恩格斯对货币的看法也是如此："如果有人肯花点力气用爪哇（国家社会主义在这里极为盛行）的实例来说明猖獗一时的国家社会主义，那倒是一件好事。全部的材料都包括在莫尼律师著的《爪哇，或怎样管理殖民地》（1861 年伦敦版，共两卷）这本书里。从这里可以看到，荷兰人怎样在古代公社共产主义的基础上以国家的方式组织生产，并且怎样保证人们过一种他们所认为的非常舒适的生活。结果是：人民被保持在原始的愚昧状态中，而荷兰的国库却每年得到七千万马克的收入（现在大概还要多）。" Friedrich Engels to Karl Kautsky, 16 February 1884, MECW, 47: 102—103; MEW, 36: 109。

的方法，即主要集中在他对孟加拉邦的报道而忽略了其薄弱的理论构建。

马克思在《人类学笔记》中提到并总结的一些作者都受到了进化论的影响，尽管有各种细微差别，有些人还成了资产阶级"文明优越论"的坚定拥护者。但《人类学笔记》的考察清楚地表明，他们的意识形态主张对马克思并没有产生影响。

进化论在 19 世纪占据主导地位，被人类学家和民族学家广泛认同。它假定由于人类行为的外部因素，事件将遵循既定的进程；一个严格的阶段序列把资本主义世界作为它唯一的、一致的目的地。

在短短几年的时间里，认为历史会自动前进的朴素信念也在第二国际内部扎根。唯一不同于资产阶级版本的是，它预言了资本主义制度不可避免的"崩溃"之后会有一个最终阶段，也就是社会主义的出现（它后来被定义为"马克思主义！"）。①

这种分析不仅在认知上是不合理的，而且它产生了一种宿命论的消极情绪，成为现有秩序的稳定因素，削弱了无产阶级的社会和政治行动。马克思反对这种被许多人认为是"科学"的方法，在资产阶级和社会主义对进步所共有的看法中，马克思拒绝了单向历史主义的观点，保留了他自己复杂、灵活和多样化的观念。

然而，与达尔文主义的预言相比，马克思的声音似乎是不确定且犹豫的。② 但实际上，他逃脱了经济决定论的陷阱，而他的许多追随者和表面上的继承者都趋向落入陷阱——声称激发他们的理论与自身所持立场相差甚远，这将导致许多人对马克思主义最糟糕的描述。

在家庭环境和身体素质每况愈下的背景下，在马克思的手稿、笔

---

① Cf. Marcello Musto, "The Rediscovery of Karl Marx", *International Review of Social History* 52, no. 3（2007）：479—480.

② 参见 Alessandro Casiccia, "La concezione materialista della società antica e della società primitiva", in Henry Morgan, *La società antica*（Milan: Feltrinelli, 1970）, XVII.

记本和写给革命者和活动家的信件中，在他仍能进行的为数不多的公开斗争中，马克思坚持不懈地重现了从古代到资本主义社会的复杂历史。从他所阅读和总结的人类学研究中，他证实了自农业诞生以来，在生存资源不断扩大的时代，人类的进步速度更快。马克思珍视历史信息和资料，但不认同人类历史将不可避免地经历一定的阶段顺序的固定模式。

马克思摒弃了任何仅仅将社会变革与经济转型僵化联系在一起的方式。相反，他强调了历史条件的特殊性、时代发展提供的多种可能性以及人类活动在塑造现实和实现变革中的核心作用。① 这些是马克思在他生命最后几年的理论阐述的显著特征。

1881 年，在进行民族学研究的同时，马克思重新开始了他的有机化学研究，并从 1879 年开始继续他感兴趣的研究：研制关于石蜡、汽油和各种芳香混合的化合物。② 然而，在上半年，他又回到了数学的研究中——这种挑战他以前已经接受过几次。

早在 1858 年初，他写信给恩格斯，在信中他说在撰写《政治经济学批判》时出现了很多计算错误，以至于"绝望中（他）把自己投入到代数的快速修订中"。"我对算术从来就不在行。"他承认道，"但如果绕开代数，我很快就会回到正题上来"③。因此，马克思对数字和科学的兴趣最初是与他对政治经济学的研究以及解决这些研究提出的某些理论问题的迫切需要联系在一起的。然而一旦他开始认真思考，他的态度就发生了深刻的变化。除了对《资本论》有用之外，数学本身也成为马克思兴趣的一个来源，在他的智力活动中占据了特殊的

---

① 参见 Gailey, *Community, State, and Questions*, 35, 44。

② Marx, "Exzerpte aus Werken von Lothar Meyer, Henry Enfield Roscoe, Carl Schorlemmer, Benjamin Witzschel, Wilhelm Friedrich Kühne, Ludimar Hermann, Johannes Ranke und Joseph Beete Jukes", MEGA, IV/31: 443—463.

③ Karl Marx to Friedrich Engels, 11 January 1858, MECW, 40: 244; MEW, 29: 256.

位置。

1860 年，马克思的妻子患了天花，他的女儿们因为担心自己被传染而离开了家。当时，作为"护士"的马克思给恩格斯写信："写文章现在对我来说几乎是不可能了。我能用来使心灵保持必要平静的唯一的事情，就是数学。"① 他一直保持这一习惯直到他生命的终点。他在给恩格斯的许多信中强调了数学给他带来的快乐。1865 年春天，他写道，在他"像一匹马一样工作"的《资本论》写作的间歇中，痛虽然还在他的身体里，但并没有"扰乱大脑"——他"在做一些微分运算"。"任何其他读物总是把我赶回写字台来。"② 马克思自 19 世纪 70 年代起一直这样做③，从 19 世纪 70 年代末开始，他始终有条不紊地工作，写了数百页书稿，这些书稿后来被称为《数学手稿》。④

1881 年，马克思集中精力研究艾萨克·牛顿（1643—1727）和戈特弗里德·威廉·莱布尼茨的数学理论。⑤ 他们一个在英国，另一个在德国，却分别发明了微分学和积分学，是微积分的两个组成部

---

① Karl Marx to Friedrich Engels, 23 November 1860, MECW, 41: 216; MEW, 30: 113.
② Karl Marx to Friedrich Engels, 20 May 1865, MECW, 42: 159; MEW, 31: 122.
③ 恩格斯后来回忆说，马克思的《资本论》曾中断了几年："1870 年以后，又有一个间歇期，这主要是由马克思的病情造成的。他照例是利用这类时间进行各种研究。农学，美国的特别是俄国的土地关系，货币市场和银行业，最后，还有自然科学，如地质学和生理学，特别是独立的数学研究，成了这个时期的许多札记本的内容。"Friedrich Engels, "Preface to the First German Edition", in Karl Marx, *Capital*, Volume II, MECW, 36: 7.
④ 参见索夫娅·扬诺夫斯卡娅，《1968 俄文版序言》，《马克思数学手稿》（伦敦新帕克出版社 1983 年版），第 9 卷。要了解关于马克思数学研究的一些最有趣的解释，请参阅 Pradip Baksi 编：《卡尔·马克思和数学：三部分文本合集》（新德里：Aakar Books, 2019）。
⑤ 牛顿和莱布尼茨之间发生了激烈的争论，双方都指责对方剽窃，并声称自己是"首创"。参见阿尔弗雷德·鲁伯特·霍尔：《战争中的哲学家》（剑桥大学出版社 1980 年版），第 234 页。

分。在这些研究之后，马克思写了两篇简短的手稿——"关于导函数的概念"和"关于微分"——系统地阐述了他对微分学的解释，并说明了他发现的方法。这两篇文章都是写给恩格斯的，一写完短文，马克思就把它们寄给恩格斯，并让恩格斯作出判断。

马克思关于微分学的历史研究是从探讨其起源开始，积累了各种注释和初步草稿，① 并且目标非常明确：批判微积分的基础，用 dx 和 dy 微分驳斥素数数学的存在。② 在这一研究过程中，他特别提到了牛顿和莱布尼茨所建立的微分学的"神秘"基础，两位都没有给出任何正式的解释。马克思批评他们没有给它下定义就使用了它。③ 这一问题已经被其他数学家察觉到，如让·达朗贝尔（Jean D'Alembert, 1717—1783）和约瑟夫·路易斯·拉格朗日（Joseph—Louis Lagrange, 1736—1813）。马克思饶有兴趣地研究了他们的论文。然而，达朗贝尔使用理性主义的方法和极限的概念，拉格朗日使用纯代数的方法和导出函数的概念，都没有解决马克思提出的问题。在这些研究结束时，马克思并不满意研究现状，他决定寻求对微分学的严格定义：基于概念的而不是"神秘"基础。但马克思对这一课题的最新研究并不熟悉，因为他对专业文献的了解仅限于 19 世纪初的发现。他没有读过两位当代数学家的著作：奥古斯丁·柯西（Augustin Cauchy，1789—1857）和卡尔·魏尔斯特拉斯（Karl Weierstrass，1815—

---

① Marx, *Mathematical Manuscripts, 35-106; Mathematische Manuskript.*（Kronberg: Scriptor Verlag GmbH 1974），75—129。

② 参见 Lucio Lombardo Radice，"Dai 'Manoscritti Matematici dik' Marx"，*Critica-Marxista*, No. 6（1972）: 273。在他的手稿中，马克思用"代数"一词来表示任何不包含导数或微分符号的表达式，用"符号"来表示包含微分学特有的数字的表达式，如 dx 和 dy。

③ 为牛顿和莱布尼茨辩护时，应该指出的是，由于内容和观点不同，他们创造这种计算方法只是为了解决一些几何问题的代数权宜之计。他们不愿解释它的基础，它仍然是神秘和不明确的。

1897），① 如果马克思读了他们的著作，可能导致马克思朝着自己设定的目标前进。②

1881 年 8 月，恩格斯终于"鼓足勇气"，"彻底研究"了马克思的《数学手稿》。恩格斯写信祝贺马克思："在这里，我们终于可以清楚地看到许多数学家长期以来无法给出合理依据的观点，即微分商是原型，而微分 dx 和 dy 是被导出的。"恩格斯如此沉迷这一件事，以至于这件事"整天在他的脑海里盘旋"。③

在马克思、恩格斯和他们共同的朋友塞缪尔·摩尔（Samuel Moore, 1838—1911）之间，关于这一问题的讨论一直持续到第二年年底。在 1882 年 11 月，马克思仍然相信自身可以"摒弃整个分析学的历史发展，通过证明微分学在几何上的应用，即在几何的符号化上并没有带来实质性的变化"④。然而，与预期相反，马克思将不再有机会在大英博物馆的图书馆里继续他的研究，"回到对各种方法的详细讨论中"。在马克思生命的最后阶段，他对微积分的兴趣与对《资本论》的研究不再直接相关。他更关注纯粹数学，而不是它在经济学中的应用，而在 19 世纪 70 年代，他希望"用数学方法确定控制危机的主要定律"⑤。尽管有一

---

① 此外，马克思认为，数学符号应该忠实地反映现实世界的实际过程的信念，在今天可能被一些人认为是天真的。

② 不同的观点见 Yanovskaya，"序言"，XI—XII。

③ 弗里德里希·恩格斯致卡尔·马克思，1881 年 8 月 18 日，MECW, 46: 131—132；MEW, 35: 23—25。恩格斯在马克思葬礼上的讲话中指出，这些研究的永恒意义："马克思在他所研究的每一个领域……甚至在数学领域，都有独到的发现。" Frederick, Engels, "Karl Marx's Funeral," MECW, 24:468。

④ Karl Marx to Friedrich Engels, 22 November 1882, MECW, 46: 380; MEW, 35: 114.

⑤ Karl Marx to Friedrich Engels, 31 May 1873, MECW, 44: 504; MEW, 33: 82. 例如 19 世纪 70 年代的研究中，梅瓦特推进了马克思的《资本论》第三卷的工作，参见 1875 年的大量手稿：卡尔·马克思，"Mehrwertrate und Profitrate mathematisch behandelt"，MEGA2, II/14: 19—150。

些专家认为，① 马克思有限的精力使他撰写一部数学专著的打算不太可能实现。

然而，马克思最后一段时期撰写成的《数学手稿》确实显示了其对数学的关注是独特的。首要的并且重要的是，数学是他寻找社会分析方法的一种有用的智力刺激。数学几乎构成了一个特殊的物理空间：有时是一个充满趣味的空间，而最重要的是当他遭遇巨大的困难时，可以在那里寻求庇护。

四、世界公民

马克思虽然全神贯注于理论研究，但他从未停止对所处时代经济和国际政治事件的关注。除了阅读主要的资产阶级报纸外，他还经常阅读德国和法国工人阶级的报纸，保持一如既往的好奇心。他总是从阅读新闻报道开始一天的工作，以便掌握世界上正在发生的事情。与各国主要政治人物和知识分子的通信常常是马克思获取有价值信息的来源，这些信件带给他有关各类学科的新鲜主题和更为深刻的知识。

斐迪南·多梅拉·纽文胡斯（Ferdinand Domela Nieuwenhuis, 1846—1919）是当时荷兰社会主义的主要政治力量——社会民主联盟的领导人。1881 年初，他让马克思有机会得以再次解释对于如何向共产主义过渡的看法。1881 年 10 月，社会主义大会召开，② 目的是将欧洲无产阶级的最大政党团结在一个新的国际之中。在大会的准备阶段，纽文胡斯向马克思提出了一个他认为具有决定性意义的重要问题：革命政府上台后，要采取何种政治和经济性质的立法措施来保证

---

① 参见 Alain Alcouffe, "Introduction" in ed. Alcouffe, *Les manuscrits thématiques de Marx* (Paris: Economica, 1985), 20—21。

② 大会原计划在苏黎世举行，但由于警方的禁令，最终于 10 月在小城库尔举行。

社会主义的成功？

像过去一样，马克思说，他反对用一般公式来回答这样的问题；事实上，他认为这些问题是"毫无意义的"，因为"在将来某个特定的时刻应该做些什么，应该马上做些什么，这当然完全取决于人们将不得不在其中活动的那个既定的历史环境"。"而现在提出这个问题是不着边际的，因而这实际上是一个幻想的问题，对这个问题的唯一的答复应当是对问题本身的批判"。① 马克思对预测未来社会样态并不感兴趣，而是专注于实现它的条件。因此，马克思以一种果断的方式回答纽文胡斯，"如果一个方程式的已知各项中不包含解答这个方程式的因素，那我们就无法解答这个方程式"。此外，他确信："如果在一个国家还没有发展到能让社会主义政府首先采取必要的措施把广大资产者威吓住，从而赢得首要的条件，即持续行动的时间，那么社会主义政府就不能在那个国家取得政权。"②

马克思清楚地认识到，社会主义生产和消费制度的建立是一个漫长而复杂的过程，不能简单地通过夺取权力来实现。事实上，"一个由于人民的胜利而突然产生的政府陷入窘境，这决不是什么特别的'社会主义东西'"。巴黎公社作为革命政府的唯一实践经验，并不能被视为参考模式。因为这是一个非常特殊的例子，"这不过是在例外条件下的一个城市的起义"，而公社中的大多数人"也根本不是社会主义者，而且也不可能是社会主义者"。③

马克思把自身所处时代的工人阶级的地位与旧政权垮台前的法国资产阶级的地位进行了比较，认为无产阶级阵营并没有更落后："法国资产阶级在 1789 年以前所提出的一般要求，除了必要的改变之

---

① Karl Marx to Ferdinand Domela Nieuwenhuis, 22. February 1881, MECW, 46: 66—67; ibid., MEW, 35: 160.

② Ibid.; ibid.

③ Ibid.; ibid.

外，大体上同无产阶级当前提出的最基本的直接要求一样明确，而无产阶级的这些要求在资本主义生产占统治地位的一切国家里大致相同。"①

总的来说，马克思从未放弃自己的信念："对未来的革命的行动纲领作纯学理的、必然是幻想的预测，只会转移对当前斗争的注意力。世界末日日益临近的幻梦曾经煽起早期基督徒反对罗马帝国的火焰，并且给了他们取得胜利的信心。对于占统治地位的社会秩序所必然发生而且也一直在我们眼前发生着的解体过程的科学认识，被旧时代幽灵的化身即各国政府折磨得日益激愤的群众，以及与此同时生产资料大踏步向前的积极发展——所有这些就足以保证：真正的无产阶级革命一旦爆发，革命的直接的下一步的行动方式的种种条件（虽然决不会是田园诗式的）也就具备了。"②

在信的结尾，他对纽文胡斯提到的即将召开的社会主义大会发表了一些评论。马克思并不掩饰对立即建立一个如同他已协调近十年的组织相类似的新跨国组织的可能性的怀疑，"我本人确信，建立一个新的国际工人协会的决定性的时刻还没有到来；因此，我认为，任何工人代表大会或社会党人代表大会，只要它们不和这个或那个国家当前的直接的条件联系起来，那就不仅是无用的，而且是有害的。它们不可避免的再老调重弹、老说的陈词滥调之中化为乌有"③。

马克思的一些通信者还向他推荐了美国经济学家亨利·乔治（Henry George, 1839—1897）在《进步和贫困》（1879）一书中提出的建议，该书于1879年首次出版，并被翻译成多种语言，销售数百万册。乔治的观点是，单一的土地价值税应该取代所有其他现有的税收，这在当时的媒体上被广泛讨论。他提出："政府已经在税收中

---

① Ibid., MECW, 46: 66-67; ibid., MEW, 35: 160—161.

② Ibid., MECW, 46: 67; ibid., MEW, 35: 161.

③ Ibid.; ibid.

收取了一些租金。只要税法稍加修改，我们就可以全部接受……因此，我建议我们通过税收把地租适当地用于公共用途……就其形式而言，土地所有权仍将和现在一样。所有者不需要被剥夺所有权。任何人所能拥有的土地数量不需要加以限制。如果地租由国家以税收形式征收，那么土地就会成为真正的公共财产——无论土地以谁的名义或以什么地块的形式持有。社区的每一个成员都将分享其所有权带来的好处。事实上，当租金超过当前的政府收入时，就需要增加土地税来吸收过剩的土地。租金税会随着我们废除其他税种而增加。因此，我们可以提出以下建议，将我们的主张付诸实践：废除除土地价值税以外的所有税收。"①

当德国流亡革命者弗里德里希·左尔格、约翰·斯温顿和美国社会主义者威拉德·布朗（Willard Brown）询问他对解决进步与贫困共存悖论建议的看法时，马克思感到有必要作出回答。就像经常发生的那样，他对这本书的"非常简短的评价"是批判性的。马克思认识到乔治是一个"有才华的作者"，这本书在美国获得的大多数赞誉是由于它"这是想从正统的政治经济学中解放出来的第一次尝试——虽然是不成功的尝试"。但是除了这一肯定之外，马克思猛烈抨击了这位大洋彼岸的经济学家的观点。作为一个理论家，马克思认为，他"完全落后了"。他"对剩余价值的本质一无所知"，让自己迷失在"对那些独立的剩余价值的推测中——对利润、租金、利息等之间的关系的推测中"。

马克思不仅质疑乔治的"基本信条"②，而且否认其独创性。马克思、恩格斯早年在《共产党宣言》中已经提出了"剥夺地产，把地租

---

① Henry George, *Progress and Poverty*（New York: Robert Schalkenbach Foundation, 2006），224—225.

② Karl Marx to Friedrich Sorge, 20 June 1881, MECW, 46: 99—101; MEW, 35: 199.

用于国家支出"①，这是最先进的国家在工人阶级夺取权力之后要采取的十项措施之一。

马克思提醒斯温顿，"但是更早的一些李嘉图的追随者（激进派），早就设想可以通过国家占有地租的办法使一切得到纠正"②。1847年，马克思在《哲学的贫困》一书中对"征收地租"进行了批判，他清楚地指出，"穆勒（老穆勒，不是他的儿子约翰·斯图亚特，后者也曾大同小异地加以重复）、舍尔比利埃、希尔迪奇等一些经济学家要求地租归国家所有以代替税收"。这是"产业资本家仇视土地所有者的一种公开表现而已，因为在他们的眼里，土地所有者在整个资产阶级生产中是一个无用的累赘"③，这当然不足以消除当代社会的不平等。

在答复左尔格时，马克思提到其他作家在过去也提出过类似的观点。例如，让·古·科兰（Jean Hyppolite Colins, 1783—1859）曾试图"把激进的英国资产阶级经济学家的这种要求变为社会主义的灵丹妙药，并宣称这种措施可以解决现代生产方式中所包含的种种对抗"。经济学家阿·萨姆特（Adolph Samter, 1824—1883）是一位"普鲁士的银行家，曾做过彩票经纪人的东普鲁士人萨姆特（这是一个大傻瓜）"也是约翰·罗贝图斯（Johann Rodbertus, 1805—1875）的追随者，他在1875年出版的名为《社会主义：人类社会需求的满足》（Social

---

① Karl Marx and Friedrich Engels, *Manifesto of the Communist Party*, MECW, 6: 505; Manifest der Kommunistischen Partei, MEW, 4: 481.

② 卡尔·马克思致约翰·斯温顿，1881年6月2日，MECW, 46: 93; MEW, 35: 191；恩格斯也认为，"国家＝社会主义"的等式是完全不能接受的。他在1881年3月给伯恩施坦的信中写道："这些人认为对任何东西实行国有化都是半社会主义的措施，或者无论如何也是预备性的社会主义措施，因而暗暗热衷于保护关税、烟草垄断、铁路国有化，等等。所有这一切全是胡说，是片面地被夸大了的反对曼彻斯特主义斗争的遗产。"弗里德里希·恩格斯致爱德华·伯恩施坦，1881年3月12日，MECW, 46: 74; MEW, 35: 170。

③ Karl Marx, *The Poverty of Philosophy*, MECW, 6: 203; Das Elend der Philosophie, MEW, 4: 171.

Doctrine: On the Satisfaction of Needs in Human Society）中提出，"把这个'社会主义'夸大为一本厚厚的大部头"。

对马克思来说，亨利·乔治的著作符合这种思想传统，尽管它比其他例子"更加不能原谅"。"广大人民曾经相对地，即同文明的欧洲比起来，容易得到土地，而且在某种程度上（也是相对地）现在还是这样，那么怎样解释美国的资本主义经济以及与之相联系的对工人阶级的奴役比在其他任何一个国家发展得更迅速、更无耻呢?"① 然而，马克思认为："所有这些'社会主义者'都有一个共同点：他们不触动雇佣劳动，也就是不触动资本主义生产，他们想哄骗自己或世人，说什么把地租变成交给国家的赋税，资本主义生产的一切弊端就一定会自行消灭。"②

马克思认为，无论他们的意图为何，乔治和那些与他志同道合的作家的理论"无非是企图在社会主义的伪装下挽救资本家的统治，并且实际上是要在比现在更广泛的基础上来重新巩固资本家的统治"③。马克思还抨击乔治的"令人讨厌的傲慢无礼、自命不凡的态度"，他认为，"这是所有这些发明灵丹妙药的人的显著特点。"④

---

① Karl Marx to Friedrich Sorge, 20 June 1881, MECW, 46: 100—101; MEW, 35: 199—200.

② Ibid., MECW, 46: 101; ibid., MEW, 35: 200.

③ 同上 MECW, 46: 101; ibid., MEW, 35: 200。再看看亨利·迈尔斯·海德门的证实："马克思通读了它，并带着一种友好的轻蔑说它"，他说："这是资本家的'最后一搏'。"虽然海德门坚持认为他的新闻风格对大众产生了积极影响，但马克思也许有点嫉妒乔治的名声，"不会把这当作一个合理的论点"。他说："传播错误永远不会对人民有任何好处：'不驳斥错误就会助长思想上的不道德行为'。"对乔治来说，再往前走十步，再往前走一百步，就很容易就会停下来，这样的危险太大。Hyndman, *Adventurous Life*, 258—259。

④ Karl Marx to Friedrich Sorge, 20 June 1881, MECW, 46: 101; MEW, 35: 201. 乔治对马克思的评论也很有趣。马克思去世后，他说，尽管他没有读过马克思的著作，但他对"一个毕生致力于改善社会条件的人怀有深深的敬意"，in Philip S. Foner, ed., *Karl Marx Remembered: Comments at the Time of His Death*（San Francisco:

1881 年间，马克思继续关注世界大事，并与家人好友一起加以评论。尤其值得一提的是，他在 2 月份给丹尼尔逊写了一封长信，信中包含了对几个国家局势的详尽观察。对冲击许多国家的经济危机的研究一直是马克思优先思考的问题，尤其是 1873 年英国的经济大萧条激发了马克思的研究兴趣，也增加了（革命）激进分子的希望。关于英国的金融危机事件，他写道："英国所经历的一次严重的工商业危机并没有在伦敦引起金融上的彻底破产，那么这种例外现象只能用法国货币大量流入来解释。"①

马克思的这些考虑还附有对一般经济情况的说明。经济衰退表现为生产力的显著下降和出口的急剧停滞。英国不再是世界工厂，过去几十年的"维多利亚时代的繁荣"也只不过是一段记忆。马克思特别指出："英国的铁路系统和欧洲的国债制度一样，都在同一个斜面上滚动。各个铁路公司的董事中当权的巨头们不仅举借数额越来越大的新债，来扩大他们的铁路网，即扩大他们像君主专制一样进行统治的'领土'，而且扩大他们的铁路网，以便获得新的借口举借新债，从而有可能向债券、优先股票等等的持有者支付利息，以及间或以稍稍提高红利的形式给那些受骗的普通股票持有者一点小恩小惠。这种巧妙

Synthesis Publications, 1983），101。然而，第二年，在一封写给海德门的信中，他强调马克思"缺乏分析能力和逻辑思维习惯"。 Henry George, *An Anthology of Henry George's Thought,* ed. Kenneth C. Wenzer（Rochester: University of Rochester Press, 1997），175. 在给麻省理工学院校长弗朗西斯·沃克（Francis Walker, 1840—1897）的两封书信中，他进一步对马克思进行了描述（同上，78, 177）。罗伊·道格拉斯曾指出，"当马克思在 1883 年去世时（……）肯定有许多英国人为亨利·乔治争论不休，只要他们听说过普鲁士社会主义者，"Roy Douglas, Land, People and Politics: A History of the Land Question in the United Kingdom, 1878-1952（London: Allison and Busby, 1976），48. 在几年的时间之内，情况将发生完全改变。

① Karl Marx to Nikolai Danielson, 19 February 1881, MECW, 46: 62; MEW, 35: 156.

的办法迟早会导致一场可怕的灾祸。"①

马克思对大西洋彼岸的事件表现出同样的兴趣。其中之一是1877年7月爆发的旧金山骚乱，是针对华人社区的种族暴力事件。1880年11月，马克思一再要求左尔格从美国寄来有关"加州经济状况"的"实质性内容"。他同意继续对这一地区进行分析并且认为这一分析非常重要，"因为资本主义的集中所引起的变化，在任何地方都没有像在这里表现得如此露骨和如此迅速。"②不久之后，马克思收到了他的研究资料，他摘录了乔治的文章《加利福尼亚的科尔尼骚动》（1880），这篇文章发表在《大众科学月刊》上。在1873年大萧条以来日益贫困的背景下，马克思受到这篇文章的启发，同样关注丹尼斯·科尔尼（Dennis Kearney，1847—1907）对中国工人的种族主义煽动，以及美国工人党组织的反动员运动。打着"中国工人必须滚蛋"的旗号③，科尔尼推测，工人们对持续危机的愤怒可能会转而针对移民，并利用他们在穷人之间挑起冲突。马克思摘抄乔治的观察，即运用共产主义或社会主义这样的术语来表达对社会变革的渴望，但是这一做法未能赢得大多数工人的支持，因为"东方社会中出现这样一种特殊情形，它极大地吸引了劳动阶级的注意力，为他们提供了对工资下降和就业困难的合理解释"。④马克思很清楚，工人之间的冲突是资产阶级用来分散他们对资本主义社会真正问题注意力的强大武器，特别是在移民浪潮出现之后。尽管他越来越警觉到阶级斗争的困

---

① Ibid., MECW, 46: 63; ibid., MEW, 35: 156.

② Karl Marx to Friedrich Sorge, 5 November 1880, MECW, 46: 46; MEW, 34: 478.

③ Cf. Selig Perlan, "The Auti-Chinese Agitation in Califomia", in John R. Coomons, et.al, *History of Labour in the United Stetes* Vol. 2（New York Macmillan, 1918）, 254.

④ Henry George, "The Kearney Agitation in California", *The Popular Science Monthly* 17,（August 1880）: 435. 马克思的注释包含在 Karl Marx, IISH Amsterdam, *Marx—Engels Papers*, B 161.

难和矛盾，但他仍然对工人运动的革命潜力抱有极大的期望。①

马克思还密切关注美国主要铁路建设者杰伊·古尔德（Jay Gould，1836—1892）的金融崩溃。古尔德通过大规模的投机活动成为他那个时代最富有和最肆无忌惮的人之一，拥有"强盗大亨之王"的名声。② 他拥有伊利铁路公司（Erie Railroad Company），经营纽约与美国东北部之间的铁路线。1879 年，他控制了三个主要的铁路网线，包括位于太平洋沿岸许多州的联合太平洋铁路公司（Union Pacific Railroad），以及经营密西西比河以东铁路的密苏里太平洋铁路公司（Missouri Pacific Railroad）。这些铁路总长达 1.6 万公里，占美国铁路总里程的九分之一。1881 年，他还接管了西部联合电报公司（West Vnion），进一步扩大了他的"帝国"版图。

由于马克思对美国社会的发展很感兴趣，他不可能不关注古尔德的崛起，也不可能不评论他在公众攻击下为自己辩护的方式："铁路大王不仅像过去一样受到西部的农场主和其他工业'企业家'的攻击，而且还受到商业界最大的代表——纽约商会的攻击。铁路大王和金融骗子古尔德这个大吸血鬼曾经对纽约商业巨头们说：'你们现在攻击铁路，是因为你们认为它们由于目前不得人心，从而最为脆弱，最易受到损害；但是你们要当心啊！继铁路之后，会轮到各种公司，然后轮到各种形式的合伙资本；最后就轮到任何形式的资本；这样，你们

---

① David Smith, "Accumulation by Forced Migration: Insights from *Capital and Marx's Late Manuscripts*", *in Marx 201: Rethinking Alternatives,* ed. Marcello Musto and Alfonso M. Iacono (London: Palgrave, forthcoming 2020)，在马克思晚年的笔记中写道："巴黎公社的光辉记忆依然存在……但是马克思看到劳工不是坚硬的水晶。劳工内部矛盾的证据正变得日益突出和紧迫。"（同上）

② 参见 Edward J. Renehan, *Dark Genius of Wall Street: The Misunderstood Life of Jay Gould, King of the Robber Barons* (New York: Basic Books, 2006)；and Maury Klein, *The Life and Legend of Jay Gould* (Baltimore: Johns Hopkins University Press, 1997), 393。

就在为共产主义铺平道路，共产主义的倾向在人民当中现在就已经愈来愈普遍了’。"①

　　"古尔德先生真是'嗅觉灵敏'"②，马克思开玩笑地说，他希望这种趋势真的会在美国出现。在同一封书信中，他还提到印度发生的事件，甚至预言"不列颠政府面临着的，即使不是一次总起义，也是严重的麻烦"。③ 剥削的程度已经变得越来越让人无法忍受："英国人以租税、对印度人毫无用处的铁路的红利、文武官员的养老金、阿富汗战争及其他战争的支出等等形式，每年从印度人那里拿走的东西，他们不付任何代价地从印度人那里拿走的东西——不包括他们每年在印度境内攫为己有的在内——，即仅仅是印度人被迫每年无偿地送往英国的商品的价值，超过六千万印度农业和工业劳动者的收入的总额！这是残酷的敲骨吸髓的过程！那里荒年一个接着一个，而饥荒的规模之大，是欧洲迄今为止所无法想象的！印度教徒和穆斯林共同组织的真正的谋反正在进行中；不列颠政府意识到有某种东西正在'酝酿'中，但是这些笨蛋（我指的是政府官员）被他们自己那套议会的言谈和思考方式所愚弄，甚至不愿意弄清事实真相，不想了解这种迫在眉睫的危险严重到什么地步！欺骗别人结果也欺骗自己，这就是议会智慧的真谛。这倒更好！"④

　　从 19 世纪 60 年代起，马克思一直密切关注爱尔兰事件。他在 4 月 11 日给他的女儿燕妮·龙格的信中提出了一些看法，燕妮多年来都是"芬尼运动"⑤ 的支持者。马克思完全反对占领爱尔兰以及英国

---

① Karl Marx to Nikolai Danielson, 19 February 1881, MECW, 46: 63; MEW, 35: 156—157.

② Ibid.; ibid., MEW, 35: 157.

③ Ibid; ibid.

④ Ibid., MECW, 46: 63—64; ibid., MEW, 35: 157.

⑤ 指 19 世纪 50 年代开始的爱尔兰人民反对英国统治、争取民族独立的运动。——译者注

人在那里犯下的可怕的不当行为。因此，当威廉·格莱斯顿（William Gladstone，1809—1898）——"这个头号伪善者和旧学派的诡辩家"①——在1868年被任命为首相时，他宣布自己的政治"使命"是"平定爱尔兰"。②

格莱斯顿为解决土地所有权这一决定性问题而采取的第一批措施完全没有达到他的期望。1870年通过的《地主和佃户（爱尔兰）法案》作为对现行立法的修正案，只是使情况更糟。因为在这10年结束的时候，爱尔兰是许多反对地主可怕勒索行为的抗议场所，一场反抗英国统治的起义正在"酝酿"中。

当自由党在1881年4月提交第二项立法——《土地法（爱尔兰）法案》时，马克思再次抨击政府，因为与其支持者的主张相反，政府并没有真正试图遏制英国土地所有者对其租户的专断权力。事实上，马克思在给燕妮的信中写道："格莱斯顿通过事先采取的种种卑鄙措施（包括剥夺下院议员的言论自由），造成了这样一种情况：现在爱尔兰发生大规模的逼迁"③，在马克思看来，拟议中的法案"只是一种纯粹欺骗，因为贵族已从格莱斯顿那里得到了他们想要得到的一切，再也不害怕土地同盟了④，他们无疑将把法案否决掉，或者把它阉割得使爱尔兰人自己最终也去投票反对它"⑤。就英国议会批准这些措施

① Karl Marx to Jenny Longuet, 11 April 1881, MECW, 46: 84; MEW, 35: 180.
② 这一著名措辞，为格莱斯顿的秘书所记录，参见 Edgar J. Feuchtwanger, Gladstone (London: Allen Road, 1975), 146。
③ Karl Marx to Jenny Longuet, 11 April 1881, MECW, 46: 84; MEW, 35: 180.
④ 爱尔兰土地同盟是一个旨在保护爱尔兰的佃农利益的政治组织，建于1879年。
⑤ Karl Marx to Jenny Longuet, 11 April 1881, MECW, 46: 84; MEW, 35: 180—181. 关于马克思的反应，参见亨利·迈尔斯·海德门对当时与马克思会面的回忆："当愤怒地谈到自由党的政策，特别是关于爱尔兰的政策时，这位老战士的小而深陷的眼睛闪闪发亮，他那沉重的眉毛皱起，宽阔而强壮的鼻子和脸显然被激情所触动，他发出了强烈的谴责。"Hyndman, Adventurous Life, 247. 关于德莱斯顿在1880—1881年间的政策，参见 Richard Shannon, Gladstone, vol. 2, 1865—1898

而言，马克思或许错了，但他预测这些措施不会解决爱尔兰的问题是正确的。新立法的结果是，只有几百名农民能够购买土地，而社会骚乱在几年后再次爆发。

在几周后寄给燕妮的另一封信中，马克思再次进行指控。他认为，格莱斯顿这些"非常巧妙的花招"，"正当由于从美国进口粮食和牲畜，爱尔兰（以及英国）的土地必定要跌价"。① 马克思请燕妮让她的丈夫沙尔·龙格读一读爱尔兰议会党的主要人物查尔斯·帕涅尔（Charles Parnell，1846—1891）在科克发表的演讲："在那里他可以找到对于格莱斯顿的新土地法案所应当说的东西的实质。"② 对于马克思来说："爱尔兰土地问题的实际困难——绝不光是爱尔兰有这些困难——非常之大，唯一正确的办法是让爱尔兰人实行地方自治，从而使他们自己去解决这个问题。但是，约翰牛十分愚蠢，不能理解这一点。"③

总之，我们当然不能说马克思对英国的君主制抱以希望。本杰明·迪斯累里（Benjamin Disraeli, 1804—1881）曾担任了两次首相和多年的保守党领袖，他于 4 月 19 日逝世，这还引发了一场"庆祝"运动。马克思认为，这是"伦敦人最新的狂热"，"这些约翰牛洋洋自得，陶醉于自己的宽宏大量。"事实上，迪斯累里的第二届政府（1874—1880）经历了一个又一个的负面事件：在外交政策上，第二次阿富汗战争和南非的血腥冲突被称为益格鲁 - 祖鲁战争；在经济方

(Chapel Hill: The University of North Carolina Press, 1999)，248—278。关于他对爱尔兰的立场，参见 Colin Matthew, *Gladstone:* 1875—1898 (London: Clarendon Press, 1995)，183—210；以及 James Camlin Beckett, *The Making of Modern Ireland 1603—1923* (London: Faber and Faber, 1981)，389—394。

① Karl Marx to Jenny Longuet, 29 April 1881, MECW, 46: 90; MEW, 35: 187.

② Karl Marx to Jenny Longuet, 11 April 1881, MECW, 46: 84; MEW, 35: 180.

③ Karl Marx to Jenny Longuet, 29 April 1881, MECW, 46: 90; MEW, 35: 187. 在他生命的最后几年，马克思经常使用"约翰牛"这个常用的名字，作为英国的化身。

面，农业和工业生产的下滑，这些都是他在 1880 年大选中惨败的原因。

马克思在谈到迪斯累里去世后重新受到尊重时说："他们在死者临终前还敬之以烂苹果和臭鸡蛋，在他死后却对之顶礼膜拜，这难道不'高尚'吗？同时这教育了'下层阶级'：尽管他们的'天然首长'在争存'肥缺'中相互倾轧，死亡却揭露了一个真理，'统治阶级'的领袖永远是'伟大而卓越的人物'。"①

马克思对英国的气候也极为厌恶。6 月 6 日，他愤愤地向他的女儿抱怨："今天（银行假日）和昨天都下大雨，冷得要命"，当时恰逢爱尔兰人在英国首都举行抗议活动。"这是上帝常常为他的伦敦平民教徒储备着的讨厌东西之一。昨天他就用雨破坏了帕涅尔的支持者在海德公园的示威。"②

当然，马克思绝不会忽视欧洲大陆上的两个主要国家：德国和法国。马克思对它们较为关注，也经常与左翼政治领袖、社会主义理论的作者以及其他在论文和评论中支持无产阶级运动的人见面。

在 1880 年期间，马克思对法国工人运动特别关注，以一种似乎恰当可行的方式推动了它的发展。前一年的 10 月，法国社会主义工人党联盟（Fédération du parti des travailleurs socialistes de France）在马赛召开了会议，它是在各种社会主义思潮的融合中产生的。由前无政府主义者保罗·布鲁斯（Paul Brousse, 1844—1912）领导的"机会主义者"和由茹尔·盖得（Jules Guesde, 1845—1922）领导的另一股与马克思思想更接近的思潮拥护者之间发生了冲突。当后者赢得多数选票时，马克思对左尔格说道，"一帮杂七杂八的反对共产主义的家伙终于在马赛代表大会上被击溃了"③。

随着选举的临近，茹尔·盖得不得不起草一份政治纲领，他向马

---

① Ibid.; ibid.

② Karl Marx to Jenny Longuet, 6 June 1881, MECW, 46: 95; MEW 35: 194.

③ Karl Marx to Friedrich Sorge, 14 November 1879, MECW, 45: 422; MEW, 34: 422.

克思寻求帮助，于是保尔·拉法格安排他们于 1880 年 5 月在伦敦会面。这就是《社会主义工人选举方案》的起源，该方案于春季出现在法国各种日报上，并于 11 月在勒阿弗尔（Le Havre）的法国工人党（*Parti Ouvrier Français*）成立大会上通过。马克思在阐明工人阶级基本要求方面的贡献具有决定性。① 在以雇佣劳动为基础的生产体系中，工人永远不可能获得自由，从这一点出发，马克思宣称，只有"从政治和经济上剥夺资产阶级，并将所有生产资料归还集体所有制之后，工人的解放才能实现"②。他继续说，工人阶级应该反对任何形式的歧视，妇女和男人的地位也应平等："劳动阶级的解放是对所有人的解放，不分性别和种族。"③《社会主义工人选举方案》的经济部分中明确提出了两个要点："法律禁止雇主以低于法国工人的工资雇佣外国工人"，以及"男女工人同工同酬"。④

工人们应该支持一个能够保证他们最广泛参与的政府形式。他们应该为"抑制公共债务"⑤"将所有直接税转变为累进所得税"以及为结束国家对宗教秩序的支持而斗争。工人阶级还应该要求所有人享有公共资助的教育权利，并争取"废除所有使公共财产（银行、铁路、矿山等）异化的合同"。同时，要动员起来，"把所有国有企业的经营都交给工人来办"。无产阶级的政治组织，包括与民主党派竞争和反

---

① 恩格斯在给伯恩施坦的书信中透露了这一背景："这一主题是马克思在我自己的房间里、在拉法格和我本人面前向他（盖得）口述的。""这是一部令人信服的推理巨著，打算用几句话向大众解释事物。我很少看到这样的作品，即使是在这个简洁的版本中，我也觉得它令人震惊。"Friedrich Engels to Ednarel Bernstein, 25 October 1881:MECW: 46:148; MEW, 35:232。

② Karl Marx, "Preamble to the Programme of the French Workers' Party", MECW, 24: 340; Einleitung zum Programm der französischen Arbeiterpartei, MEW, 19: 238.

③ Ibid.; ibid.

④ Jules Guesde, "The Programme of the Parti Ouvrier", in Guesde, *Textes Choisis, 1867—1882* (Paris: Editions sociales, 1959), 118.

⑤ Ibid.

对资产阶级政党的"独特政党"①，对于实现这些目标至关重要。

马克思在给弗里德里希·阿道夫·左尔格的一封信中解释说："但盖得还是认为有必要把法定最低工资之类的废话奉献给法国工人（我对他说：如果法国无产阶级仍然幼稚到需要这种诱饵的话，那就根本不值得拟定任何纲领）。"② 文件的经济部分是"真正从工人运动本身自发产生出来的要求"。对马克思来说，"这是把法国工人从空话的云雾中拉回现实的土地上来的一个强有力的步骤，因此，它引起了法国一切以'制造云雾'为生的骗子手的强烈反对，让法国工人从他们的口头空想中回到现实是一个巨大的进步，因此这引起了法国所有那些生活在幻想中的知识分子的不满"。马克思还强调，工人们首次参与讨论了这一方案，"这种情况证明，这是法国第一次真正的工人运动"③。马克思清楚地区分了这一阶段和以前的阶段，当"那里只有一些宗派，它们的口号自然是来自宗派的创始人，而无产阶级群众却跟着激进的或伪装激进的资产者走，在决定性关头为这些人战斗，但在第二天就遭到由他们捧上台的家伙的屠杀、流放等等……"④。

---

① Karl Marx, "Preamble to the Programme of the French Workers' Party", MECW, 24: 340; MEW, 19: 238.

② 1880 年 11 月，马克思的大女儿燕妮·龙格在写给丈夫的书信中提到了父亲和盖得之间的讨论，燕妮·龙格对沙尔·龙格说："至于确定最低工资的问题，也许你会感兴趣的是，爸爸竭尽所能地说服盖得从他们的计划中去掉这一项，并向他解释说，如果采用这种措施，根据经济规律，结果将会使这一固定的最低工资成为*最高工资*。但是盖得仍然坚持，他辩称，这可以使他们牢牢抓住工人阶段。"23 November 1880, MECW, 46: 474; MEW, 34: 534—535。

③ Karl Marx to Friedrich Sorge, 5 November 1880, MECW, 46: 43—44; MEW, 34: 475—476.

④ Ibid., MECW, 46: 44; ibid., MEW 34: 476. 在"愚蠢"中，马克思允许了对继承权的压制（纲领中的第 12 点），这是一个古老的圣西门式的要求，他曾在国际工人协会与巴枯宁争论反对继承权："如果工人阶级有足够的权力废除继承权，那么它就有足够的权力进行征用，这将是一个更简单和更有效的过程。"卡尔·马克思 "论继承", in *Workers Unite: The International 150 Years Later*, ed. Marcello Musto (London: Bloomsbury, 2014)，159。

1880 年 3 月，马克思曾对法国社会主义工人党联盟的另一项政治倡议表示支持。他起草了一份长达 101 条的《工人调查表》(1880)，最初刊登在 4 月份的《社会主义评论》杂志上，然后在"全体法国人中"分发了 25000 份。在马克思横跨大西洋寄给左尔格的一份常见的报告中，他提到，这份杂志——由曾经与巴枯宁立场相近，但现在"觉得自己必须拥护现代科学社会主义"的伯努瓦·马隆(Benoît Malon，1841—1893)编辑。①

在对于问卷的简要介绍中，马克思写道："只有工人才能充分了解自己所遭受的不幸，只有他们才能竭力地为自己所面临的社会弊病使用治愈性疗法，而不是上帝派来的救助者。"他们的回答将被用来揭露"资本主义剥削的事实和罪行"——这份"不满的声明"，这是"社会主义民主必须采取的第一步……为社会复兴铺平道路"。② 在其他地方，马克思描述了诸如国际工人协会这样倡议的政治意义。③ 包含在英国工厂巡视员报告中的调查，也就是所谓"蓝皮书"，对于《资本论》第一卷的构成来讲是基础性的也是纯理论层面的。

在尽可能多地收集有关法国无产阶级工作条件信息的同时，马克思的目的是帮助工人对资本主义的惯用手法有更具批判性的认识。《工人调查表》被分为四个部分。

第一部分要求工人描述他们受雇的工厂，特别是提供关于"劳动分工"尽可能多的细节，"肌肉和神经的紧张程度以及它对健康的一般影响"。还有一些问题涉及诸如工作场所事故和"所在的企业里有

---

① Karl Marx to Friedrich Sorge, 5 November 1880, MECW, 46: 43; MEW, 34: 475.

② 法国问卷，连同它的简要介绍，是根据马克思的一份原件，其中一部分是用英语，一部分是用法语编写的。参见卡尔·马克思的"工人调查问卷"，in MECW, 24: 328—334; "Fragebogen für Arbeiter", MEW, 19: 230—237。

③ 参见"调查的总体方案"，这是马克思在 1867 年起草并加入了"临时总理事会代表的指示，不同的问题"，MECW, 20: 186—187; "Instruktionen für die Delegierten des Provisorischen Zentralrats zu den, einzelnen Fragen", MEW, 16: 192。

没有使工人患特殊疾病的特殊的有害因素"等问题。①

第二部分询问工人的工作细节。"工作日一般有多长，一星期一般有几个工作日，他们是否也必须上夜班，他们因迟到被罚款多少，现有的经立法机构制定的关于童工劳动的法律，政府是否付诸实施？雇主是否严格遵行？有没有为你所在工业部门里劳动的童工和少年工人设立的学校？如果有，孩子们一天里什么时间在校学习？他们学些什么？"②

第三部分主要论述了工资问题。工人们被要求详细说明他们是按计时还是按计件支付工资的，同一家工厂"同一车间一起干活的女工和童工在同样时间内所挣的工资"数额，"你领到已经完成的工作的工资以前，你的雇主对你欠多长时间的账"，以及"延迟支付工资"③的影响是什么，这些工资足以支付基本开支吗？

第四部分，也是最后一部分，是关于阶级斗争问题。马克思试图从实际的参与者那里了解他们采取罢工行动的原因，是否存在任何互助的"工会"④以及如何管理这些组织？工人贸易中是否存在合作行会，如果存在，它们是如何被控制的？在你的行业中有没有这样做的工厂：付给工人的报酬中一部分用工资的名义，另一部分则用所谓分红的名义？⑤对马克思来说，这种"利润分享"是资产阶级试图向工人阶级兜售的新把戏。⑥

---

① Karl Marx, "Workers' Questionnaire", MECW, 24: 329; "Fragebogen für Arbeiter", MEW, 19: 231.

② Ibid., MECW, 24: 329—330; ibid., MEW, 19: 232—233.

③ Ibid., MECW, 24: 331; ibid., MEW, 19: 233.

④ 手稿上用的是 tradesunions（工会），《社会主义评论》杂志上用的是 sociétés-derésistance（抵抗会）。——译者注

⑤ Ibid., MECW, 24: 334; ibid., MEW, 19: 236.

⑥ 参见 D. Lanzardo："社会主义对工人斗争的干预：马克思的工人调查"，*Quaderni Rossi 5*（1965 年 4 月）：17。根据马克西米利安·吕贝尔，Karl Marx, *Essai de biographie intellctuelle*（Doris: Riviere, 1957），马克思的调查问卷与之前在法

马克思在伦敦度过的 30 多年里，以及在他能够进行的为数不多的旅行中，结识了数百名致力于工人阶级事业的激进分子和知识分子。他特别喜欢接受年轻人的访问，因为正如他经常说的那样："我必须培养我之后的人们继续进行共产主义宣传。"[①]

同样是在 1881 年，马克思第一次与考茨基见面，但他对考茨基的印象并不好。尽管他是一个"以自己的方式表现得体的人"，但他本质上是"一个平庸而目光短浅的人，过分聪明（他才二十六岁），自负，在某种程度上是勤勉的，对统计学下了不少功夫，但收效不大，是个天生的俗种，不过，在他那种人当中他还算个正派人"。因此，马克思开玩笑地向女儿燕妮透露，他已经决定"尽可能地把他打发到我的朋友恩格斯那里去"，并补充说，当得知他"显出酒量很大的时候起"，恩格斯已经变得"宽容多了"。[②]

那年夏天，马克思密切关注着导致法国大选的事件。莱昂·甘必大（Leon Gambetta, 1838—1882）很可能成为总理，他领导的共和党联盟赢得了议会的多数席位。投票前两周，马克思把自己的预测告诉

国进行的其他调查问卷的区别在于"它的阶级特征：工人们被邀请为了他们自己的目的，以第一人称描述他们的经济和社会状况（同上，416—417）。在吕贝尔看来，"这是一本'政治经济学中名副其实的工人手册'。马克思的目的是鼓励法国工人意识到他们的社会异化。"（同上，424）。

① Lafargue, in *Reminiscences of Marx and Engels*, 72.

② 卡尔·马克思致燕妮·龙格，1881 年 4 月 11 日，MECW, 46: 81—82; MEW 35: 177—188。事实证明，恩格斯并没有对考茨基那么感兴趣；他更喜欢德国党内的另一位年轻头脑爱德华·伯恩施坦。恩格斯向奥古斯特·倍倍尔（他和马克思都极为敬重的德国社会主义领袖）报告时说："伯恩施坦真正的机智，能够直接把握事物；考茨基恰恰相反，考茨基是个诚诚但迂腐的人。在他的手中，复杂的事情不会变得简单，但简单的事情会变得复杂。"恩格斯说："他在长篇评论文章中有时也能提出一些价值的东西，但是尽管他有最好的意愿，他还是斗不过自己的本性，这比他更强大。在报社内有这样一个学理主义者，是一种真正的不幸。"这就是恩格斯竭力说服伯恩施坦继续编辑《社会民主党》[*Der Sozialdemokrat*] 并取得成功的原因。弗里德里希·恩格斯致奥古斯特·倍倍尔，1881 年 8 月 25 日 MECW, 46: 137; MEW, 35: 178, 177。

了恩格斯："或许极左派在人数上会有所增加，但主要的结局大概将是甘必大取胜。在法国的条件下，短促的选举时间会使那些掌握着无数'阵地'的骗子手们——那些能分配政府机构职位和支配'国库'等等的人取得优势。如果'格雷维分子'①在甘必大最近几次遭到失败后有力量把他的拥护者卡佐、孔斯坦和法尔赶出内阁，那他们就能击败甘必大。'既然他们没有做到这一点，——追逐职位的人、证券投机商及其他许多人对自己说，——可见甘必大是个真正的人物！他们不敢攻击他的阵地，不能指靠他们。'尽管他干了种种蠢事，但激进的和反动的报纸每天对他进行的全面攻击只是加强他的地位。何况，农民还把甘必大看作是可能的共和主义的最极端的代表。"②

当月的晚些时候，马克思写信给恩格斯，谈论"在巴黎的工人党的状况"。普洛斯佩－奥利维尔·利沙加勒（Prosper-Olivier Lissaga-ray, 1838—1901）是一位革命家，著有《1871年巴黎公社史》（1876）。马克思认为，利沙加勒"在这一点上毫无偏见"，利沙加勒曾对马克思说："它虽然还处于萌芽状态，但是只有它一个算是站在各种色彩的资产阶级政党对面的。"这一组织"虽然还很弱并且多多少少是空的，但毕竟是有足够纪律性的：它能在所有各区提出自己的候选人，能在各种集会上引人注目并使官方人士感到伤脑筋"。马克思通过阅读"巴黎各种色彩的报纸"，证实了当时的一切，并指出"没有一家报纸不被激起反对这个共同的祸患——集体主义工人党"。③

当马克思坐在桌子前时，整个世界都被容纳在他的房间里。通过对美国社会变迁的研究、对印度结束殖民压迫的希望、对芬尼运动的

---

① 指的是共和国总统、机会主义共和党人的名义领袖，儒勒·格雷维（1807—1891）的追随者们。

② Karl Marx to Friedrich Engels, 9 August 1881, MECW, 46: 117; MEW 35: 17.

③ Karl Marx to Friedrich Engels, 18 August 1881, MECW, 46: 133—134; MEW 35: 27—28.

支持、对英国经济危机的分析以及对法国选举的兴趣，马克思持续观察到世界各地社会冲突不断的迹象。无论它们在哪里出现，他都试图跟上形势。他对自己的评价不无道理："我是个世界公民，走到哪儿就在哪儿工作。"① 在马克思生命的最后时光里，他的这种生活方式也未曾改变。

---

① Lafargue, in *Reminiscences of Marx and Engels*, 73.

第二章　有关俄国资本主义发展的争议

一、农村公社的问题

在卡尔·马克思的政治著作中，他一直把俄国视为影响欧洲舞台上工人阶级解放的主要障碍之一。在马克思发表于《纽约每日论坛报》的文章、《18 世纪外交史内幕》（1856—1857）以及大量信件中，他强调了俄国落后的社会、缓慢的经济发展、专制的政治体制和保守的外交政策，这些都促使庞大的沙皇俄国成为反革命的先遣阵地。

随着时间的推移，马克思一直坚持这一论断。但在他生命的最后几年里，他开始用不同的眼光看待俄国，他意识到在那里发生的一些变化可能会导致重大的社会变革。事实上，俄国似乎比英国更有可能引发一场革命。在英国，资本主义创造了世界上最大比例数量的工人，但也正是在这里，建立在殖民剥削基础之上的工人生活条件得到改善，并受到工会改良主义的影响，工人运动逐渐衰弱。

1882 年，马克思、恩格斯在《共产党宣言》（俄文版第二版序言）中写道："在 1848—1849 年革命期间，不仅欧洲的君主，而且连欧洲的资产者，都把俄国的干涉看作是帮助他们对付刚刚开始觉醒的无产阶级的惟一救星。沙皇被宣布为欧洲反动势力的首领。"他们补充说，尽管带有政治宣传的成分，但"现在，沙皇在加特契纳成了革命的俘虏，而俄国已是欧洲革命运动的先进部队了"。①

---

① 马克思和恩格斯：《共产党宣言》俄文版第二版序言，MECW, 24: 426; "Vorrede

在 1861 年废除农奴制之前，马克思追随并表示热烈欢迎俄国的农民运动。① 从 1870 年开始，他学会了使用俄语阅读，他通过查阅统计数据和更详尽的有关社会经济变化的文本，并与俄国著名学者通信，来了解事件的最新进展。②1877 年，在他回顾自己的研究轨迹时，马克思写道："为了能够对当代俄国的经济发展作出准确的判断，我学习了俄文，后来又在许多年内研究了和这个问题有关的官方发表的和其他方面发表的资料。"③ 马克思对俄国的研究如此深入，以致于这些研究成为他和恩格斯经常谈论的话题。④

20 世纪 70 年代，俄国社会主义哲学家、作家尼古拉·车尔尼雪夫斯基（Nikolai Chernyshevsky，1828—1889）的著作被人们重点关注，马克思获得了他的许多著作。⑤ 这位俄国民粹主义⑥ 主要人物的观点

---

zur zweiten russischen Ausgabe des Manifests der Kommunistischen Partei"，MEW，19: 296。马克思和恩格斯关于俄国的著作和信件的完整合集，见马克西米利安·吕贝尔编辑：*Karl Marx/Friedrich Engels: Die russische Kommune*（Munich: Hanser, 1972）。

① 1858 年，马克思写道："俄罗斯的农奴解放运动对我来说同样重要，因为它标志着内部发展的开始，这可能与国家传统的外交政策背道而驰。"卡尔·马克思致弗里德里希·恩格斯，29 April 1858，MECW，40: 310; MEW，29: 324。当时，农奴约占俄国人口的 38%。

② 参见亨利·伊顿：《马克思和俄国人》，《思想史期刊》41/1（1980）: 89，书中他所见过或与之通信的所有俄国公民按字母顺序排列。

③ Karl Marx，"Letter to *Otechestvennye Zapiski*"，MECW，24: 199; Brief an die Redaktion der "Otetschestwennyje Sapiski"，MEW，19: 108.

④ 根据保尔·拉法格的论述，恩格斯告诉马克思，他"愿意把有关俄国财产权出现的文件给他，因为它们多年来一直阻碍他完成《资本论》"。Paul Lafargue，"Frederick Engels"，in *The Social Democrat* 9/8（15 August 1905）: 487。

⑤ 参见 *Bibliotheken von Karl Marx und Friedrich Engels*，MEGA2，IV/32: 184—187。关于马克思对车尔尼雪夫斯基作品的发现的重建，请参阅"Entstehung und Uberlieferung"，in Karl Marx，*Exzerpte und Notizen: Februar 1864 bis Oktober 1868, November 1869, März, April, Juni 1870, Dezember 1872*，MEGA2，IV/18，1142—1144。

⑥ 关于左翼，在 19 世纪俄国民粹主义概念上反对资本主义的意义，Richard Pipes，"Narodnichestvo: A Semantic Inquiry"，*Slavic Review* XXIII，no. 3（1964）: 421—

成为马克思分析俄国社会变化的有益参考。马克思认为车尔尼雪夫斯基的经济著作是"杰出的",① 在 1873 年初，他就宣称自己"熟悉他著作的大部分"；② 他甚至表示要"出版"一些关于车尔尼雪夫斯基"生活和个性"的书籍，"以引起西方对他的兴趣"。③

阅读车尔尼雪夫斯基的著作是马克思学习俄语的主要动机之一。在研究这位被他誉为"伟大的俄国学者和批评家"④ 的著作时，马克思提出了关于世界某些地区经济发展能否跨越资本主义生产方式以及它对西欧工人阶级造成可怕社会后果的观点。车尔尼雪夫斯基在《对反对公社所有制的哲学偏见的批判》（1859）中曾提出这样的疑问："一个特定的社会现象是否必须经历每个社会现实生活中的所有逻辑环节？"⑤ 他的回答是否定的。在之后的一项民粹主义运动的宣言中，车尔尼雪夫斯基把英国人到达新西兰后发生的事件作为参考，将其观点总结为五点：

1. 当一种社会现象在一个国家达到了高度发展水平时，它在另一个更落后的国家发展到那个阶段的进程可能比在发达国家要快得多。

---

458. 瓦利基：《关于资本主义的争论》（牛津克拉伦登出版社，1969 年版），第 27 页, 将民粹主义的诞生时间定在 1869 年，大约在彼得·拉夫罗夫（Pyotr Lavrov，1823—1900）发表《历史书信》（1868—1870），尼古拉·米哈伊洛夫斯基（1842—1904）发表《什么是进步》（1869），瓦西里·别尔维 - 弗列罗夫斯基（1829—1918）发表《俄国工人阶级状况》（1869）的时候。

① Karl Marx to Sigfrid Meyer, 21 January 1871, MECW, 44: 105; MEW, 33: 173.

② Karl Marx to Nikolai Danielson, 18 January 1873, MECW, 44: 469; MEW, 33: 599.

③ Karl Marx to Nikolai Danielson, 12 December 1872, MECW, 44: 457; MEW, 33: 549.

④ 卡尔·马克思：《德文第二版后记》，《资本论》第一卷，MECW, 35: 15; "Nachwort zur zweiten Auflage", Marx, *Das Kapital, Erster Band*, MEW, vol. 23: 21。

⑤ Nikolai Chernyshevsky, "Kritika filosofskikh preubezhdenii protiv obshchinnogo [Critique of Philosophical Prejudices against Communal Ownership of the Land], in vladeniya", Chernyshevsky, *Sobranie sochinenii*, vol. 4, (Moscow: Ogonyok, 1974), 467. 文中非常简短的节选可以在车尔尼雪夫斯基的作品 "对反对公社所有制的哲学偏见的批判", in *Late Marx and the Russian Road*, Shanin (London: Routledge, 1984), 182-190。

（英国人需要 1500 多年的文明生活才能进入自由市场体系。新西兰人肯定没花那么长时间。）

2. 这种加速是落后国家与先进国家接触的结果。

3. 这种加速是指在一个落后的国家，由于受到发达国家的影响，某一社会现象的发展直接从较低的阶段跳到较高的阶段，避免了中间阶段。

4. 在这个加速发展的过程中，曾经落后的国家现在吸收了先进国家的经验和科学，跨越了中间阶段，这作为逻辑阶段只能在理论上存在，而没有真正成为现实（新西兰人可以从书本上了解到保护主义制度的存在，但在现实生活中并不适用）。

5. 即使这些中间阶段真实存在，它们将是真正无关紧要的维度，甚至与实际生活的相关性更小。[1]

基于这些观察，车尔尼雪夫斯基提出了"两个结论"[2]，帮助界定了俄国民粹主义者的政治诉求，并为他们提供了科学依据：

1. 发展的更高阶段在形式上和来源上是一致的。

2. 社会生活某种现象在最先进的民族中达到高度发展的情况下，这种现象可以在其他民族中非常迅速地发展，跨越中间的逻辑阶段，从低级直接上升到高级。[3]

我们应该注意到车尔尼雪夫斯基的理论与他所处时代的许多斯拉夫主义思想家明显不同。当然，他也和他们一样谴责资本主义的影响，反对俄国农村劳动力的无产阶级化。[4] 但是他坚决反对贵族知识分子希望保留原有社会结构的立场，而且他也从未将农村公社

---

① 　Ibid., 468—469.

② 　Ibid., 470; Chernyshevskii, "A Critique of Philosophical Prejudices", 182.

③ 　Ibid.; ibid.

④ 　参见 Marco Natalizi, *Il caso Černyševskij,* (Milan: Bruno Mondadori, 2006), 55. 车尔尼雪夫斯基与他的文化环境的互动, see N. G. O. Pereira, *The Thought and Teachings of N. G. Černyševskij* (The Hague: Mouton, 1975)。

（obshchina）描述为只有斯拉夫民族才具有的田园诗形式。① 事实上，他认为没有理由"为这些原始遗迹的幸存而自豪"。对于车尔尼雪夫斯基来说，它们在某些国家的留存只能证明历史发展的缓慢和软弱。例如，在土地关系中，"保留在其他民族之间已经消失的公社所有制"绝不是优越的标志，而是俄国人"见识短浅"的证明。②

车尔尼雪夫斯基坚信，俄国如果无视西欧取得的成就是很难持续发展的。农村公社的积极特征需要得到保留，但只有将它们置于不同的生产环境中才能确保农民群众的福祉。③ 农村公社可以为社会解放的初级阶段作出贡献，但前提是它必须成为一种全新的、完全不同的社会组织的胚胎。在土地公有制的基础上，必须有集体的耕种和分配形式。此外，如果没有资本主义兴起所带来的科学发现和技术支撑，农村公社将永远不会成为真正的现代农业合作主义的实验形式。④ 在俄国，工业化所带来的进步是关键，其绝不会造成典型的资本主义的贫穷和剥削状况。车尔尼雪夫斯基在德国哲学中找到了从古代生产组织到后资本主义生产组织转变的理论基础。在他看来，应该感谢黑格

---

① 马克思已经在《政治经济学批判导言》中对赫尔岑的论题提出了类似的批评，MECW, 29: 275; "Zur Kritik der Politischen Ökonomie", MEW, 13: 20. In *Roots of Revolution: A History of the Populist and Socialist Movements in Nineteenth Century Russia* (New York: Alfred A. Knopf, 1960)，佛朗科·文丘里正确地指出，车尔尼雪夫斯基并不认为村社是"典型的俄罗斯制度，是斯拉夫精神的特征（…），而仅仅是在俄罗斯存在的社会组织形式，而这些形式在其他地方已经消失了"。(ibid., 148)

② Nikolai Chernyshevsky, "Kritika filosofskikh preubezhdenii", 371.

③ 在文丘里的《革命的根源》一书中，这是车尔尼雪夫斯基关于农民公社的讨论的中心主题："村社应该被西方社会主义复兴和改造；它不应该被描绘成俄罗斯使命的典范和象征。"(ibid., 160)

④ 瓦利基在《关于资本主义的争论》一书中认为，对车尔尼雪夫斯基来说，资本主义代表着"相对于前资本主义社会形式的巨大进步"；他的"头号敌人"不是资本主义，而是落后的俄国（同上，20）。车尔尼雪夫斯基远非是俄国资产阶级进步的敌人，如果我们必须给他加上一个标签的话，他就是一个"西化者"。

尔和谢林，才有可能"在生活的各个方面……就形式而言，更高层次的发展与作为其来源的原则是相似的"①。

车尔尼雪夫斯基写道，"原始阶段"的特征是"土地公有制"。在"第二阶段"，随着生产力发展的集约化，土地变成了投资耕种者的私有财产。在第三个也是最后一个阶段，"公有制不仅对农业阶级的福祉是必要的，而且对农业本身的进步也是必要的"。它再次被确认为"人类与土地关系的一种高级形式"。②

车尔尼雪夫斯基的观点更多地基于辩证法而不是具体的历史分析研究，但其观点的进步性在于反对那些认为历史发展是朝着不可动摇既定目标线性发展的人。从政治上而言，这意味着有可能避免经历第二阶段，而在农村公社中仍然存在的"土地公有制"不必因私有财产的扩张而遭到破坏。③事实上，集体所有制的加强将催生一种农业集体主义制度，这种制度能够确保对农民的社会公平，满足全体人口的需求。

从这些基础出发，民粹主义者把阻碍资本主义在俄国的发展和利用现有农村公社的解放潜力作为他们计划的双重目标。车尔尼雪夫斯基以惊人的想象展现了这一前景。他写道，"历史就像一位祖母，非常喜欢它最小的孙子孙女。对于后来者，它给予的不是骨头，而是骨髓，而在试图折断西欧骨头时，却严重地伤到了自己的手指"④。

在沿着这些思路进行辩论时，车尔尼雪夫斯基从亚历山大·赫尔岑（Alexander Herzen，1812—1870）的理论中得到了启发。例如，在

---

① Chernyshevsky,"Kritika filosofskikh preubezhdenii", 433.

② Ibid.453.

③ 瓦利基在《关于资本主义的争论》一书中说，车尔尼雪夫斯基想要"跳过'发展的中间阶段'，或者至少大大缩短其篇幅"。他为公社辩护的主要论点是辩证的进步观念，他认为，一般说来，任何发展的第一阶段在形式上都与第三阶段相似；因此，原始公共集体主义在形式上与社会主义社会中发达的集体主义相似（同上，18）。

④ Chernyshevsky,"Kritika filosofskikh preubezhdenii", 466.

"一封给儒勒·米什莱的公开信"（1851）中，赫尔岑断言："西方的历史给我们提供了某些教训，但仅此而已：我们不认为自己是你们过去的法律的执行者。"①

研究车尔尼雪夫斯基的著作对马克思帮助很大。1881 年，马克思对古老社会形式的兴趣日益浓厚，这促使他开始关注当代人类学家的研究。随着马克思的思想不断延伸到欧洲以外，一个偶然的机会推动了他继续深入研究俄国。

1881 年 2 月中旬，马克思收到了一封来自维·伊·查苏利奇（Vera Zasulich, 1848—1919）的简短、激烈且引人注意的信。维·伊·查苏利奇是一名民粹主义激进分子，曾企图刺杀圣彼得堡警察局长。② 这封用法语写的书信是 2 月 16 日从日内瓦寄来的，当时她在日内瓦躲避沙皇警察。

维·伊·查苏利奇是马克思的崇拜者。她认为，马克思一定知道《资本论》在俄国大受欢迎。她想知道：马克思是否也知道《资本论》对讨论"土地问题和农村公社"的俄国人民产生了影响。她强调说："马克思'比任何人都更清楚'这一问题的紧迫性——对于俄国革命者来说，这是一个'生死攸关的问题'。"她还说，"甚至我们革命的社会主义者的个人命运也取决于"马克思的回答。③ 维·伊·查苏利奇随后总结了讨论中出现的两种不同观点："农村公社摆脱了苛捐杂税、贵族赋税和专断行政，有能力向社会主义方向发展，即在集体主义的基础上逐步组织生产和分配。在这种情况下，革命的社会主义者

---

① 亚历山大·赫尔岑：《俄罗斯人民和社会主义：给儒勒·米什莱的一封公开信》（伦敦魏登菲尔德和尼科尔森出版社 2011 年版），第 199 页。关于"从过去的重压中获得自由"的观点，参见瓦利基：《关于资本主义的争论》，第 116—117 页。

② 关于俄国革命的生活，参见 Jay Bergman. *Vera Zasulich: A Biography,* (Stanford University Press, 1983).

③ Vera Zasulich, "A Letter to Marx", in *Late Marx and the Russian Road*, ed. Shanin (London: Routedge, 1984), 98—99.

必须为公社的解放和发展而全力以赴。但是，如果公社注定灭亡，社会主义者所能做的，就其本身而言，是对俄国农民的土地要经过多少年才能进入资产阶级的手里以及俄国的资本主义需要多少个世纪才能达到西欧已经达到的发展水平，进行毫无准确依据的计算。社会主义者的任务将只是在城市工人中进行宣传，而这些工人将不断地淹没在公社解散后被抛到大城市街道上寻求工作的农民群体中。"①

维·伊·查苏利奇进一步指出，一些参与辩论的人认为，"农村公社是一种过时的形式，注定要被历史、科学社会主义以及所有辩论涉及的东西所毁灭"。持这种观点的人自称是马克思的"卓越门徒"，即"马克思主义者"。他们最有力的论据常常是："马克思是这么说的。"

为此，她向马克思提出了一项恳求："假如你能说明，你对我国农村公社可能有的命运以及世界各国由于历史的必然性都应经过资本主义生产各阶段的理论的看法，给予我们的帮助会是多么大。"这一问题如此重要，而维·伊·查苏利奇又如此急切地想知道这位在世的最有名望的社会主义者的想法，所以她最后要求马克思"至少以一封信的形式"回答这一问题，② 这封信可以翻译并在俄国公开。

维·伊·查苏利奇提出的问题恰逢其时，当时马克思正全神贯注地研究前资本主义社会。因此，她的来信促使他分析一个重大的、具有当代意义的实际历史案例，这与他当时的理论兴趣密切相关。③ 只有在马克思对资本主义向社会主义过渡问题的思考背景下，才能理解他所回应的全部问题的复杂性。

---

① Ibid.

② 同上，马丁·布伯的《乌托邦之路》（锡拉丘兹，锡拉丘兹大学出版社，1996年版）评论说："这两者中哪一个是历史真理的决定，落在马克思的手中。"（同上，91）

③ 瓦利基在《关于资本主义的争论》中正确地指出，马克思对摩尔根古代社会的研究"使他能够重新审视俄罗斯民粹主义，这是当时'在最古老的事物中发现最新的东西'的最重要的尝试"（同上，192）。

二、资本主义是共产主义社会的必要前提吗？

资本主义生产方式的扩张是共产主义社会诞生的必要前提，这一观点贯穿于马克思的全部著作之中。在《共产党宣言》中，他和弗里德里希·恩格斯宣布，在推翻封建社会的时代进行工人阶级革命的企图是注定要失败的，这是"由于当时无产阶级本身还不够发展，由于无产阶级解放的物质条件还没具备，这些条件只是资产阶级时代的产物"①。

在新的地理大发现和世界市场形成的背景下，资产阶级"使一切国家的生产和消费都成为世界性的了"②。更重要的是，它创造了"置自身于死地的武器"以及能够运用武器的人："现代的工人，即无产者。"③他们的增长速度与资本主义扩张的速度一致。对马克思和恩格斯来说，"雇佣劳动完全是建立在工人的自相竞争之上的。资产阶级无意中造成而又无力抵抗的工业进步，使工人通过结社而达到的革命联合代替了他们由于竞争而造成的分散状态"④。

在《人民报》创刊纪念会上的演说（1856）中，马克思以更政治性的眼光表达了类似的判断。马克思在回顾历史上前所未有的工业和科学力量与资本主义一同诞生时，他对参加这次活动的激进分子说，"蒸汽、电力和自动走锭纺纱机甚至是比巴尔贝斯、拉斯拜尔和布朗基诸位公民更危险万分的革命家"⑤。

在《政治经济学批判大纲》（1857—1858 年手稿）中，马克思多

---

① Karl Marx and Friedrich Engels, *Manifesto of the Communist Party*, ECW, 6: 514; *Manifest der Kommunistischen Partei*, MEW, 4: 489.

② Ibid., MECW, 6: 488; ibid., MEW, 4: 466.

③ Ibid., MECW, 6: 490; ibid., MEW, 4: 468.

④ Ibid., MECW, 6: 496; ibid., MEW, 4: 473—474.

⑤ Karl Marx, "Speech at the Anniversary of the People's Paper", MECW, 14: 655; "Rede auf der Jahresfeier des People's Paper", MEW, 12: 3

次强调资本"创造出资产阶级社会，并创造出社会成员对自然界和社
会联系本身的普遍占有"的观点。在这篇文章中，马克思明确地肯定
了这一点："资本按照自己的这种趋势，既要克服把自然神化的现象，
克服流传下来的、在一定界限内闭关自守地满足于现有需要和重复旧
生活方式的状况，又要克服民族界限和民族偏见。资本破坏这一切并
使之不断革命化，摧毁一切阻碍发展生产力、扩大需要、使生产多样
化、利用和交换自然力量和精神力量的限制。"① 关于资本主义生产的
积极影响，马克思最具分析性的论述之一是在《资本论》第一卷末尾
的"资本主义积累的一般规律"这一部分中。马克思总结了资本主义
特别是资本主义生产高度集中所产生的六种条件，② 这些条件构成了
共产主义社会诞生的基本前提。

这些条件是：1. 合作的劳动过程；2. 科学技术对生产的贡献；3. 生
产对自然力的占有；4. 工人只能共同操作的制造机器；5. 节约一切生
产资料；6. 创造世界市场的趋势。

马克思提出："一个资本家打倒许多资本家。随着这种集中或少
数资本家对多数资本家的剥夺，规模不断扩大的劳动过程的协作形式
日益发展，科学日益被自觉地应用于技术方面，土地日益被有计划地
利用，劳动资料日益转化为只能共同使用的劳动资料，一切生产资料
因作为结合的、社会的、劳动的生产资料使用而日益节省，各国人民
日益被卷入世界市场网，从而资本主义制度日益具有国际的性质。"③

---

① Karl Marx, *Outlines of the Critique of Political Economy* [*Grundrisse*], MECW, 28:
337; *Grundrisse der Kritik der politischen Ökonomie,* MEW, 42: 323. 为了对这个
复杂的文本进行评论，参见 Marcello Musto, ed., *Karl Marx's Grundrisse: Foun-
dations of the Critique of Political Economy 150 Years Later* (London: Routledge,
2008)。

② Karl Marx, *Capital*, Volume I, MECW, 35: 749; *Das Kapital*, Erster Band, MEW, 23:
790—791.

③ Ibid., MECW, 35: 750; ibid., MEW, 23: 790.

　　马克思深知，生产集中在少数雇主手中，加剧了工人阶级的"苦难、压迫、奴役和剥削"①。但他也意识到"雇佣劳动者的合作完全是由雇佣他们的资本带来的"②。他确信，资本主义制度下产生的巨大生产力比以往所有时代生产力的总和都要大，其发展速度也得到了惊人的增长，创造了克服资本主义本身带来的社会经济关系的条件，从而实现向社会主义社会的过渡。

　　在《资本论》第一卷中，马克思写道："资本主义生产方式是劳动过程转化为社会过程的历史必然性。"③ 他认为，"劳动作为社会生产力是对资本的一种免费赠予，无论任何时候只要工人被安置在既定的条件下，都是由于资本"④。马克思指出，共产主义最有利的环境只有通过资本的扩张才能实现："（资本家）无情地迫使人类为生产而生产；因此，资本推动社会生产力的发展，并创造那些物质条件，只有这些物质条件才能形成一种更高形式的社会的真正基础，在这种社会中，每个人的充分自由发展是主导的原则。"⑤

　　对资本主义生产方式在为共产主义铺平道路中起决定性作用的进

① Ibid.; ibid.

② Ibid., MECW, 35: 336; ibid., MEW, 23: 351.

③ Ibid., MECW, 35: 340; ibid., MEW, 23: 354.

④ Ibid., MECW, 35: 338; ibid., MEW, 23: 353.

⑤ Ibid., MECW, 35: 588; ibid., MEW, 23: 618. 参见马克思 1867 年 12 月 7 日的书信，他向恩格斯提供了自己想要看到的主要论点的综合，这些论点在恩格斯的朋友当时正在准备的《资本论》评论中提到。马克思将自己的著作描述为一个证明，"从经济角度来看，当今社会孕育着一种新的、更高的形式"。在将自己的发现与查尔斯·达尔文（Charles Darwin, 1809—1882）的进化论进行了大胆的比较之后，他进一步指出，"即使在现代经济关系伴随着可怕的直接后果的地方，也存在着隐藏的进步"，而且，"由于他的这种批判方法"，"他可能在不自觉的情况下，为所有社会主义，也就是乌托邦主义敲响了永远的丧钟"。在最后对恩格斯的建议中，他再次强调一个深刻的信念，即"拉萨尔先生谩骂资本家，奉承穷乡僻州的普鲁士乡绅制度，而马克思先生恰恰相反，表明了资本主义生产的历史必要性"。卡尔·马克思写给弗里德里希·恩格斯，1867 年 12 月 7 日，MECW, 42: 494; MEW, 31: 404。

一步思考，贯穿于马克思的政治经济学批判之中。他在《政治经济学批判大纲》（1857—1858年手稿）中写道，尽管资本的趋势之一是"创造可以自由支配的时间"，但另一方面是"把这些可以自由支配的时间变为剩余劳动"。① 它使劳动价值最大化，而"生产某一物品所必需的劳动量实际上减少到最低限度"。对马克思来说，这是一个绝对重要的观点；它会促进"解放劳动"，是"解放劳动的条件"。② 因此，资本就"违背自己的意志，成了为社会可以自由支配的时间创造条件的工具，使整个社会的劳动时间缩减到不断下降的最低限度，从而为全体'社会成员'本身的发展腾出时间"③。

马克思认为，就其最大限度地扩大生产力的能力而言，资本主义超越了以前的社会制度。他还认识到，尽管存在对人类的无情剥削，但它也有一些潜在的进步因素，这些因素比早期社会更有利于个体潜能的发挥。尽管马克思极为反对资本主义的生产原则，反对生产剩余劳动力的必要性，但他认为生产力的增长与个人能力的增长有关。事实上，马克思在《政治经济学批判大纲》（1857—1858年手稿）中指出："在再生产的行为本身中，不但客观条件改变着，例如乡村变为城市，荒野变为开垦地等等，而且生产者也改变着，他炼出新的品质，通过生产而发展和改造着自身，造成新的力量和新的观念，造成新的交往方式，新的需要和新的语言。"④ 这种日趋强烈和复杂的生产力发展，产生了"个体的极大发展"⑤ 和人与人之间的"普遍交往"⑥。

在《资本论》中，马克思也概述了"商品的交换如何突破所有与直接的物物交换不可分割的地方和个人的界限，并在其发展过程中自

---

① 　Marx, *Grundrisse*, MECW, 29: 94; MEW, 42: 604.

② 　Ibid., MECW, 29: 87; ibid., MEW, 42: 598.

③ 　Ibid., MECW, 29: 94; ibid., MEW, 42: 604.

④ 　Ibid., MECW, 28: 418; ibid., MEW, 42: 402.

⑤ 　Ibid., MECW, 28: 465; ibid., MEW, 42: 446.

⑥ 　Ibid.; ibid.

发地发展出完全超出行动者控制的整个社会关系的网络"。① 商品交换的要求一定程度上能够适合人类发展的形式进行生产。②

马克思还认为，资本主义的某些倾向有利于妇女的解放和家庭关系的现代化。在为第一届国际工人协会起草的《临时中央委员会就若干问题给代表的指示》（1866）这一重要文本中，他写道，"在资本的条件下……现代工业让青少年男女在社会生产工作中合作的趋势是一种进步的、合理的和合法的趋势"③。

类似的观点也在《资本论》中进行过表达。例如："不论旧家庭制度在资本主义制度内部的解体表现得多么可怕和可厌，但是由于大工业使妇女、男女少年和儿童在家庭范围以外，在社会地组织起来的生产过程中起着决定性的作用，它也就为家庭和两性关系的更高级的形式创造了新的经济基础。"④

马克思还说，"农业和工场手工业的原始的家庭纽带，也就是把两者的幼年未发展的形态联结在一起的那种纽带，被资本主义生产方式撕断了"，由于"资本主义生产使它汇集在各大中心的城市人口越来越占优势，这样一来，它一方面聚集着社会的历史动力，另一方面又破坏着人和土地之间的物质变换，也就是使人以衣食形式消费掉的土地的组成部分不能回归土地，从而破坏土地持久肥力的永恒的自然条件。这样，它同时就破坏城市工人的身体健康和农村工人的精神生活"。⑤

总而言之，根据他在《资本论》及其手稿中使用的辩证方法，马

---

① Marx, *Capital*, MECW, 35: 122; MEW, 23: 126.

② Ibid., MECW, 35: 507; ibid., MEW, 23: 528.

③ Karl Marx, "Instructions for the Delegates of the Provisional General Council. The Different Questions", MECW, 20: 188; "Instruktionen für die Delegierten des Provisorischen Zentralrats zu den einzelnen Fragen", MEW, 16: 193.

④ Marx, Capital, MECW, 35: 492; MEW, 23: 514.

⑤ Ibid., MECW, 35: 506; ibid., MEW, 23: 528.

克思认为，"形成新社会的要素"是随着"生产过程的物质条件和社会规模上的结合"而成熟的。① 这些"物质前提"对于实现"未来的更高理想"具有决定性。② 然而革命永远不会仅仅通过经济动力而产生，它最终也需要一个政治因素，但共产主义的到来要求社会有一定的物质基础或存在条件，而这些条件又需要经历漫长而痛苦的发展过程。③

在《资本论》之后，马克思撰写了一些简短但极具政治价值的著作，其中也包含了类似的观点，这些观点证实了马克思思想的连续性。在《巴枯宁〈国家制度和无政府状态〉一书摘要》（1874—1875）中，马克思对领导这场斗争的社会主体说："彻底的社会革命是同经济发展的一定历史条件联系着的；这些条件是社会革命的前提。因此，只有在工业无产阶级随着资本主义生产的发展，人民群众中至少占有重要地位的地方，社会革命才有可能。"④

在《哥达纲领批判》（1875）中，马克思进一步论证了"在现今的资本主义社会中怎样最终创造了物质的和其他的条件，使工人能够并且不得不铲除这个历史祸害"的必要性。⑤ 马克思在发表的一篇短文《法国工人党选举纲领导言》（1880）中强调，生产者使用生产工具的一个基本要求是"集体形式，资本主义社会本身的发展为这种形式创造了物质的和精神的因素"⑥。

---

① Ibid., MECW, 35: 504—505; ibid., MEW, 23: 526.

② Ibid., MECW, 35: 506; ibid., MEW, 23: 528.

③ Ibid., MECW, 35: 90—91; ibid., MEW, 23: 94.

④ Karl Marx, "Notes on Bakunin's Book *Statehood and Anarchy*", MECW, 24: 518; "Konspekt von Bakunins Buch Staatlichkeit und Anarchie", MEW, 18: 633.

⑤ Karl Marx, "Critique of the Gotha Programme", MECW, 24: 83; "Kritik des Gothaer Programms", MEW, 19: 17.

⑥ Karl Marx, "Preamble to the Programme of the French Workers Party", MECW, 24: 340; "Einleitung zum Programm der französischen Arbeiterpartei", MEW, 19: 238.

在他的著作中，马克思谨慎地避免了可能暗示社会普遍模式的提法，他认为这种模式是无益和适得其反的。这就是为什么在《资本论》第一卷的"德文版第二版后记"（1873）中，他暗示"为未来的食堂开出调味单（孔德主义的吗?)"决不是他的兴趣之一 [1]，也是为什么在1879—1880年，在回应德国经济学家阿道夫·瓦格纳的批评时，他直接了当的写道："我从未建立过任何社会论"。[2]

正如马克思从未表现出未来社会主义应该是什么样子的愿望，他在对资本主义的思考中，也没有断言人类社会在任何地方都注定要走同样的道路或经历同样的阶段。尽管如此，他发现自己不得不面对一种归咎于他的错误论点：资产阶级的生产方式在任何地方都是历史的必然。关于俄国资本主义发展前景的争论为这一点提供了明确的证据。据推测，1877年11月，马克思起草了一封长信给《祖国纪事》（*Otechestvennye Zapiski*）的编辑委员会，在信中他开始回复一篇关于俄国农村公社未来的文章——"卡尔·马克思在尤茹柯夫斯基先生的法庭上"，这篇文章由文学评论家和社会学家尼·康·米海洛夫斯基（Nikolai Mikhailovski，1842—1904）撰写。[3] 马克思对这封信进行了几次修改，但最后仍然是草稿，还有一些删节的痕迹，并没有真正寄出。然而，它包含了一些马克思后来在对维·伊·查苏利奇的回信中所提到的有趣观点。

在一系列的文章中，尼·康·米海洛夫斯基提出了一个与4年后维·伊·查苏利奇非常相似而有细微差别的问题。对维·伊·查苏利

---

① Karl Marx, "Afterword to the second German edition", MECW, 35: 17; "Nachwort zur zweiten Auflage", MEW, 23: 25.

② Karl Marx, "Marginal Notes on Adolph Wagner's *Lehrbuch der politischen* Ökonomie", MECW, 24: 533; "Randglossen zu Adolph Wagners *Lehrbuch der politischen Ökonomie*", MEW, 19: 357.

③ 参见 James H. Billington, *Mikhailovsky and Russian Populism* (Oxford: Clarendon Press, 1958)。

奇来说，问题的关键是农村公社可能发生的变化对社会主义运动的宣传活动所产生的影响。而尼·康·米海洛夫斯基关心的则是在更理论化的层面上讨论农村公社未来的各种立场：一种观点是自由主义经济学家的观点，他们认为俄国应该废除农村公社，接受一个资本主义政权；另一种观点认为公社可以进一步发展，并避免资本主义生产方式对农村人口的负面影响。①

维·伊·查苏利奇致信马克思的目的在于了解马克思的观点并接受他对实际工作的指示。尼·康·米海洛夫斯基则是俄国民粹主义者中较为温和的自由派的杰出代表，他明显倾向于第二种观点，并认为马克思更倾向于第一种观点。当维·伊·查苏利奇写到"马克思主义者"争论资本主义的发展不可或缺时，尼·康·米海洛夫斯基则更进一步地声称这篇论文的作者就是写作《资本论》的马克思本人。他写道："一个信奉马克思主义的俄国人……必须把自己降格为一个旁观者……如果他真的赞同马克思的历史哲学观点，他应该高兴地看到生产者从生产资料中分离出来，他应该把这种分离看作是不可避免的第一阶段，并且从最终来讲，是有益的过程。一句话，他必须接受他理想中所固有的原则被推翻的事实。当然，道德情感和历史必然性之间的冲突应该解决，这有利于后者。"②

---

① 根据瓦利基《关于资本主义的争论》一书中，尼·康·米海洛夫斯基并不否认公社和当代俄国合作社限制了个人自由和个人发展的可能性；然而，他认为，这种限制的负面后果比资本主义发展的负面后果要危险得多……尼·康·米海洛夫斯基得出结论，资本主义"解放了个人"是完全没有道理的……毫不夸张地说，在那些对尼·康·米海洛夫斯基赞同这一观点贡献最大的作者中，马克思扮演了主要角色（同上，59—60）。

② Nikolai Mikhailovsky, "Karl Marks pered sudom g. Yu. Zhukovskogo"（Karl Marx Before the Tribunal of Mr. Yu. Zhukovsky）, in Mikhailovsky, *Sochinenija*, vol. IV, St. Peterburg: B. M. Vol'f, 1897, 171, 引自瓦利基《关于资本主义的争论》的译本，第 146 页。这篇文章是继 1877 年发表在《欧洲信使》[*Vestnik Evropy*] 杂志上以尤·茹柯夫斯基（Yuri Zhukovsky）的名义对马克思的批评之后，以及尼·

但尼·康·米海洛夫斯基无法用精确的引言来支持这一点，相反，他引用了《资本论》德文版第一版附录中马克思对赫尔岑的论战性评语："如果说在欧洲大陆上……破坏人类的资本主义生产的影响，将像迄今为止一样，同在扩大国民军、国债、赋税以及以优雅方式进行战争等等方面的竞争手拉手地向前发展，那么，正像半个俄罗斯人但又是完全的莫斯科人赫尔岑（顺便说一下，这位文学家不是在俄国而是在普鲁士政府顾问哈克斯特豪森的书中发现了'俄国的'共产主义）非常认真地预言的，欧洲也许最终将不可避免地靠鞭子和强行注入卡尔梅克人的血液来返老还童。"①

后续版本的《资本论》省略了这段注释，但这并不能证明马克思就改变了他对赫尔岑的判断。② 正好相反。在马克思给《祖国纪事》杂志编辑部的信中，他采用与 1867 年相同的措辞坚称，"他 ③ 不是在俄国而是在普鲁士的政府顾问哈克斯特豪森（A. F. von Haxthausen，1792—1866）的书中 ④ 发现了'俄国'共产主义，并且俄国公社在他手中只是用以证明腐朽的旧欧洲必须通过泛斯拉夫主义的胜利才能获得新生的一种论据"⑤。马克思的社会主义思想一直与赫尔岑的社会

古拉·西贝尔（Nikolai Sieber）在《祖国纪事》上对《资本论》的辩护。参见 Cyril Smith, *Marx at the Millennium*, (London: Pluto, 1996)，53—55. 1894 年。在为《俄罗斯财富》[*Russian Wealth*] 撰写的一篇文章中，尼·康·米海洛夫斯基重申了他 17 年前的观点。

① Karl Marx, "Nachtrag zu den Noten des ersten Buches", in Marx, *Das Kapital*, MEGA II/5: 625. 这本《第一卷注释附录》在 1872 年再版时被删除，并在该著作的所有译本中被删除。

② 最近的一个例子可以在詹姆斯·怀特，《马克思与俄国：一种学说的命运》（伦敦布鲁姆斯伯里出版社，2018 年版）中找到，该书声称，在《资本论》出版后，"马克思修正了他对赫尔岑概念的态度，如果不是对赫尔岑本人"（同上，8）。

③ "他"指的是亚·伊·赫尔岑。——译者注

④ 指哈克斯特豪森《对俄国的内部关系、人民生活特别是农村设施的考察》（第 1—2 部 1847 年汉诺威版，第 3 部 1852 年柏林版）第 279、339 页。——译者注

⑤ Marx, "Letter to *Otechestvennye Zapiski*", MECW, 24: 196; MEW, 19: 107.

主义思想对立。在《俄国革命》（1857）一书中，赫尔岑指出，尽管准备"以人民的名义，为人民的利益而行动的人的圈子可能并不大，但"在意识和发展方面，肯定不逊于西方的任何圈子"。如果它不习惯考虑社会运动，那么它比传统社会更自由，比西方社会更简单、更年轻。① 马克思并不认同俄国人民天生就倾向于共产主义的假设。无论是关于夺取政治权力的必要形式，还是关于后资本主义社会诞生的先决条件，他对俄国可能发生革命的开放态度不能追溯到赫尔岑的立场。

在给《祖国纪事》杂志编辑部的信中，马克思相当冷淡地指出，他与赫尔岑的争论不能变成对自己判断的歪曲，或者正如尼·康·米海洛夫斯基所声称的那样，不能转变为对"俄国人民努力为自己的祖国寻找一条不同于西欧过去和现在所走的发展道路"的轻视。②

1875 年，在一本名为《论俄国的社会问题》的小册子中，恩格斯对倾向于布朗基主义的彼·特卡乔夫（Pyotr Tkachev, 1844—1886）写的《致 1874 年度〈人民国家报〉第 117 和 118 号所载〈流亡者文献〉一文的作者弗里德里希·恩格斯先生的公开信》进行了回复。恩格斯也谈论俄国发生社会革命的可能性③："现代社会主义力图实现的变革，简言之就是无产阶级战胜资产阶级，以及通过消灭一切阶级差别来建立新的社会组织。为此不但需要有能实现这个变革的无产阶级，而且还需要有使社会生产力发展到能够彻底消灭阶级差别的资产阶级。野蛮人和半野蛮人通常也没有任何阶级差别，每个民族都经历了这种状态。我们决不会想到要重新恢复这种状态，因为随着社会生产力的发展，从这种状态中必然要产生阶级差别。"为了消除任何可能

---

① Alexander Herzen, "Revolution in Russia", in *The Herzen Reader*, ed. Kathleen arthe （Evanston, IL: Northwestern University Press, 2012）, 63.

② Marx, "Letter to *Otechestvennye Zapiski*", MECW, 24: 196; MEW, 19: 107.

③ On Tkachev's ideas, see Venturi, Roots of Revolution, 389—428.

的疑虑，恩格斯补充道："只有在社会生产力发展到一定程度，发展到甚至对我们现代条件来说也是很高的程度，才有可能把生产提高到这样的水平，以致使得阶级差别的消除成为真正的进步，使得这种消除可以持续下去，并且不致在社会的生产方式中引起停滞甚至倒退。但是生产力只有在资产阶级手中才达到了这样的发展程度。可见，就是从这一方面说来，资产阶级正如无产阶级本身一样，也是社会主义革命的一个必要的先决条件。因此，谁竟然断言在一个虽然没有无产阶级然而也没有资产阶级的国家里更容易进行这种革命，那就只不过证明，他还需要学一学关于社会主义的初步知识。"① 马克思和恩格斯的观点是一致的 ②，两人总是与赫尔岑以及其他所有像巴枯宁和特卡乔夫一样继承了他思想的人意见分歧很大。这些人犯了一个错误，他们把俄国农民描绘成"社会主义的真正载体，作为天生的共产党人，而不是老龄化的、腐朽的欧洲西部的工人"③。

　　关于与尼·康·米海洛夫斯基的辩论，马克思本打算在他给《祖国纪事》杂志编辑部的信中"直言不讳"，并表达他经过多年研究得出的结论。他以下面这句话开头，后来他在手稿中把这句话删掉了："如果俄国继续走它在 1861 年所开始走的道路，那它将会失去当时历史所能提供给一个民族的最好的机会，而遭受资本主义制度所带来的一切灾难性的波折。"④

---

① Friedrich Engels, "On Social Relations in Russia", MECW, 24: 39—40.

② 这并不是一条被传达的信息(因为他用铅笔写在了特卡乔夫"公开信"的封面上)，马克思说，这篇文章的内容"愚蠢到巴枯宁可能作出了贡献"：卡尔·马克思写给弗里德里希·恩格斯的信，1875 年 2 月至 3 月，MECW, 45: 59; MEW, 34: 5。马克西米利安·吕贝尔（Maximilien Rubel）指出，正是马克思本人要求恩格斯"发表一个答复"。Maximilien Rubel, Marx: *Life and Works* (London: Macmillan, 1980), 105。

③ Engels, "On Social Relations in Russia", 45. Cf. Venturi, *Roots of Revolution*, 93—94.

④ Marx, "Letter to *Otechestvennye Zapiski*", MECW, 24: 135; MEW, 19: 108.

马克思首先澄清了他在以往分析中提到的问题。马克思回忆说，在《资本论》"所谓原始积累"的章节中，[1] 他试图描述"封建社会经济结构的瓦解"释放了"西欧资本主义社会经济结构"的因素。因此，这一过程并没有在全世界发生，而只是在旧大陆发生。

马克思提到了在《资本论》（1872—1875）的法文版中的一段，他断言生产者与其生产资料分离的基础是"对农业生产者的征用"。他补充道："这种剥夺只是在英国才彻底完成了……但是，西欧的其他一切国家都正在经历着同样的运动。"[2]

我们应该在这样的视域中理解《资本论》第一卷序言中的一句名言："工业较发达的国家向工业较不发达的国家所显示的，只是后者未来的景象。"在为德国读者撰写的文章中，马克思指出，"我们也同西欧大陆所有其他国家一样，不仅苦于资本主义生产的发展，而且苦于资本主义生产的不发展"。在他看来，除了"现代的罪恶"，德国人还"受到一系列以往罪恶的压迫，这些罪恶来自于古老和过时的生产方式的被动生存，以及随之而来的一系列不合时宜的社会和政治关系"。[3] 对于德国人来说，他们可能会"以乐观的方式安慰自己，认

---

[1]　Marx, *Capital,* MECW, 35: 704—761; MEW, 23: 741—802.

[2]　Marx, "Letter to *Otechestvennye Zapiski*", MECW, 24: 200; MEW, 19: 108. 也可参见 Karl Marx, Le capital, Paris 1872—1875, MEGA, II/7: 634. 1867 年第一版是马克思在修改其法语译本时引入的，而 1890 年的第四版德文版中没有这一修订版，该修订版后来成为《资本论》翻译的标准版本。在给卡尔·马克思的脚注中，马克西米利安·吕贝尔 *Œuvres. Économie I* (Paris: Gallimard, 1963) 称这是对"所谓原始积累"部分的"重要补充之一"（同上，1701，n. 1）。恩格斯的这一版本认为，原始积累的历史在不同的国家呈现不同的面貌，在不同的历史时期，以不同的继承顺序贯穿于原始积累的各个阶段。仅在英国，我们以英国为例，就有它的经典形式。Marx, *Capital,* MECW, 35: 707; MEW, 23: 744.

[3]　Marx "Preface to the First German Edition", MECW, 35: 9; "Vorwort zur ersten Auflage", MEW, 23: 15. 在法文版中，马克思略微限制了这句话的范围：'Le pays le plus développé industriellement ne fait que montrer à ceux qui le suivent sur l'échelle industrielle de leur propre avenir', K. Marx, *Le Capital*, MEGA, vol. II/7: 12. In his

为德国的情况远没有那么糟糕"，他宣称"讲的就是你的故事！"（De te fabula narratur！）。①

马克思也对其他欧洲国家表现出灵活的态度，因为他不认为欧洲是一个同质的整体。1867 年，马克思在伦敦德意志工人共产主义教育协会成立 27 周年纪念会上作了一次演讲，这次演讲的内容后来发表在日内瓦的《先驱报》上，他认为德国无产阶级可以成功地进行一场革命，因为德国"用不着像其他国家的工人那样经历漫长的资产阶级运动"②。

就俄国而言，在给《祖国纪事》杂志编辑部的信中，马克思认同尼·康·米海洛夫斯基的观点，即俄国可能"发展自己的历史基础，因此，尽管没有经历（资本主义）政权的所有折磨，但却攫取了它的所有果实"。他指责尼·康·米海洛夫斯基，"他一定要把我关于西欧资本主义起源的历史概述彻底变成一般发展道路的历史哲学理论，一切民族，不管它们所处的历史环境如何，都注定要走这条道路"。③

Provincializing Europe: Postcolonial Thought and Historical Difference,（Princeton: University Press, 2000），Dipesh Chakrabarty 错误地将这篇文章解释为遵循"首先在欧洲，然后在其他地方"原则的历史决定论的典型例子（同上，7）。他进一步提出"历史就像一个候车室，在任何特定的时间和地点向资本主义过渡都需要一段时间"的人的特征。"这是第三世界常常被托付给……的时期"（同上，65）。无论如何，Neil Lazarus, "The Fetish of 'the West' in Postcolonial Theory", in *Marxism, Modernity and Postcolonial Studies*, eds. Crystal Bartolovich 和 Neil Lazarus（剑桥大学出版社 2002 年版）正确地指出，"并非所有的历史叙事都是目的论的或'历史主义'的"（同上，63）。

① Karl Marx, "Preface to the First German Edition", MECW, 35: 8; "Vorwort zur ersten Auflage", MEW, 23: 12.

② 1867 年 2 月 28 日，卡尔·马克思在伦敦德意志工人共产主义教育协会成立 27 周年纪念会上的演讲。MECW, 20: 415; "Aufzeichnung einer Rede von Karl Marx auf dem Stiftungsfest des Deutschen Bildungsvereins für Arbeiter in Londonam" Februar 1867, MEW, 16: 524.。

③ Marx, "Letter to *Otechestvennye Zapiski* ", MECW, 24: 200; MEW, 19: 111.

马克思进一步指出，在他对《资本论》的分析中，资本主义生产的历史趋势在于它创造了一种新经济秩序的要素，最大限度地促进社会劳动生产力和每个生产者的全面发展；实际上，它"已经建立在集体生产方式之上"，而且"只能被转化为社会财富"。①

而尼·康·米海洛夫斯基只能用一种方式来描绘俄国的历史：如果俄国倾向于成为"一个像西欧国家那样的资本主义国家"。在马克思看来，"不先把很大一部分农民变成无产者就达不到这个目的；而它一旦倒进资本主义制度的怀抱，它就会和尘世间的其他民族一样地受那些铁面无情的规律的支配"。②

最让马克思烦恼的是，他的评论者已经着手"一定要把我关于西欧资本主义起源的历史概述彻底变成一般发展道路的历史哲学理论，一切民族，不管它们所处的历史环境如何，都注定要走这条道路"③，他略带讽刺地补充说："这样做，会给我过多的荣誉，同时也会给我过多的侮辱。"

他以古罗马征用农民，以及农民与生产资料相分离为例，指出农民如何"没有变成雇佣工人，却成为无所事事的游民"。那时发展起来的不是资本主义，而是一种奴隶制的生产方式。马克思由此得出结论："极为相似的事变发生在不同的历史环境中就引起了完全不同的结果。如果把这些演变中的每一个都分别加以研究，然后再把它们加以比较，我们就会很容易地找到理解这种现象的钥匙；但是，使用一般历史哲学理论这一把万能钥匙，那是永远达不到这种目的的，这种历史哲学理论的最大长处就在于它是超历史的。"④

① Marx, "Letter to Otechestvennye Zapiski", MECW, 24: 200; MEW, 19: 108, 111.

② Ibid., 201; ibid., MEW, 19: 111.

③ Ibid.; ibid.

④ Ibid.; ibid., MEW, 19: 111—112. 怀特：《马克思和俄国》，发现那些归于尼·康·米海洛夫斯基的话语构成了一个"惊人的指控"。他写道，"马克思从来没有仅仅认为资本主义发展历史，只是经验。他认为资本主义是一种普遍制

因此，不太了解马克思真正理论立场的尼·康·米海洛夫斯基以一种似乎预见到了 20 世纪马克思主义基本观点之一的方式对其进行了批评，这种观点已经在俄国和其他地方的马克思追随者中秘密地传播开来。马克思对这一观点的批判更加重要，因为它不仅关系到现在，而且关系到未来。① 马克思从来没有发表过这篇文章 ②，然而，马克思认为资本主义是俄国的一个必要阶段的想法，也很快就根深蒂固，并对俄国马克思主义者产生了深远的影响。③

度，是人类内在物种的外在表现。《资本论》之所以局限于资本主义在历史层面上的发展，只是因为马克思未能发现这一过程中更为本质和逻辑的步骤"(同上，32)。与此相反，最近出版的 MEGA2 则显示出他是多么坚定地致力于实证研究和历史分析。与以往许多诠释者所坚持的观点相反，这些新资料明确地驳斥了他主要受到新历史哲学的推动，或他过分求助于辩证方法的观点。

① 参见 Pier Paolo Poggio, *L'Obščina. Comune contadina e rivoluzione in Russia* (Milan: Jaca ook, 1978)，148。这篇文章指的是马克思给《祖国纪事》杂志编辑部的信。马克思的这封信"看来是准备在俄国发表的，但是没有把它寄到彼得堡去，因为他担心，仅仅是他的名字就会使刊登他的这篇答辩文章的刊物的存在遭到危险"(参见恩格斯 1884 年 3 月 6 日给维·伊·查苏利奇的信)。马克思逝世以后，恩格斯从他的文件中发现并复制了这封信。恩格斯将一份复制件和 1884 年 3 月 6 日的信一并寄给了在日内瓦的"劳动解放社"成员维·伊·查苏利奇。——译者注

② 人们尝试过以各种各样的方法来解释为什么马克思没有发表他对尼·康·米海洛夫斯基的回复。当恩格斯在 1885 年把它转发给 *Severnii Vestnik* 的编辑们时，恩格斯说这本书"由于他不知道的原因"没有发表过。Friedrich Engels, "To the Editors of the Severny Vestnik", in MECW, 26: 311。值得注意的是，并没有证据表明，如果《华尔街日报》在其版面上刊登了马克思的一篇文章，它将真的处于危险之中。没有对支持他的论文做必要的检查，Haruki Wada, "Marx and Revolutionary Russia", in *Late Marx*, ed. Shanin 认为，"真正的原因（……）更确切地说，马克思在再次阅读他的信后，看出了他对米海洛夫斯基的批评有问题"(同上，60)。White, *Marx and Russia*, 指出在《谁之罪?》的问题上继米海洛夫斯基的文章之后，西贝尔重申了"马克思制定的过程是普遍必须的"(同上，33)。S. 西贝尔认为"资本主义是一种普遍现象，在每个社会的某个特定发展阶段都会遇到"(同上，45)，这是俄国人如何看待马克思的一个生动的例子。

③ 根据怀特的《马克思和俄国》一书中的观点，认为"具有相当大的动力和顺应性，所以即使马克思的书信最终出版了，也很难动摇"(同上，33)。 关于俄

三、另一条可能的路

近三个星期以来，马克思一直沉浸在他的思考中，他非常清楚自己必须对一个重要的理论问题作出回答，并在一个重要的政治问题上表明自己的立场。[①] 他的劳动成果是 4 份草稿——其中 3 份非常长，有时还包含着自相矛盾的论点，最后他写给了维·伊·查苏利奇一封回信。所有的这些复信都是用法语撰写的，书信的开头语都相同。

为了总结他对"封建生产到资本主义生产"这一篇章的分析，[②] 马克思选择了一段引文，这是他在 1877 年 11 月给《祖国纪事》杂志编辑部的信中插入的法文版《资本论》中一段话。在下一行中，马克思重申，他"明确地把这一运动的'历史必然性'限制在西欧各国的范围内"[③]。以此为前提，他对农村公社(obshchina) 进行了丰富而详细的思考，并考察了其现实可能性。

在 4 份草稿中的第一稿也是最长的一稿中，马克思分析了他所认为的"唯一有力论据"——为什么"俄国农民的公社必然解体"是不可避免的——"回顾一下遥远的过去，我们发现西欧到处都有不同程度上是古代类型的公有制；随着社会的进步，它在各地都不见了。

国民粹主义和马克思主义的关系，也可参见 Richard Pipes, *Struve: Liberal on the Left, 1870−1905* (Cambridge: Harvard University Press, 1970)，以及最近的 Vesa Oittinen, *Marxism, Russia, Philosophy* (London: Palgrave 2020)，esp. chapter 3.

① 参见布伯（Buber）的《乌托邦之路》(*Paths in Utopia*)："他试图给出正确答案的努力是一种值得钦佩的彻悟和谨慎。"在这之前，他已经忙于处理这个棘手的问题，现在他又以特别强烈的热情重新着手解决这个问题。我们一次又一次看到他取消了一种极其精细和精确的表述，而去寻求另一种更恰当的表述。这些笔记虽然只是一系列零碎的速写，但在我看来，这些笔记是综合把握俄国村社这一主题的最重要的尝试。(ibid., 91)

② Karl Marx, "Drafts of the Letter to Vera Zasulich: Second Draft", MECW, 24: 360; "Brief von V. I. Sassulitsch: Zweiter Entwurf", MEW, 19: 396.

③ Ibid.; ibid.

为什么它只是在俄国免于这种遭遇呢?"① 马克思重申他"不会考虑这个论点,除非它是基于欧洲的经验"②。至于俄国,"如果资本主义生产要想在俄国确立自己的统治,那么,绝大多数农民即俄国人民定将变成雇佣工人,因而也会遭到剥夺,即通过公有财产先被消灭而遭到剥夺。但是,不管怎样,西方的先例在这里完全不能说明问题"。③

马克思并没有排除农村公社将要分裂并结束其长期存在的可能性。但如果这种情况真的发生了,也不会是因为某种历史宿命。④ 在谈到那些自诩为他的追随者时,这些人认为资本主义的到来是不可避免的,他用一贯讽刺的口吻对维·伊·查苏利奇谈论道:"关于您所讲到的俄国的'马克思主义者',我完全不知道。现在和我保持个人联系的一些俄国人,就我所知,是持有完全相反的观点的。"⑤

马克思对西方经验的不断反思,伴随着一种极具价值的政治观察。而在 19 世纪 50 年代早期,马克思在《纽约每日论坛报》(*New York Tribune*)发表的文章"不列颠在印度统治的未来结果"(1853)中声称,"英国在印度要完成双重的使命:一个是破坏的使命,即消灭旧的亚洲式的社会;另一个是重建的使命,即在亚洲为西方式的社会奠定物质基础"⑥。马克思对俄国的看法有了明显的转变。

早在 1853 年,马克思就对资本主义的基本特征不抱任何幻想;

---

① Karl Marx, "Drafts of the Letter to Vera Zasulich: First Draft", MECW, 24: 349; "Brief von V. I. Sassulitsch: Erster Entwurf", MEW, 19: 384—385.

② Karl Marx, "Drafts of the Letter to Vera Zasulich: Third Draft", MECW, 24: 365; "Brief von V. I. Sassulitsch: Dritter Entwurf", MEW, 19: 402.

③ Marx, "Second Draft", MECW, 24: 361; MEW, 19: 397.

④ 参见 also Teodor Shanin, "Late Marx: Gods and Craftsmen", in *Late Marx*, ed. Shanin, 16。

⑤ Marx, "Second Draft", MECW, 24: 361; MEW, 19: 397.

⑥ Karl Marx, "The Future Results of British Rule in India", MECW, 12: 217—218; "Die künftigen rgebnisse der britischen Herrschaft in Indien", MEW, 9: 221.

他很清楚，"难道资产阶级做过更多的事情吗？难道它不使个人和整个民族遭受流血与污秽、蒙受苦难与屈辱就实现过什么进步吗？"① 但是他也相信，通过世界贸易、生产力的发展和社会转型，"资产阶级的工业和商业正为新世界创造这些物质条件"②。一些片面的解读将此视为马克思的"欧洲中心主义"或"东方主义"的证据，③ 实际上，它只不过反映了一个 35 岁时撰写报刊文章的人对殖民主义的尚不全面的看法。在马克思的著作中，没有任何地方提到东西方社会的本质区别。

1881 年，经过 30 年艰辛的理论研究和对国际政治变化的细致观察，特别是基于《人类学笔记》中的大量摘要，马克思对从过去的公社形态到资本主义的转变产生了完全不同的看法。④ 因此，在提到"东

---

① Ibid., MECW, 12: 221; ibid., MEW, 9: 224.

② Ibid., MECW, 12: 222; ibid., MEW, 9: 226.

③ 参见爱德华·赛义德的《东方主义》（劳特利奇出版社 1995 年版），153—156。赛义德（1935—2003）就认为"马克思的经济分析完全适合……一个标准的东方主义事业"，但也暗示他们依赖于"古老的东方和西方的区别"（同上，154）。实际上，赛义德对马克思著作的解读是片面的和肤浅的。首先指出其解释缺陷的是 Sadiq Jalal al-Azm（1934—2016），他在 *Khamsin 8*（1980）的文章"东方主义和与之相反的东方主义"中写道："这种对马克思的观点和对高度复杂的历史过程和情况的分析的叙述是一种讽刺……在马克思的'著作体'中，既没有针对亚洲，也没有针对东方"（同上，14—15）。关于"生产能力、社会组织、历史优势、军事力量和技术发展……马克思，像其他人一样，知道现代欧洲比东方优越"（同上，15—16）。类似地，Aijaz Ahmad 在《理论：阶级，民族，文学》（伦敦：Verso, 1992）中很好地证明了如何从马克思的著作中"去语境化的引用"，对所讨论的段落所代表的内容没有什么意义，只是为了将它们放入他的"东方主义者档案"中（同上，231，223）。反对马克思所谓的"欧洲中心主义"的观点，参见 Irfan Habib，"马克思对印度的看法"，载于《卡尔·马克思论印度》，伊克巴尔·侯赛因（新德里：图利卡，2006），XIX—LIV。关于 1853 年马克思新闻文章的局限性，参见 Kolja Lindner，"马克思的欧洲中心主义：后殖民研究和马克思的学术"，《激进哲学》161（2010）：27—41。

④ 埃里克·霍布斯鲍姆（Eric Hobsbawm）《前资本主义经济形态》看来，（伦敦 Lawrence & Wishart 出版社 1964 年版），"马克思对原始地方自治主义的日益

印度"时。马克思指出："除了亨·梅恩爵士及其同流人物之外，谁都知道，那里的土地公有制是由于英国的野蛮行为才被消灭的，这种行为不是使当地人民前进，而是使他们后退。"①"英国人在东印度就进行过让公社自杀的尝试；他们得到的结果不过是破坏了当地的农业，使荒年更加频繁，饥荒更加严重。"②

因此，俄国的村社并不注定要遭受与几个世纪之前西欧的相同命运，在那里"从一个建立在公有财产基础上的社会到一个建立在私有财产基础上的社会的过渡"③或多或少是一致的。当被问及这种情况在俄国是否不可避免时，马克思坚定地回答道："绝对不是的。"

马克思除了坚决拒绝在不同的语境中使用相同的历史模式外，他还指出为什么公社的鲜明特征使得对其进行深入研究是有价值的。在西方，"对农民的剥夺，使'劳动者私有的、分散的所有制变为'资本家私有的、集中的所有制"。但必须强调的是，在俄国"则相反，是资本主义所有制代替公有财产的问题"④。此外，"在西欧，公社所有制的灭亡和资本主义生产的诞生之间隔着一段很长的时间，包括整个一系列依次相继的经济上的革命和进化"⑤。

马克思以其一贯的灵活思维，思考了农村公社发生变革的可能性。在他看来，公社有可能面临两种演变方向："或者是它的私有制因素战胜集体因素，或者是后者战胜前者。一切都取决于它所处的历

关注：他对资本主义社会的日益憎恨和蔑视。"似乎很可能，马克思发现自己越来越对这种非人道的行为感到震惊，他早先曾欢迎西方资本主义的影响，认为它是一种对停滞不前的前资本主义经济的非人道，但是有历史上进步的力量。（同上，50）

① Marx, "Third Draft", MECW, 24: 365; MEW, 19: 402.

② Ibid., MECW, 24: 368; ibid., MEW, 19: 405.

③ Ibid., MECW, 24: 367; ibid., MEW, 19: 405.

④ Marx, "Second Draft", MECW, 24: 361; MEW, 19: 397.

⑤ Ibid., MECW, 24: 362; ibid., MEW, 19: 397.

史环境。"① 当时的现实条件并不排除向社会主义方向发展的可能性。

马克思强调的第一点是农村公社与更先进的经济形式共存。马克思认为，俄国"同较高的文化同时存在，和资本主义生产所统治的世界市场联系在一起。俄国吸取这种生产方式的积极成果，就有可能发展并改造它的农村公社的古代形式，而不必加以破坏"②。

俄国公社因此"可以不通过资本主义制度的卡夫丁峡谷，而占有资本主义制度所创造的一切积极的成果"③。面对那些否认这一进化理论上的可能性，并将资本主义也视为俄国不可或缺阶段的人，马克思讽刺地问道，俄国是否"为了采用机器、轮船、铁路等等，是不是一定要像西方那样先经过一段很长的机器工业的孕育期呢？同时也请他们给我说明：他们怎么能够把西方需要几个世纪才建立起来的一整套交换机构(银行、信用公司等等)一下子就引进到自己这里来呢？"④。俄国不能一味地重复英国和其他西欧国家的历史进程。因此，从逻辑上讲，即使是农村公社的社会主义转型，也不一定要通过资本主义。

马克思认为，有必要评估这一假设的历史时机。农村公社的社会主义发展"符合我们时代历史发展方向"的"最好证明"就是"资本主义生产在它最发达的欧美各国中所遭到的致命的危机"(马克思的政治希望使他在这里写了太多的"致命的")。根据他对人类学家路易斯·亨利·摩尔根的解读，他期望当时的经济危机可能会为资本主义的"毁灭"和"回归到一种最古老的形式——集体生产和占有"创造有利条件。⑤

这就清楚地表明，马克思所思考的并不是"由于孤立个体的弱点

① Marx, "First Draft", MECW, 24: 352; MEW, 19: 388—389.
② Marx, "Second Draft", MECW, 24: 362; MEW, 19: 398.
③ Marx, "Third Draft", MECW, 24: 368; MEW, 19: 405.
④ Marx, "First Draft", MECW, 24: 349; MEW, 19: 385.
⑤ Ibid., MECW, 24: 357; ibid., MEW, 19: 392.

而产生的原始合作或集体生产",而是"生产资料社会化的成果"。①
他指出,农村公社是共产主义财产"古代社会形态的最近形式",它
本身"经历了一系列的演变"。②

正是这些研究和分析而不是抽象的图式,影响了马克思的选择。
俄国的农村公社不是基于"公社社员的血缘亲属关系上的",而是潜
在的"最早的没有血缘关系的自由人的社会组织"。③

马克思批评了古代农业公社的"孤立性",因为它们被封闭起来
而与外部世界没有联系,从政治上讲,它们是最符合沙皇政权的经济
形式,"可是公社受到诅咒的是它的孤立性,公社与公社之间的生活
缺乏联系,不正是这种与世隔绝的小天地使它至今不能有任何历史创
举吗?而这种与世隔绝的小天地将在俄国社会的普遍动荡中消失。"④

马克思当然没有改变对沙俄农村公社的复杂批判性判断,在他的
分析中,个人发展和社会生产的重要性仍然保持不变。他也没有突然
相信:古老的农村公社比资本主义下存在的社会关系更能促进个体的
解放。这两种观点都与马克思对共产主义社会的构想相去甚远。

一些学者发现,在马克思写给维·伊·查苏利奇信件的草稿中,
丝毫没有看到他与以往立场的戏剧性决裂。⑤ 从理论上讲,马克思并

---

① Ibid., MECW, 24: 351; ibid., MEW, 19: 388.

② Marx, "Second Draft", MECW, 24: 362; MEW, 19: 398.

③ Marx, "Third Draft", MECW, 24: 366; MEW, 19: 403.

④ Marx, "First Draft", MECW, 24: 353; MEW, 19: 389—390.

⑤ 参见瓦利基的解释,"马克思与革命的俄罗斯"Late Marx, ed. Shanin, 60,。其中
认为手稿显示了"自 1867 年《资本论》出版以来的重大变化"。同样,Enrique
Dussel, El último Marx(1863-1882)y la liberación latinoamericana(Mexico City:
Siglo XXI, 1990),谈到了"改变路线"(pp. 260, 268-269);Tomonaga Tairako,
"马克思论资本主义全球化",Hitotsubashi Journal of Social Studies 35 (2003),
认为马克思"改变了他对工人阶级进行全球革命的观点"(同上,12)。其他
作家建议对晚年马克思进行"第三世界主义"解读,即革命的主题不再是工
厂工人,而是农村和边缘群体。在 Umberto Melotti 的《马克思与第三世界》
(London:Palgrave, 1977)一书中也可以找到对这些问题的思考和各种解释;

没有建议俄国或其他资本主义仍不发达的国家成为革命爆发的特殊场所；他也不认为资本主义更落后的国家比生产力发展更先进的国家更接近共产主义的目标。他强调，不应将零星的叛乱或抵抗斗争与在共产主义基础上建立一种新的社会经济秩序混为一谈。他认为，在俄国历史上一个非常特殊的时刻出现促进农业公社逐步改革的有利机会，这种可能性不能被提升为更普遍的模式。例如，法属阿尔及利亚或英属印度，并没有表现出车尔尼雪夫斯基所指出的特殊情况，19 世纪80 年代早期的俄国也无法与未来可能发生的情况相比较。马克思思想中的新探索更具理论开放性，这使他能够考虑其他通往社会主义的可能道路，这些道路在以前他未加以认真对待或是认为无法实现。①

19 世纪下半叶，在沙皇亚历山大二世（1818—1881）的改革之后，农村公社的条件已经发生了转变，呈现出一系列矛盾："摆脱了牢固然而狭窄的血缘亲属关系的束缚，并以土地公社所有制以及由此而产生的各种社会关系为自己的坚实基础；同时，各个家庭单独占有房屋和园地、小土地经济和私人占有产品，促进了个人的发展，而这

Kenzo Mohri,"马克思与'不发达'", Monthly Review 30, no. 11（1979）, 32–43；以及 Jean Tible, Marx Selvagem（São Paulo: Autonomia Literária, 2018）.

① 参见玛丽安·索耶的杰出著作《马克思主义与亚洲生产方式问题》（海牙：Martinus Nijhoff, 1977）, 67: 特别是在 19 世纪 70 年代，马克思并没有改变他对乡村社区性质的看法，也没有决定它们可以成为社会主义的基础；相反，他开始考虑这样一种可能性，即社区可以通过社会主义而不是资本主义来进行革命。他似乎真的抱有这样的希望：随着社会交流的加强和生产方式的现代化，农村制度可以并入社会主义社会。 在 1882 年，对于马克思来说，这仍然是一个真正的替代方案，以避免在资本主义的冲击下村社的彻底解体。参见 Gianni Sofri, *Il modo di produzione asiatico, Storia di una controversia marxista*（Turin: Einaudi 1969）。在他生命的最后几年，对俄国社会状况的研究使他接受了这样一个观点：在特定的条件下，跨越资本主义阶段，就有可能过渡到一种更高形式的共产主义。在他看来，俄国是一个比印度和中国更先进的"半亚洲"国家，马克思在这一点上的思想的逐步演变，似乎是不可否认的。(ibid., 70).

种发展同较原始的公社机体是不相容的。"①

这种"二重性"可能会变成"公社解体的萌芽",表明"公社内部就有使自己毁灭的因素"。②但威胁其生存的还有外部的"破坏性影响",比如国家立法支持的"西方资本主义制度一些分支机构",它们不以任何方式发展农业生产力……就与一种新的资本主义'蛀虫'合作,吮吸'农村公社'已经贫乏的血液"。③

马克思因此得出结论,俄国民粹主义者所设想的替代方案是可以实现的:"从理论上说,俄国'农村公社'可以通过发展它的基础即土地公有制和消灭它也包含着的私有制原则来保存自己;它能够成为现代社会所趋向的那种经济制度的直接出发点,不必自杀就可以获得新的生命;它能够不经历资本主义制度(这个制度单纯从它可能延续的时间来看,在社会生活中是微不足道的)而占有资本主义生产使人类丰富起来的那些成果。"④

然而,如果它要成为现实,这一假设必须"从纯理论回到俄国现实中来"⑤。为了这个目的,马克思试图确定农村公社的"进一步发展能力"⑥。就在那一刻,"在整个欧洲,它是唯一在一个巨大的帝国内的农村生活中尚占统治地位的组织形式。土地公有制赋予它以集体占有的自然基础,而它的历史环境,即它和资本主义生产同时存在,则为它提供了大规模组织起来进行合作劳动的现成的物质条件。因此,它可以不通过资本主义制度的卡夫丁峡谷,而占有资本主义制度所创造的一切积极的成果。它可以凭借使用机器而逐步以

---

① Marx, "Third Draft," 367; MEW, 19:403–404. 1861 年解放后,农民可以获得土地,但必须以进贡的形式支付补偿。

② Ibid.; ibid., 404.

③ Marx, "First Draft", MECW, 24: 355; MEW, 19: 393.

④ Ibid., 354; ibid., MEW, 19: 390—391.

⑤ Ibid; ibid., 391.

⑥ Marx, "Third Draft", MECW, 24: 368; MEW, 19: 404.

联合耕作代替小地块耕作，而俄国土地的天然地势又非常适合于使用机器。如果它在现在的形式下事先被置于正常条件之下，那它就能够成为现代社会所趋向的那种经济制度的直接出发点，不必自杀就可以获得新的生命。"[1]

马克思在这里撰写的内容与车尔尼雪夫斯基的观点非常相似。[2]这种选择是可能的，而且它肯定比"英国模式的农业资本化"更适合俄国的经济社会背景。[3]但只有"使集体劳动在农业本身中能够代替小地块劳动这个私人占有的根源，必须具备两样东西：在经济上有这种改造的需要，在物质上有实现这种改造的条件"[4]。俄国农村公社与欧洲的资本主义生产的同时存在为它提供了"集体劳动的一切条件"[5]。而农民对合作社[6]的熟悉有助于向"合作劳动"的实际过渡。[7]

至于公社之间的分离，这种分离有利于俄国的政治体制，这种分离可以"轻易消除"。[8]"有必要用一个由公社自己选举产生的农民大会来取代政府机构，[9]作为代表农民利益的经济和行政机构。"[10]

因此，政治意愿和有利的历史环境是农村公社生存和彻底转变的

① Ibid.; ibid., 405.

② Cf. Venturi, "Introduzione", in Venturi, *Il populismo russo. Herzen, Bakunin, Cernysevskij, vol. I* (Turin: Einaudi, 1972)，简而言之，马克思最终接受了车尔尼雪夫斯基的思想。这与瓦利基在《关于资本主义的争论》中的观点相似：马克思的推理与车尔尼雪夫斯基对土地公共所有权的哲学偏见的批判存在很大相似之处。如果民粹主义者能够读到给维·伊·查苏利奇信的初稿，"他们无疑会在其中看到他们希望的无价的、权威的理由"（同上，189）。

③ Marx, "First Draft", MECW, 24: 358; MEW, 19: 391.

④ Ibid., MECW, 24: 356; ibid., MEW, 19: 390—391.

⑤ Ibid.; ibid., MEW, 19: 392.

⑥ 合作社形式最初起源于鞑靼人，以血缘关系为基础，负责其成员对国家和第三方的集体责任。

⑦ Marx, "First Draft", MECW, 24: 356; MEW, 19: 389.

⑧ Ibid., MECW, 24: 353; ibid., MEW, 19: 390.

⑨ 沃洛斯特是俄罗斯帝国传统的行政区划。

⑩ Marx, "First Draft", MECW, 24: 353; MEW, 19: 390.

基本先决条件。换句话说，尽管资本主义发展带来了种种剧变，但像农村公社这样的古老社会形式的社会主义变革仍然是可能的："这里涉及的已经不是有待解决的问题，而简直是应给以打击的敌人。要挽救俄国公社，就必须有俄国革命。而且，政府和'社会新栋梁'正在尽一切可能准备把群众推入这一灾祸之中。如果革命在适当的时刻发生，如果它能把自己的一切力量集中起来以保证农村公社的自由发展，那么，农村公社就会很快地变为俄国社会新生的因素，变为优于其他还处在资本主义制度奴役下的国家的因素。"①

1882年，马克思又回到了相关主题的思考上。同年1月，在他与恩格斯合著的《共产党宣言》（俄文版第二版序言）中明确指出，俄国农村公社的命运与西欧无产阶级斗争的命运息息相关："我们看见，除了迅速盛行起来的资本主义狂热和刚开始发展的资产阶级土地所有制外，大半土地仍归农民公共占有。那么试问：俄国公社，这一固然已经大遭破坏的原始土地公共占有形式，是能够直接过渡到高级的共产主义的公共占有形式呢？或者相反，它还必须先经历西方的历史发展所经历的那个瓦解过程呢？对于这个问题，目前唯一可能的答复是：假如俄国革命将成为西方无产阶级革命的信号而双方互相补充的话，那么现今的俄国土地公有制便能成为共产主义发展的起点。"②

马克思在过去所表达的基本论点并没有改变，但现在他的观点与这些观点所揭示的历史背景和各种政治事件更加紧密地联系在一起。马克思和恩格斯的简短序言在《人民报》（*Narodnaya Volya*）上发表，同时还有一条十分得意的声明："编辑们特别高兴地在结束语

---

① Ibid., MECW, 24: 359—360; ibid., MEW, 19: 395.

② Marx and Engels, "Preface to the Second Russian Edition", MECW, 24: 426; MEW, 19: 296.

下划线"，他们认为，这证实了《人民报》的基本理论立场。①

马克思给维·伊·查苏利奇的复信写了很长时间，终于在 1881 年 3 月 8 日寄出。尽管他已经写了几篇很长的、很有争议的草稿，花了很多宝贵的时间和精力，他还是决定寄给她一篇最短的最终版本。他为自己没有提供她所要求的"合于发表的简短说明"的文本进行了解释，② 马克思还说，他已经承诺同民粹主义组织"人民意志"的圣彼得堡委员会就同一题目写一篇文章，但实际上他并没有这样做。③

不过，他的"寥寥几行"是为了"消除一切疑问"，即维·伊·查苏利奇可能"因误解所谓我的理论而产生的一切疑问"。④ 马克思让她参考了《资本论》法文版第一卷中关于"农业生产者征用"的引文——和他在给《祖国纪事》杂志编辑部的信中插入的引文一样——并强调他的分析"明确地限制在西欧各国的范围内"，这些国家看到了"一种私有制形式变为另一种私有制形式"。⑤ 相反，在俄国，"则是要把他们的公有制变为私有制"⑥。

马克思总结道："在《资本论》中所作的分析，既没有提供肯定俄国农村公社有生命力的论据，也没有提供否定农村公社有生命力的论据，但是，我根据自己找到的原始资料对此进行的专门研究使我深信：这种农村公社是俄国社会新生的支点；可是要使它能发挥这种作用，首先必须排除从各方面向它袭来的破坏性影响，然后保证它具备

---

① *Narodnaya Volya*, 5 February 1882, reprinted in Literatura partii Narodnoi Voli, (Paris: Société nouvelle de librairie et d'édition, 1905), 558.

② Karl Marx, "Letter to Vera Zasulich", MECW, 24: 370; "Marx an V.I. Sassulitsch", MEW, 19: 242.

③ 马克思指的是在 1879 年从"土地和自由社"（*Zemlya i volya*）中分离出来的秘密组织，该组织选择了"恐怖主义"的斗争方式。

④ Marx, "Letter to Vera Zasulich", MECW, 24: 370; MEW, 19: 242.

⑤ Ibid.; ibid., MEW, 19: 242—243.

⑥ Ibid., MECW, 24: 370—371; ibid., MEW, 19: 242—243.

自然发展的正常条件。"①

马克思的辩证立场并没有使自己宣称，一种以生产者的联系为基础的新经济体系，可以通过一系列既定的阶段来实现。同时，他否认资本主义生产方式的发展在世界任何地方都是历史的必然。② 在他寄给维·伊·查苏利奇的复信中，马克思的考虑比初稿更为简洁，他的语气也更加谨慎。这可能表明，他认为自己对这样一个复杂问题的处理仍然过于肤浅，一些理论上的不确定性继续困扰着他。他一开始说："最近十年来定期发作的神经痛妨碍了我，使我不能较早地答复您2月16日的来信……很遗憾，我却不能给您一个适合于发表的简短说明。"③ 实际情况是，4份草稿表明他在这件事上花了很多时间，却没有以令他满意的方式加以解决。④ 那些不同意马克思最终复信中观点的人试图把他的思想轻描淡写，认为这是一个老人的不重要的思考，认为马克思的理论能力已接近枯竭；⑤ 而赞同这些观点的人则把它们视为马克思的智慧证明，或许比他生前

① Ibid., MECW, 24: 371; ibid., MEW, 19: 243.

② 参见艾蒂安·巴利巴：《马克思哲学》（伦敦：Verso, 1995），108ff；丹尼尔·本赛德：《我们时代的马克思：一种批判的冒险和不幸》（伦敦：Verso，2002）第9—39页。

③ Karl Marx to Vera Zasulich, 8 March 1881, MECW, 46: 71; MEW, 35: 166.

④ 首先发现并发表了这封信的初稿的大卫·梁赞诺夫坚持认为，马克思并没有像他希望的那样回信给维·伊·查苏利奇，因为他的工作能力降低了：参见 Ryaza-nov, "The Discovery of the Drafts", in *Late Marx*, ed. Shanin, 129。这是马克西米利安·吕贝尔在 *Marx, critique du marxisme* (Paris: Payot, 2000) 中分享的观点，104。更有说服力的是文丘里的"导言"，in Venturi, *Il populismo russo*，他在给维·伊·查苏利奇的回信中"以最生动的方式表达了他对民粹主义核心问题的怀疑和犹豫"（ibid., XLI）。Pierpaolo Poggio, *L'Obščina*，认为马克思不愿"在一个政治和理论影响如此巨大的问题上陈述一个强有力的立场"（ibid., 157）。瓦利基在《关于资本主义的争议》中正确地指出，尽管"农民公社作为俄国社会复兴的主要动力的可能角色，毫无疑问，被奇怪地夸大了"草案中包含了"许多深刻的见解，这些见解削弱了当时用合法的'自然'过程来解释社会变化的方法"。（ibid., 194）

⑤ 维·伊·查苏利奇和普列汉诺夫因为明显的政治原因甚至隐藏了马克思的书信。这些书信直到1924年才出版，那是在它写完40多年后。

完成并出版的著作更有价值。但事实是，对维·伊·查苏利奇的复信与马克思惯常的工作方式是一致的。在阐述他的理论的过程中，他通常花费很长时间进行广泛的研究，先形成假设，然后总是自我批评和进一步怀疑其结论的有效性。他再提出新的假设，这些假设也需要进一步研究并提出新的质疑。马克思生命的最后时光里的思考也遵循着这一模式。因此，我们不应轻率地认为马克思晚年思想的价值较低而予以轻视，也不应把这一时期的观点视为马克思在这些问题上思想的终点。这些观点有利于帮助我们理解马克思得出的一个关键结论：关于历史进程的假设不应建立在抽象规律之上，而应始终与现有环境的多样性相适应。

马克思对农村公社的未来进行了密集的讨论，这与发展社会主义的生产力的"固定等式"是截然不同的。这是一种带有民族主义色彩和对殖民主义表示同情的概念，在第二国际和社会民主党派中占有一席之地。它们也与 20 世纪国际共产主义运动中占主导地位的所谓的社会分析的"科学方法"大相径庭。

恩格斯对历史进程的判断也是极为谨慎的。在他晚年的许多著作和书信中，他采取了与 1893 年写给尼古拉·丹尼尔逊的信中所表达的观点相似的立场："由一个新的资产阶级土地占有者阶级代替大约 50 万地主和大约 8000 万农民的过程，只能通过可怕的痛苦和动荡来实现。"他补充道："历史可以说是所有女神中最残酷的一个，她不仅在战争中，而且在'和平的'经济发展过程中，都驾着凯旋车在堆积如山的尸体上驰骋。而不幸的是，我们人类却如此愚蠢，如果不是在几乎无法忍受的痛苦逼迫之下，怎么也不能鼓起勇气去实现真正的进步。"[①] 马克思的困惑被一种信念所取代：即使在俄国这样的国家，资

---

① Friedrich Engels to Nikolai Danielson, 24 February 1893, MECW, 50: 112; MEW, 39: 38.

本主义也是经济发展的一个不可避免的阶段。①

四、对民粹主义运动的评价

在这一时期，马克思也借此机会对俄国的各种革命倾向发表了自己的看法。关于民粹主义运动，他赞赏他们政治活动脚踏实地的特点，也赞赏他们在传播其思想时，没有诉诸无意义的极端革命的兴盛或适得其反的普遍化。

在 1870 年出现的第一次俄国革命运动是"土地与自由社 (Zemlya i Volya)"。这一组织认为，即使在资产阶级社会没有发生重大发展的地方，社会主义也是可以实现的。② 这一组织在 1879 年分裂成两股势力，其中少数人支持的是"黑土平分社"（Chernyi Peredel），他们排除了仅凭政治领域的革命就能给经济关系带来根本改变的想法。"黑土平分社"的名字来源于在农民中分配土地的提议（形容词 chernyi 有通俗或平民的含义）。在其主要领导人中有维·伊·查苏利奇和乔治·普列汉诺夫（Georgi Dlekhanov1856—1918），他们是俄国最早的"马克思主义者"，他们朝着渐进主义的愿景迈进，并最终接受了这样的观点：在没有立即发生革命的情况下，唯一的前进道路是集中所有的精力组织起来，同时等待资本主义的进一步发展。③

---

① 文丘里在《民粹主义》中的"序言"写道，"随着 19 世纪晚期工业化的大爆发，马克思的疑虑似乎暂时消失了，而资产阶级在发展的远景中开始显示自己"（同上，XLIV）。

② 文丘里在《革命的根源》一书中指出，"土地与自由社"的观点与马克思关于工人阶级的观点并不一致，尽管他们承认马克思对资本主义社会发展的研究的大体轮廓。他们也不相信当资本主义发展达到它的终点时就会出现的社会主义（同上，622）。

③ 文丘里：《革命的根源》，第 661—662 页。《普列汉诺夫思想中俄罗斯资本主义的发展》，吉安贾科莫·费尔特里内利研究所编，当代马克思主义历史（米兰：费尔特里内利，1974）。

从"土地与自由社"分离出来的大多数继承者自称为"民意党",
(*Narodnaya Volya*)他们有着更为明确的立场。① 在一篇名为"政
治革命与经济问题"(1881)的文章中,作者 A. 多罗申科,即尼古
拉·基巴尔奇克(Nikolai Kibalchich, 1853—1881)的笔名,在文章
中声称,"没有经济领域的一些历史准备,自由政治机构无法得以维
持"②。他们在革命问题上的立场也同样灵活:看来革命的第一个信号
将来自城镇,而不是村庄。而一旦在城市取得成功,就会为千百万饥
饿的农民举起反抗的旗帜。③ 简而言之,"民意党"的革命者认为当
时的俄国有可能发生重大的社会剧变,但是需要抓住出现在他们面前
的机会。《民意党》杂志在第二期提出了纲领性的观点,如果革命者
知道如何"利用这一时刻,他们将能够把权力移交给人民,并阻止沙
皇将其交给资产阶级。没有时间可浪费了。机不可失,时不再来;这
就是我们的困境"。④ 因此,马克思密切关注俄国发展的原因之一就
是与历史进程中主客观因素的权重问题有关(这是他之后的革命者的
根本问题)。

在 1880 年末,马克思在给弗·阿·左尔格的一封信中,提出他
对俄国社会主义组织的判断表明他不受与其成员个人感情的影响,更
不受宣称对自己理论忠诚的影响。他描述的较为积极的势力如下:
"我们一方面有批评家(大多数是年轻的大学教授,其中有些是我的
朋友,还有一部分是评论家),另一方面有恐怖主义分子的中央委员
会",马克思对左尔格说,后者的实用主义性格激怒了前者,他对后

① 革命者薇拉·妃格念尔(Vera Figner, 1852—1942)声称,旧的"土地与自由"
　组织的名称是在其灰烬中产生的两个运动之间分配的:黑土平分社采用了"土
　地"的理念和人民意志则是采纳了"自由的理念",在俄语中,volya 这个词可
　以同时指意志和自由。参见瓦利基,《关于资本主义的争论》,第 103 页。

② Cit. in Venturi, *Roots of Revolution*, 679.

③ Ibid., 681.

④ Ibid., 671.

者的态度是赞许的，也就是"黑土平分社"的激进分子。对于这些大多数的自愿流亡分子，他评论说："和冒生命危险的恐怖主义分子相反，组成了所谓的宣传派（为了在俄国进行宣传，他们跑到日内瓦去了！多么荒谬！）。这些先生们反对一切政治革命行动。俄国应当一个筋斗就翻进无政府主义、共产主义、无神论的千年王国中去！他们现在就用令人讨厌的学理主义为翻这种筋斗作准备，而这种学理主义的所谓原则，是由已故的巴枯宁首创而流行起来的。"①

在 1881 年 4 月给女儿燕妮的信中，马克思再次痛斥在瑞士避难的俄国知识分子的态度："事实上他们只不过是一些空谈家、糊涂的无政府社会主义者，他们在俄国'战争舞台'上的影响完全等于零。"② 至于对圣彼得堡谋杀事件组织者的审判，马克思赞同他们的政治立场和宣传方法："这真是一些能干的人，他们没有戏剧式的装腔作势，而是一些普通的、实干的英雄人物。空谈和实干是不可调和的对立面。彼得堡执行委员会③ 如此努力活动，而发表的宣言却非常'克制'。它的做法与莫斯特和其他一些孩子般的空谈家的幼稚做法截然不同，后者把刺杀帝王当作一种'理论'和'法宝'加以鼓吹（像迪斯累里、萨维奇·兰多尔、马考莱、马志尼的朋友斯坦斯菲尔德这样一些非常天真的英国人就是这样做的）；相反地，前者力图使欧洲相信，他们的行动方式是俄国独特的、历史上不可避免的行动方式，对此不应多作道德说教——赞成或是反对，就像对待希沃斯

① Ibid., MECW, 46: 45—46; ibid., MEW, 34: 474.
② Karl Marx to Jenny Longuet, 11 April 1881, MECW, 46: 83; MEW, 35: 179.
③ 关于马克思对俄罗斯民粹主义的同情，参见尼古拉·莫洛佐夫（Nokolai Moro-zov，1854—1946）的陈述，他回忆起 1880 年 12 月的一次谈话，当时马克思说他对人民的意志很感兴趣，"反对专制的斗争在他看来……就像是童话故事，一个幻想小说的故事"，尼古拉·莫洛佐夫：《马克思恩格斯回忆录》，马克思列宁主义研究所编（莫斯科，外语出版社 1957 年版），第 302 页。（此注释在马克思的原文中就存在，不是原作者所添加——译者注）

的地震一样。"①

因此，马克思关于在俄国有可能实行社会主义的观点，并不仅仅是基于当时的经济形势。1881 年，他与俄国民粹主义者的接触——就像 10 年前与巴黎公社的接触一样——帮助他形成了一种新的信念：他在考虑革命事件的突发性和形成这些事件的主观力量，以及在历史进程中生产方式的承继方面，变得更加灵活了。②

马克思晚年时提出的更为明显的多线性发展概念，使他更加关注不同国家和社会背景下政治经济发展的历史特殊性和不平衡性，这种做法无疑增加了他在《资本论》第二卷和第三卷完成过程中本已艰难的探索道路上所面临的困难。

但是马克思并没有改变他在《政治经济学批判大纲》中描绘的共产主义社会的愿景，也没有陷入抽象的乌托邦主义。③ 在对过去的图式和以他的名义产生的新教条的怀疑和敌视的引导下，他认为革命有可能以他从来没有考虑过的条件和形式爆发。未来掌握在工人阶级手中，并取决于其造成深刻社会动荡的组织和斗争能力。

---

① Karl Marx to Jenny Longuet, 11 April 1881, MECW, 46: 83; MEW, 35: 179.

② In *Le repliche della storia*. 法国政治评论家布鲁诺·邦乔瓦尼认为，"我们不应该低估国际政治的视野在马克思的知识轨迹中与俄国的关系"。马克思的著作"让我们推断他设想以下的事件序列："战争对俄罗斯，俄罗斯军事失败，俄国革命（不是社会主义但雅各宾派的），没有（临时或永久?）的反动的宪兵欧洲，欧洲的社会主义改造……返回俄罗斯的革命，然后——但只有公社的可能性可用于过渡到社会主义"，（同上，201—202）。然而，在马克思后期的反思中，邦乔瓦尼所定义的"革命发展的机制"变得越来越弱。革命不受环境的约束，不会从欧洲开始，直到"第二轮"才到达俄国（同上，212）。

③ 尽管拜乔瓦尼过分强调了"不可逆转"这一词语，但他正确地指出，"在最终的分析中，如果没有'社会'的不可逆转的解放存在，'共同体'就不可能奇迹般地转变为社会主义"（同上，189）。

第三章　马克思晚年的艰辛探索

一、《资本论》在欧洲的早期传播

1881 年，卡尔·马克思尚未成为 20 世纪国际工人运动的杰出领导人物。在 19 世纪 40 年代，受他作品影响的政治领袖和知识分子的数量相当有限；国际警察和政治对手所称的"马克思主义政党"① 实际上只由少数激进分子组成。然而在接下来的 10 年里，情况并没有多大的变化，1848 年革命失败后，只有少数逃亡者（他们大部分在英国），可以被视为"马克思主义者"。②

国际工人协会的发展和巴黎公社在欧洲范围内的影响改变了这一情况，马克思的著作得到合理的传播。《资本论》开始在德国（1873 年出版了新版）、俄国（1872 年翻译）和法国（1872 年至 1875 年分批出版）传播。然而，即便是在这些国家，马克思的思想也不得不通常以处于少数派的地位与同时代其他社会主义者的思想竞争。

德国社会民主工党与全德工人联合会在哥达大会上合并成德国社会主义工人党，这与马克思是联系在一起的，它是德国第一个接

---

① 这个表达在 1846 年首次被用于指马克思和德国共产主义者威廉·魏特林（Wilhelm Weitling，1808—1871）之间的分裂，这句话被用于 1852 年科隆共产党人审判案中。Cf. Maximilien Rubel, *Marx Critique du Marisme*（Paris: Payot, 1974），26.

② 这个词第一次出现是在 1854 年。参见 George Haupt, *Aspects of Indematime Socialism, 1871-1914*（Cambridge: Cambrideg Press, 1986），2。

受马克思主义而建立的政治组织。由费迪南·拉萨尔（Ferdinand Lassalle，1825—1864）创立的全德工人联合会在 1875 年采取了一项带有更多拉萨尔色彩的计划。在法国，就像在比利时一样，皮埃尔—约瑟夫·蒲鲁东（Pierre—Joseph Proudhon, 1809—1865）的理论在工人阶级中更具影响力，而受马克思启发的群体，无论是在数量上还是在政治主动性上，都不比那些以奥古斯特·布朗基（Auguste Blanqui, 1805—1881）为榜样的群体更具影响力。在俄国，一个独特的复杂性是，马克思对资本主义生产方式的批判是在一个与西欧资本主义发展模式相去甚远的落后的社会、经济和政治背景下进行解读和阐释的。另一方面，马克思在英国仍然默默无闻，[①] 他的著作在意大利、西班牙和瑞士也很难找到读者，而这些地方在 19 世纪 70 年代，米哈伊尔·巴枯宁（Mikhail Bakunin，1841—1876）的影响力更大。在大西洋的彼岸，确实很少有人听说过马克思，其中的重要原因是从《资本论》开始就一直存在着的作品的不完整性。1881 年，当卡尔·考茨基询问马克思出版其作品集的时机是否到来时，马克思讽刺地回答说："首先，这些作品需要先被写出来。"[②]

尽管马克思在世时，他的思想并没有在世界范围内被广泛接受，但在他生命的最后几年里，在欧洲的许多地方，人们对他的理论，特别是他的著作，产生了越来越大的兴趣。恩格斯在 1881 年末写给爱德华·伯恩施坦的信中说，"这就是他们对马克思的共同嫉妒"。例如，在法国社会主义工人党联盟的内部生活中，存在着两股主要势力

---

① 亨利·海德门（Henry Hyndman）后来评论道："在 1880 年，马克思的思想并不为英国公众所知，除了他是一个危险甚至绝望的革命倡导者，根据他的思想组建的国际组织是造成恐怖的原因之一。在巴黎，所有正派体面的人都为之战栗，一想到它就毛骨悚然。"Henry Hyndman, *The Recold of an Adventurous life*（New York: Macmillan, 1911），249-250.

② Karl Kautsky, in *Friedrich Engels' Briefwechsel mit Karl Kautsky,* ed. Benedict Kautsky (Vienna: Danubia Verlag, 1955)，32.

之间的冲突：一股是由前无政府主义者保罗·布鲁斯（Paul Brousse, 1844—1912）领导的"机会主义者"，另一股是由茹尔·盖得（Jules Guesde, 1845—1922）领导的更接近马克思思想的势力。在不可避免的分裂之前，法国出现了两个新政党：改革派的法国社会主义工人党联盟和第一个"马克思主义"政党——法国工人党，这两个对立的政党陷入了激烈的意识形态之争。马克思最终被卷入其中，1880年6月，他与茹尔·盖得和保尔·拉法格一起，撰写了《法国工人党纲领导言》，这是法国左派的政治纲领。

在这种氛围下，布鲁斯和巴黎公社社员、社会主义作家贝努瓦·马隆不择手段地诋毁马克思的理论。恩格斯在评论他们尖锐的争论时，特别指责了马隆，他说，马隆"力图为马克思的发现另找一些始祖（拉萨尔，谢夫莱，甚至德·巴普！）"。他还斥责了《无产者报》的编辑，这些编辑曾指责盖得和拉法格是马克思的"喉舌"，并且"想把法国工人卖给俾斯麦"。① 恩格斯把马隆和布鲁斯的敌意解读为沙文主义的表现："许多法国社会主义者一想到以法兰西思想造福世界的、拥有思想垄断权的民族，文明中心的巴黎，现在忽然要接受德国人马克思现成的社会主义思想，就觉得非常可怕。但是，实际情况就是这样，况且马克思，他的天才、他的几乎可以说对科学过分认真的态度、他渊博得出奇的学问，都大大超过我们大家，谁硬要批评他的发现，谁就只会自讨苦吃。为此需要一个更进步的时代。"②

恩格斯无法理解"怎么能妒忌天才"，他继续写道："可是，最使那些微不足道而又自命不凡的满腹牢骚的小人恼火的是：马克思由于在理论上和实践上的成就已经赢得了这样的地位，各国工人运动的最优秀的人物都充分信任他。"在紧要关头，他们往往会向马克思请教，

---

① Friedrich Engels to Eduard Bernstein, 25 October 1881, MECW, 46: 146; MEW, 35: 230.

② Ibid.; Ibid., MEW, 35: 229-230.

而这时他们通常发现马克思的建议是最好的。马克思在德国、法国和俄国都占据了这个位置，更不用说那些较小的国家了。因此，并不是马克思将他的观点，更不用说他的意志强加于这些人；相反，这些人是自愿来找他请教的。马克思的特殊影响正是建立在这一点上，这对工人运动产生了极为重要的影响。① 与布鲁斯和他的追随者所坚持的相反，马克思对他们并没有特别的敌意。恩格斯明确指出，"马克思以及我，对其他国家的运动所持的态度同对法国人的态度是一样的"，这些民族运动"我们总是同他们保持接触，只要是值得的，机会总会出现"。总之，恩格斯强调，"违反别人的意志去影响别人的任何企图，都只会对我们有害，只会毁灭在国际时代取得的原有的信任"。②

除了盖得和拉法格之外，其他一些法国激进分子也与马克思取得了联系。1881 年初，他告知他的女婿沙尔·龙格，社会主义激进分子和宣传人员爱·福尔坦（Édouard Fortin，1854—1947）联系过他。马克思写道："他给我写了几封信，对我用'我亲爱的老师'这个称呼。他的要求很'低'。他在研究《资本论》，提出要每月写摘要，并逐月惠寄给我；而我则应每月修改它，向他解释他所理解错了的地方。等他不慌不忙地写出最后一个月的提要，并且经我修改退还给他，他就会得到一份可以付印的手稿，这份手稿，按他的说法，'将以万丈光芒普照法兰西'。"③ 由于马克思忙于更重要的事情，他不得不告诉福尔坦，他不能答应他的建议。④ 但后来福尔坦把《路易·波拿巴的雾月十八日》译成法语，并于 1891 年出版，这一切都为马克思思想的传播带来了好处。

一本很受欢迎的关于《资本论》的《纲要》读本于 1881 年在

① Ibid., MECW, 46: 149; ibid., MEW, 35: 232—233.

② Ibid., MECW, 46: 149—150; ibid., MEW, 35: 233.

③ Karl Marx to Charles Longuet, 4 January 1881, MECW, 46: 55; MEW, 35: 148.

④ Ibid.; ibid.

荷兰出版，① 这是继 1873 年约翰·莫斯特（Johann Most，1846—1906）② 和 1879 年卡洛·卡菲罗（Carlo Cafiero，1846—1892）③ 撰写马克思著作《纲要》后的第三本著作。其发起人费迪南·多梅拉·纽文胡斯在其后面附文："作者将这部作品献给卡尔·马克思，他是一位敏锐的思想家和为工人权利而战的高尚战士，这是对他最崇高敬意的象征。"④ 他表达了对马克思著作的赞赏，《资本论》开始在许多欧洲国家传播。

1881 年 2 月，马克思着眼于《资本论》第二版的出版，他对纽文胡斯说，他认为自己写得不错，并打算给书稿提出修改意见："我认为必须修改的地方都是一些细节；主要的东西，问题的实质，已经讲清楚了。"⑤ 在同一封信中，马克思提到了荷兰自由主义记者阿·凯迪伊克（Arnoldus kerdijk，1846—1905）为自己写的传记，该书于 1879 年出现在名为《当代伟人传》[Mannen van beteekenis] 的系列丛书中。该书的出版商尼古拉斯·巴塞姆（Nicolas Balsem，1835—1884）此前曾与马克思接触，以获取有关马克思生平的资料。巴塞姆明确表示，尽管他不赞同马克思的观点，但他认识到这些观点的重要性。马克思"习惯性地拒绝这样的请求"，后来他读到这篇文章，发现自己被指责为"故意引用错误"，这让他很生气。他写信给纽文胡斯："一家荷兰杂志愿意向我提供篇幅来驳斥那个'学校视察员'，不

---

① Ferdinand Domela Nieuwenhuis, *Kapitaal en Arbeid* (The Hague: n.p., 1881).

② Johann Most, *Kapital und Arbeit. Ein populärer Auszug aus 'Das Kapital' von Marx,* Chemnitz 1873, MEGA2, II/8: 735—800.

③ Carlo Cafiero, *Il Capitale di Carlo Marx brevemente compendiato da Carlo Cafiero. Libro Primo: Sviluppo della Produzione Capitalistica* (Milan: E. Bignami e C., 1879).

④ Ibid., 3.

⑤ Karl Marx to Ferdinand Domela Nieuwenhuis, 22 February 1881, MECW, 46: 65; MEW, 35: 159.

过按照原则，我对这种臭虫的叮咬根本置之不理。就是在伦敦的时候对这种文坛上的谎言我也从来是不屑一顾的。要是采取相反的态度，那我就不得不花费我的大部分时间从加利福尼亚起到莫斯科到处辟谣。在比较年轻的时候，我有时给以迎头痛击，随着年龄而增长的智慧，使人避免徒劳无益地浪费精力。"①

马克思几年前就得出了这一结论。在 1879 年 1 月 5 日发表在《芝加哥论坛报》上的一次采访稿中，他打趣地说："如果我要否认所有关于我的言论和文字，我需要 20 个秘书。"②恩格斯完全同意这种观点。在马克思给纽文胡斯写信之前不久，他给考茨基写了一封信，其中他提到了德国经济学家阿尔伯特·谢夫莱（Albert Schaffle, 1831—1903）和其他"空想的社会主义者"（Kathedersozialisten）③对马克思著作的众多不准确解读和误解："比如说，哪怕是仅仅反驳一个谢夫莱在他的许多厚书中所写的那一大堆荒谬已极的胡言乱语，我看这简直是浪费时间。光是修改这些先生们加上引号从《资本论》中摘引的错误引文，大概就可以凑成一大本书。"④

马克思斩钉截铁地总结道："他们应该先学会阅读和复述，然后再要求别人回答他们的问题。"⑤

除了误解以及有关于政治排斥的企图，马克思的著作还遭受到真正的破坏行为。在阅读了丹尼尔逊的《我国改革后的社会经济概论》（1880）一文后，马克思发现，这篇文章"的确是极富于'独创性的'"，在 2 月份写给丹尼尔逊的信中，马克思指出："这是墨守成规的人一

---

① Ibid., MECW, 46: 66; ibid., MEW, 35: 160.

② "卡尔·马克思与《芝加哥论坛报》通讯员采访记录"，《芝加哥论坛报》1879 年 1 月 5 日，MECW, 24: 577; "Interview mit dem Grundleger des modernen Sozialismus Besondere Korrespondenz der *Tribüne*"，MEW, 34: 515。

③ Friedrich Engels to Karl Kautsky, 1 February 1881, MECW, 46: 56; MEW, 35: 150.

④ Ibid., MECW, 46: 57; ibid., MEW, 35: 150.

⑤ Ibid.; ibid.

碰到困惑不解的事物时所使用的唯一的自卫武器。我在德国已经受了多年的'抵制'，而在英国现在仍然在受到抵制，稍有不同的是，在这里人们对我的攻击往往是这样荒谬和愚蠢，以致要是作公开回答都会使我感到难为情。"①

然而，在德国，马克思的这部代表作的销量一直在攀升，1881年10月，随着《资本论》第二版的停止印刷，出版商奥托·迈斯纳（Otto Meissner，1819—1902）要求马克思对其进行一些修改或补充，为第三版做准备。两个月后，马克思向他的朋友弗里德里希·左尔格承认，这是"一个绝对不合时宜的时刻"②。前不久，他在给女儿燕妮的信中说："只要觉得自己又有能力了，就想把所有的时间都用在完成第二卷上。"③他对丹尼尔逊说了同样的话，"我想尽快完成第二卷"，并补充道："我会和编辑商量，对第三版只作尽可能少的修改和完善，但是，从另一方面来说，这次他必须只印1000份，而不是像他所希望的那样印3000份。如果这些都销售了，在不同的情况下，我可能会用我目前应该做的方式来修改这本书。"④

马克思的思想开始在这个他自1849年以来就居住的国家传播，尽管比其他地方传播得慢。1881年6月，亨利·迈尔斯·海德门出版了《大家的英国》一书，阐述了马克思对民主联邦的设想和指导原则。书中的两章——标题为"劳动"和"资本"——是根据《资本论》的翻译或某些情况下的释义拼凑而成的。然而，这本书的作者——自1880年末以来，一直是梅特兰公园路25号的常客，⑤并致力于对马

① Karl Marx to Nikolai Danielson, 19 February 1881, MECW, 46: 61; MEW, 35: 155.

② Karl Marx to Friedrich Sorge, 15 December 1881, MECW, 46: 161; MEW, 35: 247.

③ Karl Marx to Jenny Longuet, 7 December 1881, MECW, 46: 158; MEW, 35: 243.

④ Karl Marx to Nikolai Danielson, 13 December 1881, MECW, 46: 161; MEW, 35: 246.

⑤ 在他们关系破裂前后，马克思的书信中有几处提到亨利·迈尔斯·海德门，这表明他一直对海德门持批判态度。1881年4月11日，马克思写信给燕妮·龙格："前天（……）海德门和夫人突然来到我们这里，他俩爱好久坐。我喜欢她

克思理论的总结，他在《大家的英国》一书中却没有提到《资本论》，
甚至连马克思的名字也没有提到。他只是说："对于第二章和第三章
中所包含的思想和大部分内容，我感谢一位伟大的思想家和富有
创见的作家的著作，我相信他的作品很快就会为我的大多数同胞所
了解。"①

　　马克思是在海德门的小册子出版后才知道的。他又恼又惊，因为
撇开别的不说，从《资本论》中提取出来的内容，"如引语和其他部
分之间没有任何标记，其中很多不准确，甚至隐含着误解"②。于是他
在7月初写信给海德门："老实说，当我发现您在伦敦逗留期间对您
当时已经酝酿好并已实现的计划——把遭到《十九世纪》拒绝的文章
经过某些修改，作为《大家的英国》的第二、三章，即您对联盟纲领
的说明加以发表——如此严守秘密时，我是感到有些吃惊的。"③在12

那种思考和言谈的爽快、毫无拘束而又果敢的风度，然而可笑的是，她以某种
景慕的心情目不转睛地望着自己的扬扬自得、喋喋不休的丈夫的一张嘴！"——
引自卡尔·马克思致燕妮·龙格（1881年4月11日），MECW, 46: 82; MEW,
35: 178。在马克思给海德门写了"断交信"的几个月后，马克思评论道："这个
家伙好几个晚上来我这里剽窃，想捞取和用最省力的办法学到点东西。"——引
自卡尔·马克思致弗里德里希·左尔格（1881年12月15日），MECW, 46: 163;
MEW, 35: 248。

① Henry Hyndman, *England for All* (New York: Barnes & Noble, 1974), XXXVIII; 部
分在 Karl Marx to Friedrich Sorge, 15 December 1881, MECW, 46: 163; MEW, 35:
248。

② 卡尔·马克思写给亨利·迈尔斯·海德门，1881年7月2日，MECW, 46: 103;
MEW, 35: 203。这是马克思保存在他档案中的那封信的草稿。海德门说："在和
马克思断绝关系时期，他很不幸地销毁了大部分与马克思往来的信件。"参见
海德门：《冒险生活》，259—260。1881年7月2日，从马克思的夫人燕妮从伊
斯特勒恩给女儿劳拉·拉法格的信中可以看出马克思的不满之情："海德门在星
期六应该收到了这封信，他不会吹嘘那封信的。那封信尽管非常尖锐，却写得
十分幽默，几乎察觉不出什么尖辣刻薄之处。我想，摩尔一定很满意自己的作
品。"——引自伊冯娜·卡普，《爱琳娜·马克思：家庭生活（1855—1883）》（伦
敦：Virago, 1979），1: 211。

③ Karl Marx to Henry Hyndman, 2 July 1881, MECW, 46: 102; MEW, 35: 202.

月，马克思给弗里德里希·左尔格的信中再次提到了这件事："这个家伙写了一些荒唐的辩白信给我本人，例如说什么'英国人不喜欢外国人教训他们'，'我的名字非常令人憎恨，等等'。尽管如此……这个人是一个'脆弱的'的生灵，他甚至没有足够的耐心（而要想学点东西，这是首要条件）去踏实地研究问题。"①

在他们的关系破裂后，马克思把海德门标注为"可爱的中产阶级作家——如果不说是专家的话——都满怀着一种非满足不可的愿望：立即利用顺风传到他们耳朵里的任何新思想来捞取金钱，或者捞取名誉，或者捞取政治资本。"②马克思的言辞激烈，当然不是因为他没有得到应有的声誉而感到失望。因为他坚持认为，"对于您从《资本论》中借用来的那类新的科学发现，党的纲领也是个不合适的地方；把这些新发现放在一个明确宣布的目的与这些新发现毫无共同之处的纲领的说明中，是完全不妥当的。把它们写进为建立一个独立自主的工人阶级政党的纲领的说明中，也许有某种意义。"③

除了亨利·迈尔斯·海德门缺乏礼貌之外，马克思愤怒的主要原因是他认为《资本论》不应该被用于一项政治计划，《资本论》的思想显然与海德门的观点相抵触。④马克思和海德门所持观点迥然不同。

---

① Karl Marx to Friedrich Sorge, 15 December 1881, MECW, 46: 163; MEW, 35: 248.

② 同上。随后，海德门致信给恩格斯，恩格斯回信说道："我将很高兴地同您个人结识，只要您和我的朋友马克思搞好关系的话。"——引自弗里德里希·恩格斯致亨利·迈尔斯·海德门，1882年3月31日，MECW, 46: 228; MEW, 35: 297。此后马克思评论道："你的回信惹恼了他，这是他应得的。尤其是他对我如此无礼，他以为我会出于'宣传的考虑'，在公共场合妥协。"Karl Marx to Friedrich Engels, 8 April 1882, MECW, 46: 234; MEW, 35: 54。

③ Karl Marx to Henry Hyndman, 2 July 1881, MECW, 46: 103; MEW, 35: 203.

④ 参见 Emile Bottigelli, "La rupture Marx-Hyndman", *Annali dell'Istituto Giangiacomo Feltrinelli III* (Milan: Feltrinelli, 1961)："造成这种破坏的原因不仅是个人原因，也与一位受挫作家的野心有关……这是马克思向民主联邦和它的主要创始人之一宣布他与这个倡议无关的理论立场。"（同上，625）

海德门完全不赞成通过革命行动来征服权力的观点。他的立场是，变革只能通过和平、渐进的方式来实现，这逐渐成为英国改革主义的特点。1880 年 2 月，他告诉马克思"每个英国人应有的目标是实现即将到来的政治和社会的动员，而不是引起带有动乱危险的冲突"[1]。

相反，马克思反对任何先入之见，他在 1880 年末就海德门认为一场英国革命没有必要的言论回应说，根据历史的先例，革命的发生是可能的。无产阶级的壮大使得社会问题的"演变"变得"不可避免"："如果必不可免的进化转变为革命，那么这就不仅仅是统治阶级的过错，而且也是工人阶级的过错。前者的每一个和平的让步都是由于'外来的压力'而被迫作出的。他们的行动是随着这种压力而来的，如果说这种压力越来越削弱，那只是因为英国工人阶级不知道如何利用法律给予它的力量和自由。"[2]

马克思将这一判断与德国的事件进行了比较。在德国，"工人阶级从工人运动一开始起就清楚地懂得，不经过革命，就不可能摆脱军事专制制度。同时，德国的工人也懂得，这样的革命，不预先进行组织、不掌握知识、不进行宣传和'字迹不清'，即使开始时是顺利的，但归根到底总会反过来反对他们。因此他们是在严格的法制范围内进行活动的。非法行为完全来自政府方面，它宣布工人为非法。构成工人的罪状的不是行动，而是不合他们的统治者心意的观点"[3]。

这些考虑进一步证明，对马克思来说，革命不仅仅是迅速地推翻

---

① 亨利·迈尔斯·海德门致卡尔·马克思，1880 年 2 月 25 日，阿姆斯特丹，《马克思恩格斯论文集》，第 261、262 卷。亨利·迈尔斯·海德门的大部分信件从未被公开；《楚志月》、H.M. 亨利·迈尔斯·海德门和《英国社会主义》（牛津大学出版社 1961 年版）引用了其中一些内容，包括第 34 页提到的"现在"。

② Karl Marx to Henry Hyndman, 8 December 1880, MECW, 46: 49; MEW, 34: 482.

③ Ibid.; ibid., MEW, 34: 482—483.

现有制度，也是一个漫长而复杂的过程。①

马克思的思想虽然引发了激烈的争议，但它实际上在英国的影响才刚刚开始。因此，在 1881 年底，马克思在给左尔格的一封信中说，英国人最近开始对《资本论》有了更多的关注。同年 10 月，《当代评论》发表了一篇文章，题为"卡尔·马克思的社会主义和青年黑格尔派"，② 马克思认为这篇文章"非常不充分而且充满错误"，但也表明了一种新的兴趣。他还讽刺说，这篇文章很"公正"，因为它的作者约翰·雷伊（John Rae, 1845—1915）"没有断言，我四十年来宣传有害的理论，是出于'坏'的动机。'我必须称赞他的宽宏大量！'"。然而，马克思对所有这类出版物的观点进行了简短的总结："至少要对自己所批评的东西有足够了解的这样一种'公正'，看来是具有不列颠庸俗习气的下流文人所根本不懂的东西。"③

另一家英国杂志《现代思想》对马克思给予了较为尊重的评价，并打算承认他著作的科学性。记者兼律师欧内斯特·贝尔福特·巴克斯（Ernest Belfort Bax, 1854—1926）的一篇文章将《资本论》定义为"体现了经济理论的发展，其革命性和广泛的重要程度可与天文学中的哥白尼体系或一般力学中的万有引力定律相媲美"。巴克斯希望《资本论》能很快被翻译成英文，他不仅坚持认为《资本论》是"本世纪

---

① 参见蒙特斯图亚特·埃尔芬斯通·格兰特—达夫（1829—1906）关于 1879 年初与马克思会面的报告。这位英国贵族问了一个发人深思的问题："'好吧，'我说，'假设你的革命已经发生了，你有了共和制的政府——要实现你自己和你们朋友的特殊想法，还有很长的路要走。''毫无疑问，'他回答，'但是一切伟大的运动都是缓慢发生的。这仅仅是迈向美好的一步，就像你们 1688 年的革命一样——仅仅是革命道路上的一个阶段。'"蒙特斯图亚特·埃尔芬斯通·格兰特—达夫爵士记同卡尔·马克思的会见：一封给维多利亚公主的信，MECW, 24: 580。

② John Rae, "The Socialism of Karl Marx and the Young Hegelians", *The Contemporary Review* XL（July—December 1881）: 587—607.

③ Karl Marx to Friedrich Sorge, 15 December 1881, MECW, 46: 162; MEW, 35: 247—248.

最重要的著作之一"，还赞扬了马克思的文风，并将马克思《资本论》在其"魅力和激情"，"幽默"和"最抽象原则易于理解的表达"等方面与亚瑟·叔本华（Arthal Schopenhauer，1788—1860）相提并论。①

马克思很高兴"第一次在英国出版这样的刊物，弥漫着对新思想本身的真正热情，勇敢地站起来反对英国的庸俗主义"。他指出，"在对我经济学原理的阐述和他的译文（即引自《资本论》）中，有很多错误和困惑"。但他赞扬了作者的努力，并为这篇文章的刊发而感到振奋："这篇文章在伦敦西区的墙上用大字体张贴出来，引起了巨大轰动。"②

到了 19 世纪 70 年代，马克思思想的广泛传播就已引人注目，因此在新的 10 年开始时仍在继续。然而，现在，这些思想不仅在一小部分追随者和政治活动家中传播，而且开始拥有更广泛的受众。人们对马克思的兴趣不仅限于他的政治著作——例如《共产党宣言》和国际工人协会的决议——还扩展到他的主要理论贡献：政治经济学批判。《资本论》中的理论开始在许多欧洲国家被讨论和欣赏，仅仅几年后，恩格斯就毫不犹豫地把他朋友的著作称为"工人阶级的圣经"。③ 谁知道这位不信奉宗教教义的马克思会不会赞赏这种评价呢？

二、马克思为什么没能完成《资本论》?

1877 年至 1881 年初，马克思为《资本论》第二卷的不同部分写了两个新版本。1877 年 3 月，他开始对已经收集到的资料编制广泛

---

① E. Belfort Bax, "Leaders of Modern Thought: XXIII. Karl Marx", *Modern Thought 3*, no. 2 (December 1881): 349, 354.

② Karl Marx to Friedrich Sorge, 15 December 1881, MECW, 46: 163; MEW, 35: 248—249.

③ Friedrich Engels, "Preface to the English Edition", in Marx, *Capital*, Volume One, MECW, 35: 35.

的索引，① 最终几乎全部集中在第一部分："资本形态变化及其循环"
(The Metamorphoses of Capital and The Circuit)，② 对资本的循环过程
进行更高级的论证。尽管此后他的健康状况不佳，进一步研究的必要
性仍使他的工作极其不规律，马克思继续忙于"积累和规模扩大的再
生产"这一部分。同样可以追溯到这一时期的还有第二卷的所谓的手
稿 VIII，③ 马克思在其中总结了之前的文本并创作了他认为对作品的
延续有用的新草稿。他还意识到自己犯了一个解释上的错误，并且在
很长一段时间里一直重复，即当时他认为货币表象只是经济关系真正
实质的一种掩饰。④

1877 年夏天，当"失眠和相应的脑神经混乱状况变得严重时"⑤，
马克思被迫再次留出一段时间在卡尔斯巴德和黑森林休息。多年来，
他认识到必须像对待其他事情一样对待自己的身体。⑥

马克思一回到英国，马上重新埋头于他的手稿撰写中，虽然他的
健康状况并没有改善多少。他向左尔格抱怨，"该死的失眠症"折磨
了他一年，让他"对写作极度疏忽"，因为他不得不"把所有（他）
可以忍受的时间都用在工作上"。⑦1877 年 11 月，马克思写信给
法兰克福年轻的银行家齐格蒙德·肖特（Sigmund Schott, 1852—
1910），说他"著作的各个部分是交替着写的"；他"写作《资本论》

---

① Karl Marx, "Das Kapital. Zweites Buch. Der Zirkulationsprozeß des Kapitals. Zu be-
nutzende Textstellen früherer Darstellungen（Manuskript I bis IV）", MEGA, II/11:
525—548.

② Karl Marx, "Das Kapital. Zweites Buch. Der Zirkulationsprozeß des Kapitals. Erster
Abschnitt（Fragmente II）", MEGA, II/11:550—697.

③ Karl Marx, "Das Kapital. Zweites Buch. Der Zirkulationsprozeß des Kapitals.
（Manuskript VIII）" MEGA, II/11:698—828.

④ 参见 Teinosuke Otani, L. Vasina and C.—E. Vollgraf, "Einführung", MEGA, II/11:881.

⑤ Karl Marx to Friedrich Engels, 18 July 1877, MECW, 45: 242; MEW, 34:48.

⑥ Karl Marx to Friedrich Engels, 25 July 1877, MECW, 45: 251; MEW, 34:59.

⑦ Karl Marx to Friedrich Sorge, 27 September 1877, MECW, 45:276; MEW, 34:294.

的顺序同读者将要看到的顺序恰恰是相反的（即从第三部分——历史部分开始写）①，只不过我最后着手写的第一卷当即做好了付印的准备，而其他两卷仍然处于一切研究工作最初阶段所具有的那种初稿形式"。②

在这一时期，马克思也没有忽视进一步的研究，他集中精力研究银行业和贸易，并摘录了意大利经济学家彼得·罗塔（Pietro Rota，1846—1875）的《银行业史》（1874）、波恩大学首任校长卡尔·胡尔曼（Karl Hullmann，1765—1846）的《拜占庭商业史》（1808）和《希腊商业史》（1839），以及法律学者和统计学家约翰·叶芝（John Yeats，1822—1902）的《商业的自然史》③。1878 年 3 月底，马克思写信给肖特，信里说自己发现了股票交易所年鉴编辑萨林的一本"非常有用"④ 的书籍。他还阅读并汇编了俄国经济学家伊拉里翁·伊格纳特维奇·考夫曼（Illarion Ignatevich Kaufman, 1848—1916）的著作节选，特别是《银行业的理论与实践》（1873—1877）；批评了该书"夸大其词的风格"和对资本主义的"热情的辩护"⑤。马克思继续补充这

① 出自《剩余价值理论》，参见 Marcello Musto, *Another Marx: Early manuscript to The International* (London: Bloomsbury 2018)，137—149。

② Karl Marx to Sigmund Schott, 3 November 1877, MECW, 45:287; MEW, 34:307.

③ "第三部分"指的是 19 世纪 60 年代初对经济理论史的研究。第二部分包括恩格斯后来出版的《资本论》第二卷和第三卷。（参见《卡尔·马克思致路德维希·库格曼的信》，1866 年 10 月 13 日，MECW, 42: 328; MEW31: 534）。应当注意的是，马克思对肖特的手稿状态的描述并不完全符合现实。卡尔—埃里希·沃尔格拉夫（Carl—Erich Vollgraf）在《马克思关于资本的进一步研究》（*the Further Work on Capital*）中正确地指出，剩余价值理论的相当大一部分还没有包含马克思自己的"充分阐述的解释"，许多篇幅"没有经过深思熟虑，而且是迂腐的"（同上，62）。

④ 卡尔·马克思致齐格蒙德·肖特的信，1878 年 3 月 29 日，MECW, 45: 304; 这封信是用英文撰写的，没有包含在 MEW 的卷内，也没有在 MEGA2 的卷内发表。

⑤ 同上。同时参见 Karl Marx, IISH Amsterdam, *Marx—Engels Papers*, B 140, B 141 and B 146. On Marx's view of Kaufman, see also Karl Marx to Nikolai Danielson, 10 April 1879, MECW, 45:358; MEW, 34:374。

些领域的知识，当时他仔细阅读了经济学家查尔斯·曼恩（Charles A. Mann）的《纸币、罪恶的根源》（1872）和彼得·罗塔的《银行业的科学原理》（1873）等著作。

随着这项研究和他对最新出版物的阅读，马克思加深了对俄国和美国经济发展的了解。1878年4月，由于他的朋友丹尼尔逊得到了杰门·洛帕廷（German Lopatin，1845—1918）的建议，他"从彼得堡收到了许多最新的'俄国的'出版物"①。作者中有著名的法学家和哲学家鲍里斯·尼古拉耶维奇·契切林（Boris Nikolaevich Chicherin，1828—1904），马克思曾这样评价他的贫乏："他显然对政治经济学缺乏起码的了解并且自负地幻想，巴师夏学派的陈词滥调一经以他契切林的名义发表，就会变成独创的和无可争议的真理。"②马克思随后委托丹尼尔逊撰写一份关于俄国过去15年金融政策的调查报告，以及一份关于农业劳动生产率的总结报告。

1876年4月，马克思给左尔格写信说，为了进一步推进《资本论》第二卷的写作，他需要"亲自看看……在美国农业和土地所有权关系方面出现了什么可能……有用的东西，还有……信贷（恐慌、货币等，以及与之相关的任何东西）"③。这也是为什么在两年多后的这一天，他请伦敦书商乔治·里弗斯（George Divers）寄来他的"美国二手书"目录。④马克思接受并开始使用这些理论后不久，他对丹尼尔逊说，"现在，经济学家最感兴趣的地方当然是美国，特别是从1873年（从九月崩溃）到1878年这一时期，即持续危机的时期。在英国需要数百年才能实现的那些变革，在这里只用几年就完成了"。因此，

---

① Karl Marx to Thomas Allsop, 28 April 1878, MECW, 45:307; 这封信是用英文撰写的，没有包含在 MEW 的卷内，也没有在 MEGA2 的卷内发表。

② Karl Marx to Nikolai Danielson, 28 November 1878, MECW, 45:346; MEW, 34:362.

③ Karl Marx to Friedrich Sorge, 4 April 1876, MECW, 45:115; MEW, 34:179.

④ Karl Marx to George Rivers, 24 August 1878, MECW, 45:317; MEW, 34:339.

他建议他的朋友要特别关注大西洋对岸"新州"的发展，比如俄亥俄州和加利福尼亚州，而不是"老州"。①

马克思自己也开始在其作品中使用他向丹尼尔逊推荐的方法。1878 年 5 月，马克思研究了第一份《俄亥俄州劳工统计局年度报告》（1877），在接下来的几个月里，得益于左尔格从美国寄来的资料，他把注意力转向了宾夕法尼亚州和马萨诸塞州。也许他计划更广泛地了解资本主义生产方式的动态，在全球范围跟踪有待记录的资本总量。如果英国是《资本论》第一卷的观察地，那么美国代表了一个新的观察领域，能够扩展自己的研究。此外，他渴望更密切地验证资本主义生产方式在不同的环境和时期中的发展形式。②

无论如何，在 1878 年春夏之交，对马克思的研究而言，地质学、矿物学和农业化学比政治经济学更重要。从 3 月底到 6 月初，他整理了大量文献的摘要，包括约翰·叶芝的《商业的自然史》（1872），化学家弗里德里希·斯库德勒（Friedid Schoedler，1835—1884）的《自然》（1848），化学家和矿物学家詹姆斯·约翰斯顿（James Johnston，1796—1855）的《农业化学和地质元素》（1856）。③ 从 6 月到 9 月初，他一直在研究约瑟夫·朱克斯（Joseph Jukes, 1811—1869）的《地质学教程》（1857）④，从中他编撰了大量的摘录。这些摘录聚焦科学方法论的问题以及地质学作为一门发展性学科对工业和农业生产的有用性。

这些新的见解使马克思意识到有必要发展关于利润的思想，他最

---

① 马克思致尼古拉·弗兰策维奇·丹尼尔逊，1878 年 11 月 15 日，MECW, 45: 344; MEW, 34: 359。参见"马克思致弗里德里希·左尔格的信"，1880 年 11 月 5 日，MECW, 46: 46; MEW, 34: 478。

② 参见 Vollgraf, *Marx's Further Work on Capital*, 64—65。

③ Karl Marx, "Exzerpte und Notizen zur Geologie, Mineralogie und Agrikulturchemie. März bis September 1878", MEGA, IV/26: 3—94.

④ Ibid., 139—679.

后一次集中精力研究这一问题是在 19 世纪 60 年代中期，在《资本论》第三卷的第六篇，题目为"超额利润转化为地租"。没有一篇自然科学文献的摘要能够提供他所研究的资料，其他方面的汇编更倾向于理论方面，是用来完成第三卷的。恩格斯后来回忆说，"马克思梳理了史前史、农学、俄国和美国的土地所有权、地质学等，特别是在某种程度上提出了以前从未尝试过的《资本论》第三卷关于地租的问题"。①

与此同时，在 1878 年夏天，马克思的健康状况使他不得不再次停顿。他的女儿爱琳娜对德国记者、活动家卡尔·希尔施说，马克思"最近工作太过辛苦，将会有一段时间肯定什么都做不了"②。

当重新开始工作时，马克思阅读了德国经济学家阿道夫·萨姆特（Adolph Samter）所著的《货币体系改革》（1869）。他表面上引用《资本论》中的一句话"金和银天然上是货币"，但马克思实际上说的是"金和银天然不是货币"。马克思愤怒地对恩格斯说："阅读的艺术在德国受教育阶层中似乎正在日益衰落。"③

那些见过马克思的人都会被他渊博的学识和深厚的文化素养所震撼。1878 年 12 月，《芝加哥论坛报》一位匿名记者采访过他，对马克思"过去 20 年来对美国问题的密切关注"感到极大的震惊。④

在《马克思访谈》（1879）中，两人讨论了多个主题，马克思表现出了极大的政治敏感性，坚持认为德国党纲领中的"许多要点"在德国以外没有任何意义。马克思解释说，西班牙、俄罗斯、英国和美国的工人运动都有"适合他们特殊困难的平台。两者之间唯一的相似之处就是要达到的目的。"马克思把它定义为"工人的权力"（采

---

① Friedrich Engels, "Marx, Heinrich Karl", MECW, 27:341; MEW, 22:342.

② Eleanor Marx to Carl Hirsch, 8 June 1878, MECW, 45:449.

③ Karl Marx to Friedrich Engels, 18 September 1878, MECW, 45:329; MEW, 34:83.

④ "Account of Karl Marx's Interview with the *Chicago Tribune* Correspondent", *Chicago Tribune*, 5 January 1879, MECW, 24:569; MEW, 34:509.

访者已经指出），而不是"劳动的解放"。① 当被问及"那么到目前为止社会主义究竟做了什么"时，他回答说："做了两件事情。社会主义者证明，资本和劳动之间的斗争是普遍的，无处不有，一句话，具有世界性。因此，他们力图使各国工人彼此互相了解；这一点尤其必要是因为资本家对工人的雇佣越来越具有世界性，不仅在美国，而且在英国、法国和德国，都利用外国工人来对付本国工人。于是各个国家的工人之间马上就产生了国际联系，这证明社会主义不仅是地方性的问题，而且是国际性的问题，这一问题应该通过工人的国际行动来解决。"② 马克思再次强调，"工人阶级的运动是自发的"，没有资产阶级慈善家或革命派别来决定他们该做什么。"社会主义者并没有发明运动，而只是向工人说明运动的性质和目标将是怎样的。"③

这位美国记者随后请马克思证实宗教福音传教士约瑟夫·库克（Josephus Cook, 1838—1901）所说的话。库克是一位撰写了多本关于科学社会主义畅销书的作者。根据库克的说法，马克思曾说，在1871 年巴黎公社成立时，革命者的人数最多达到了 300 万，但在20 年内，人数将增加到 5000 万至 1 亿；他们将"奋起反抗万恶的资本"，在一场"一百个地方同时爆发的备受欢迎的战火"④ 中，"过去将像一场可怕的噩梦一样消失"。马克思回答说，关于刊登在法国保守派日报《费加罗报》上的那篇文章，他"从未写过一个字"；他从来没有写过"如此夸张的鬼话"，但是如果他不得不否认"所有跟他有关的事情，那么他将需要二十个秘书"。马克思感兴趣的是对资本主义的批判，他说："这种制度只不过是一个历史阶段，它必将灭

---

① Ibid., MECW, 24: 572; ibid., MEW, 34: 511.

② Ibid., MECW, 24: 573; ibid., MEW, 23: 511.

③ Ibid.; ibid.

④ Ibid., MECW, 24: 576—577; ibid., MEW, 23: 514.

亡，取而代之的将是更高的社会形态。"① 与那些将他的观点与资本主义立即、不可避免的崩溃联系在一起的人相反，这位记者发现了一种"对实现他的理论的坚定信念，即使不是在本世纪，至少是在下个世纪"②。

1879 年初，马克思提出了与前来拜访的苏格兰政治家芒斯图尔特·埃尔芬斯通（Mountstuart Elphinstone，1779—1859）类似的观点。当时，后者设想了这样一种情景："你们的革命已经发生，而且……你们拥有了你们的共和政体"，并煽动性地提出，"要实现你们自己和你们朋友的特殊想法，还有很长的路要走"，马克思平静地回答道："这毫无疑问。然而，一切伟大的运动都是缓慢的，正如你们的1688 年革命一样，仅仅是向好的方面迈进了一步——大路上的一站而已。"③

至于《资本论》的续集，马克思在 1878 年 11 月告诉第一卷的俄文译者丹尼尔逊，"第二卷"在 1879 年底之前不会出版。④1879 年4 月 20 日，马克思说他被告知，在德国通过反社会主义法之后，只要现政权保持目前的严厉状态，《资本论》就不可能再出版更多卷。⑤马克思意识到，要完成最初开始于 1867 年的工作，他还有很长的路要走，他欣然地接受了这个坏消息。

首先，他想等到英国的工业危机达到高潮。即使像他预期的那样，它将像它之前的危机一样结束，并且开始一个新的多元化的繁荣

① Ibid., MECW, 24: 573; ibid., MEW, 23: 512.

② Ibid., MECW, 24: 569; ibid., MEW, 23: 509.

③ "Sir Mountstuart Elphinstone Grant Duff's Account of a Talk with Karl Marx（from a Letter to Crown Princess Victoria）", MECW, 24: 581; "Sir Mountstuart Elphinstone Grant Duff, Account of a Talk with Karl Marx: Aus einem Brief an Kronprinzessin Victoria", MEGA2 I/25: 441.

④ Karl Marx to Nikolai Danielson, 15 November 1878, MECW, 45: 343; MEW, 34: 358.

⑤ Karl Marx to Nikolai Danielson, 10 April 1879, MECW, 45: 354; MEW, 34: 370.

阶段的"工业周期"，但是危机的进一步发展以及对它的详细观察对于"研究资本主义生产的人"来说"最为重要"。

其次，马克思写道，他"不仅从俄国而且也从美国等地得到了大批资料，这些资料使我幸运地得到一个能够继续进行我的研究的'借口'，而不是最后结束这项研究以便发表"①。美国虽然在"获得财富的程度"上仍落后于英国，但"经济发展的速度"已经超过了英国。②马克思对股份制公司的发展和铁路建设对经济的影响也特别感兴趣。在他看来，铁路网"在居主导地位的资本主义国家的出现，促使甚至迫使那些资本主义还局限在社会的少数点面上的国家在最短期间建立起它们的资本主义的上层建筑，并把这种上层建筑扩大到同主要生产仍以传统方式进行的社会机体的躯干完全不相称的地步。因此，毫无疑问，铁路的铺设在这些国家里加速了社会的和政治的解体，就像在比较先进的国家中加速了资本主义生产的最终发展，从而加速了资本主义生产的彻底变革一样"③。此外，这一重要的新基础设施的出现不仅提供了"与现代生产资料相适应的交通联络工具，而且也因为它给巨大的股份公司提供了基础，同时形成了从股份银行开始的其他各种股份公司的一个新的起点。总之，它给资本的积聚以一种从未预料到的推动力"，而且也包括"加速了和大大扩大了借贷资本的世界性活动"，从而使马克思所说的"金融欺诈和相互借贷——资本主义形式"裹挟整个世界落入到"'国际'博爱——的罗网之中"。④

理解这些现象需要时间——这就是为什么马克思在 1880 年 6 月向荷兰社会民主联盟的主要代表纽文胡斯重申"在目前的情况下，《资本论》的第二册在德国不可能出版"，而他"对此非常高兴"。这是因

① Ibid., MECW, 45: 355; ibid., MEW, 34: 372.

② Ibid., MECW, 45: 358; ibid., MEW, 34: 375.

③ Ibid., MECW, 45: 356; ibid., MEW, 34: 373.

④ Ibid.; ibid.

为"恰恰是在目前某些经济现象进入了新的发展阶段，因而需要重新加以研究"。①

为什么要花费更长的时间来结束第二卷的最后一个原因，是马克思的医生要求他"大大缩短工作时间"。②1879 年 4 月，马克思向丹尼尔逊承认，当他因反社会主义法律颁布后德国和奥地利的政治气候而取消了"去卡尔斯巴德的年度旅行"③ 的时候，他的健康状况一直没有真正好起来。④8 月份，马克思在离诺曼底海岸几英里的泽西"欢乐岛"⑤ 上的两个小镇圣奥宾和圣赫里尔之间度过了两个星期。这个地方是他惯常的旅伴爱琳娜挑选的，她很乐意到新的地方去尝试。8月下旬，父亲和女儿出发前往拉姆斯盖特与其他家人会合，燕妮·龙格在那里又生了一个男孩。他们在那里一直待到 9 月中旬。

为了检验自己的工作能力是否有所提高，马克思翻阅了几本随身带着的"数学笔记"，但正如他向恩格斯承认的那样，"他的脑袋还不太灵光"，"很快就不得不放弃这一不成熟的工作"。⑥ 不久之后，他写信给左尔格，表明自己的健康状况恶化，"最近使得所有的脑力工作都几乎'无法进行'"。⑦ 尽管如此，他在给恩格斯的信中说，在拉姆斯盖特的两个星期——那里的"空气极佳，很适合他"，让他得到了恢复，并且使他感觉"好多了"。⑧马克思还向丹尼尔逊通报了情况。

---

① Karl Marx to Ferdinand Domela Nieuwenhuis, 27 June 1880, MECW, 46: 16; MEW, 34: 447.

② Karl Marx to Nikolai Danielson, 10 April 1879, MECW, 45: 356; MEW, 34: 372.

③ 关于马克思前往卡尔斯巴德的旅行，参见 Egon Erwin Kisch, *Karl Marx in Karlsbad*, (Berlin: Aufbau, 1953) and Marcello Musto, Karl Marx. *Biografia intellettuale e politica 1857-1883* (Turin: Einaudi, 2018)，153-159。

④ Karl Marx to Nikolai Danielson, 10 April 1879, MECW, 45:353; MEW, 34:370.

⑤ Karl Marx to Jenny Longuet, 19 Auguse 1879, MECW, 45:372: MEW, 34: 388.

⑥ Karl Marx to Friedrich Engels, 25 August 1879, MECW, 45:376: MEW, 34: 96.

⑦ Karl Marx to Friedrich Sorge, 19 September 1879, NEW, 45:410; MEW, 34:410.

⑧ Karl Marx to Friedrich Engels, 10 September 1879, MECW, 45:388; MEW, 34:107.

他说，在他不得不"暂停所有工作……无法对圣彼得堡的精神食粮做出公正的评价"的那段时期之后，他感觉好多了，打算"下定决心努力工作"。① 但他清楚地意识到他面前任务的艰苦，他不仅需要重新检查手稿的某些部分，完善它们的内容；而且更紧迫的任务是面对一些尚未解决的复杂理论问题。②

恩格斯也将马克思健康状况的改善告诉了约翰·菲利普·贝克尔（Johann Philipp Becker, 1809—1886）："马克思比去年更健康了，尽管他还没有达到标准。"马克思夫人长期遭受消化不良的困扰，很难完全康复。第二卷进展缓慢，而且再也不太可能加快进度，直到一个能让马克思彻底康复的夏天到来。③ 然而，这样一个夏天将永远不会到来了。

《资本论》第一卷的修订工作也出现了类似的担忧和困难。1872年，法文版《资本论》开始出版。这本书被委托给约瑟夫·罗伊（Joseph Roy），他之前翻译过一些路德维希·费尔巴哈（Ludwig Feuerbach, 1804—1872）的文本，计划在 1872 年至 1875 年期间与法国出版商莫里斯·拉沙特尔（Maurice Lachatre, 1814—1900）分批出版。马克思赞成出版一个"大众版"，④ 他在信中写道："您想定期分册出版《资本论》的译本，我很赞同。这本书这样出版，更容易到达工人阶级的手里，在我看来，这种考虑是最为重要的。"然而，他意识到硬币有"反面"，他预计他使用的"分析方法"会"使前几章读起来相当困难"，读者可能"在他们会因为一开始就不能继续读下去而气馁"。

① Karl Marx to Nikolai Danielson, 19 September 1879, MECW, 45:409; MEW, 34:409.

② 根据迈克尔·海因里希的说法，马克思认为，他早期的"技术问题，构成了《资本论》第一卷的基础，考虑到社会巨大的进步，已经不够使用了"。海因里希：《MEGA 之后的资本论》，第 132 页。

③ Friedrich Engels to Johann Philipp Becker, 19 December 1879, MECW, 45:432; MEW, 34:432.

④ Marx to Laura Lafargue, 18 December 1871, MECW, 44:283; MEW, 33:363.

除了不断地提醒"先向追求真理的读者指出这一点，并提醒他们。在科学上没有平坦的大道，只有不畏劳苦沿着陡峭山路攀登的人，才有希望达到光辉的顶点"。①

马克思花费在翻译上的时间比原计划要多得多。正如他在给丹尼尔逊的信中所说，罗伊"经常照字面意思翻译"，迫使他"用法语整段重写，以便让法国民众觉得更加顺口"。②他的女儿燕妮告诉库格曼，她的父亲"不得不做无数的修改"，不仅要重写整句话，还要重写整页③——一个月后，她又补充说，翻译"不太完美"，他不得不重写第一章的大部分内容。④后来，恩格斯在给库格曼的信中用相似的语气写道，法语翻译对马克思来说是一场"真正的苦差事"，他"或多或少不得不从头重写整件事"。⑤马克思在他的工作结束后说，它们已经花费了他如此多的时间，以至于他不会再以任何方式进行翻译上的合作了。⑥

此外，马克思在修改译文时还决定对译文⑦进行一些补充和修改。这些主要是关于资本积累过程的部分，也有一些具体的地方，如资本的"集中"（concentration）和"集中化"（centralization）之间的区别。在法文版附言中，他毫不犹豫地把"独立于原文的科学价值"加了进去⑧。1877年，当英文版本似乎已经成为可能时，马克思写信给左尔格说，译者"应始终仔细地把德文第二版同法文版对照"，因

① Marx to Maurice Lachâtre, 18 March 1872, MECW, 44:344; MEW, 33:434.
② Marx to Nikolai Danielson, 28 May 1872, MECW, 44:385; MEW, 33:477.
③ Jenny Marx to Ludwig Kugelmann, 3 May 1872, MECW, 44: 578; MEW, 33: 700.
④ Jenny Marx to Ludwig and Gertrud Kugelmann, 27 June 1872, MECW, 44: 582; MEW, 33: 704.
⑤ Engels to Ludwig Kugelmann, 1 July 1873, MECW, 44: 515; MEW, 33: 393.
⑥ Karl Marx to Friedrich Sorge, 27 September 1877, MECW, 45: 276; MEW, 34: 295.
⑦ Karl Marx, *Le Capital, Paris 1872—1875*, MEGA2, II/7.
⑧ Karl Marx, "Afterword to the French Edition", MECW, 35: 24.

为他在法文版本中加入了许多新内容，并大大改进了许多其他内容的表述。① 在 1878 年 11 月的一封信中，他权衡了法文版的优缺点，并写信给丹尼尔逊说到这一版包含了"许多重要的修改和补充"，但他"特别是在第一章中，我有时不得不使阐述'简化'"。② 因此，他认为有必要在本月晚些时候澄清，"头两篇（"商品和货币"和"货币转化为资本"）应该完全根据德文版翻译"。③

《资本论》第二卷的草稿，还没有确定下来。《资本论》第三卷的手稿具有高度碎片化的特征，马克思从未打算以一种反映他研究进展的方式来更新它们。④ 还应记住的是，他未能完成对《资本论》第一卷的修订，其中包括他打算对其巨著的修改和增补。⑤ 事实上，无论是 1872—1875 年的法文版本还是 1881 年的德文版本都不能被认为是他所希望的最终版本。马克思的许多对手和自诩为信徒的作者们呈现

① Karl Marx to Friedrich Sorge, 27 September 1877, MECW, 45: 276; MEW, 34: 295.

② Karl Marx to Nikolai Danielson, 15 November 1878, MECW, 45: 343; MEW, 34: 358.

③ Karl Marx to Nikolai Danielson, 28 November 1878, MECW, 45: 346; MEW, 34: 362. 第三版和第四版德文版本中未包括的法文译本的增补和修改部分，可参见 Karl Marx, *Das Kapital. Kritik der Politischen Ökonomie. Erster Band, Hamburg 1867*, MEGA2, II/5: 732—783。

④ 恩格斯在马克思逝世后为准备《资本论》未完成部分的出版而进行的编辑工作极其复杂。马克思在 1864 年至 1881 年间所撰写的第二卷和第三卷的手稿、草稿和笔记，篇幅相当于大约 2350 页 MEGA2 的内容。恩格斯分别于 1885 年、1894 年将《资本论》的第二、三卷整理出版。无论如何，必须记住，这两卷书籍是在对不完整文本的重建中产生的，这些文本往往由不同的资料组成。它们并非在同一个时期写成，因此包括不同的、有时是互相矛盾的马克思的思想。尽管马克思并未完成《资本论》的定稿工作，但今天那些想要用基本理论概念来批判资本主义生产方式的人仍然不能放弃阅读马克思的《资本论》。

⑤ 参见马克思致信丹尼尔逊（1881 年 12 月 13 日），"首先，我必须先恢复健康，其次，我想尽快完成第二卷。……我要同我的出版者商妥，我对第三版只作尽量少的修改和补充；但是，另一方面，我将要求他这次只印一千册，而不是像他所希望的那样，印三千册。将来作为第三版的这一千册售完的时候，我也许能够对该书作出目前如换一种情况本来要作的那些修改。"MECW 46: 161—162; MEW, 35: 264。

给世界的是教条主义者的形象，这和马克思在创作《资本论》时所表现出的批判精神相差甚远。

三、生命的"旋转木马"

1881 年 6 月的头两周，燕妮的健康状况进一步恶化。她那"持续衰退的肌体和体力"令人担忧，并且对任何治疗都产生了抵抗力。布莱恩·唐金医生说服她安排一次旅行去看望她在巴黎的女儿燕妮和她深爱的外孙们以远离伦敦的气候，希望这能让她的病情稳定下来。因此，马克思和他的妻子决定在英吉利海峡沿岸的伊斯特勃恩度过一段时间。

当时，马克思的身体状况并不好，他希望在海边的这段时间不仅让他能够陪伴在妻子的身边，而且对他的身体也有一些帮助。恩格斯在 6 月下旬给燕妮·龙格写信说："这种改变对摩尔同样有利：① 他也想稍微振作起来，他晚上咳得不那么严重，而且能睡得更好，这是一方面。"② 马克思本人向左尔格讲述自己的境况并于 6 月 20 日的信中

---

① 马克思的家人和他最亲密的同志都称呼他是"摩尔"。恩格斯回忆道："在那里人们都不叫他马克思，甚至也不叫他卡尔，而只叫他摩尔，正如同我们每个人都有自己的绰号一样，而当不再叫绰号的时候，那种极亲密的关系也就停止了。摩尔是他从大学时代起就有的绰号；在《新莱茵报》人们也常常叫他摩尔。假使我对他用另一种称呼。他就会以为我们之间发生了什么需要和解的事情了。"引自 Friedrich Engels to Theodor Cuno, 29 March 1883, MECW, 46:466; MEW, 35:466。同样，奥古斯特·倍倍尔后来写道："马克思的妻子和女儿总是叫他'摩尔'，好像他没有别的名字一样。这个绰号来源于他曾经的黑色头发和胡颊，如今他的胡子已经变成了白色的了。"引自 August Bebel, in *Gespräche mit Marx und Engels*, 528。伯恩施坦还回忆道："我想要告别，但恩格斯坚持说：'不，不，和我一起去摩尔那里。'我问'去摩尔人那里？但他是谁？'恩格斯用一种语气回答说：'是马克思，人们当然必须知道这指的是谁。'"引自 Edward Bernstein, *My Years of Exile* (London: Leonard Parsons, 1921)，154。

② Friedrich Engels to Jenny Longuet, 17 June 1881, MECW, 46: 97; MEW, 45: 196—197.

写道，他"已经连续遭受了 6 个多月的咳嗽、感冒、喉咙痛和风湿病的折磨，这种折磨会使他很少外出，并使他远离社会"。①

马克思和他的妻子在 7 月底前往伊斯特勃恩，并在那里停留了大约三个星期。这次旅行的费用和必要的就诊费用都由恩格斯承担。恩格斯安慰他的朋友说："现在你可以有 100 到 120 英镑，问题很简单，你是想一次性都给你，还是需要部分寄到那里，部分寄到这里。"②劳拉和爱琳娜轮流陪伴父母，安慰他们。③但是燕妮·马克思的健康状况并没有改善。正如她在给劳拉的信中写道："尽管环境很好，但我还是没有感觉到有所改善，实际上我已经瘫倒在了轮椅上。几个月前，我还认为坐在轮椅上有失身份。"④

当燕妮刚回到伦敦的时候，医生发现她身体有所好转。所以五个多月来，医生第一次满足了她前往巴黎看望她女儿和外孙的愿望。马克思给他的女儿燕妮寄去了"5 英镑"，因为她"必须支付床上用品等的租金"。他坚持认为，如果燕妮让他们俩住在她的家里，那么这些是必不可少的。他补充说，"其余的，我们到达之后将会付清"。⑤

7 月 26 日，马克思和他的妻子在海伦·德穆特的陪同下抵达法国，前往巴黎郊区阿尔让台，燕妮·龙格和她的丈夫就居住在那里。马克思迫不及待地想要见家庭医生古斯塔夫·杜尔朗，他说他可以照顾燕妮·马克思。他写信给恩格斯说，他们拜访的第一天，"小家伙

---

①　Karl Marx to Friedrich Sorge, 20 June 1881, MECW, 46: 98; MEW, 35: 198.

②　Friedrich Engels to Karl Marx, 7 July 1881, MECW, 46: 104; MEW, 35: 5.

③　Karl Marx to Laura Lafargue, 13 April 1882, MECW, 46: 238; MEW, 35: 305. 在这封信里，马克思告诉他的女儿，他多么怀念她"每天忠实地拜访，为那个老尼克喝彩"。参见卡普《爱琳娜·马克思》第 218 页。

④　如上所述，罗尔夫·赫克和安杰莉卡·利姆罗斯编有燕妮·马克思最完整的书信集。《燕妮·马克思，简信》（柏林：卡尔·迪茨）

⑤　Karl Marx to Jenny Longuet, 22 July 1881, MECW, 46:106; NEW, 35:206.

们理所当然地称呼他'老尼克'"①。在家里，这个使人有着邪恶联想的名字，被当作"摩尔"的代名词，特别是在他生命的最后几年里，他在给他的女儿、恩格斯和保尔·拉法格的信中经常这样署名，提到他的大名时，他感到有趣多过高兴。②

尽管是出于个人目的，马克思回到法国的消息还是必然会引起怀疑。龙格曾推测，一旦听到这个消息，"无政府主义者就会把即将到来的选举中出现的操纵选票的恶毒意图归咎于马克思"，但后来他从他的朋友乔治·克列孟梭（Georges Clemenceau，1841—1929）那里得知，马克思"完全没有什么可害怕警察的"。③ 爱琳娜·马克思还把她父母到来的消息告知了德国社会民主出版社驻巴黎记者卡尔·希尔施，因此马克思开玩笑说，他的到来已经是"公开的秘密"了。

恩格斯在约克郡的布里德灵顿住了两个星期，听了朋友的这番话，他觉得既高兴又放心。他如往常一样体贴地回信说："我这里有支票；要是你需要什么，请不要客气，告诉我你所需要的大致数目。你的夫人绝对不应克己了；她想要什么或者你们知道她喜欢什么，都

---

① 马克思在家里的绰号。参见 Karl Marx to Friedrich Engels, 27 July 1881, MECW, 46: 107; MEW, 35: 7.

② 这一签名的第一封信是在《资本论》出版的那一年，参见卡尔·马克思写给劳拉·拉法格的信件，1867 年 5 月 13 日，MECW, 42: 376; MEW, 31: 549。在所有关于马克思的论断中，一些带有反犹主义或种族主义色彩，其中最荒谬的论断是："他对世界的看法是魔鬼的，而且是魔鬼的恶毒；有时他似乎知道他完成了邪恶的作品"，罗伯特·佩恩：《马克思传记》（New York: Simon Schuster, 1968, 317）。同样的传统中《马克思是撒旦崇拜者吗?》（Glendale: Diane Books, 1979），马克思本人则以一种温和诙谐的方式使用了"老尼克"这一词。例如，在 1869 年 9 月 25 日，他写信给劳拉·拉法格："我很遗憾不能在家里为我亲爱的清流的眼庆祝生日，但老尼克的思想与你同在。你在我心里"，Karl Marx to Laura Lafargue, 25 September 1869, MECW, 43: 355; MEW, 32: 632。再次，在 1871 年 2 月 4 日，劳拉生下一个儿子后，他写信给保尔·拉法格："拥抱我的小顽皮，并告诉他，看到谜住自己的两张照版，感到非常得意。"Karl Marx to Paul Lafargue, 4 February 1871, MECW, 44:112; NEW, 33: 176.

③ Karl Marx to Friedrich Engels, 27 July 1881, MECW, 46:109; MEW, 35:8.

应该使她得到满足。"他还向马克思述说了他人生最大的乐趣之一："在这里没有德国啤酒也可以过得去。码头上的小咖啡馆里的苦麦酒好极了，和德国啤酒一样起沫。"①

在英吉利海峡的另一边，马克思却没有这么开心。他对恩格斯的帮助表示感谢："我在经济方面不得不这样压榨你，使我很为苦恼。但是由于最近两年来我们家务中出现的混乱，我欠下了各种各样的债务，这一切很久以来就使我感到很大负担。"②随后，他将妻子的境况告知了恩格斯："我们在这里和在伊斯特勃恩一样，总是时好时坏，不同的只是可怕的疼痛来得很突然，例如昨天就是这样。"马克思并没有掩饰他的恐惧："暂时的'好转'当然并没有阻止病情的自然发展，不过它却使我的妻子产生错觉，并使燕妮坚定了（虽然我表示过不同意见）必须尽可能在阿尔让台久住的信念。"③

马克思身处于希望和恐惧之间的持续不安，这对他的健康没有一点好处，甚至干扰了他的休息时间："昨天夜里实际上我是第一次睡得比较安稳。我觉得我头昏脑胀，好像头脑里有架水车在转动一样。"因此，他"只是待在阿尔让台，既没有访问过巴黎，也没有写信鼓励巴黎的任何人来看我"④。只有在8月7日这一天，他们才第一次到巴黎市中心旅行，这让燕妮·马克思感到非常高兴。对马克思来说——他自1849年以来就没有去过那里——它"给人一种常年开放集市的

---

① Friedrich Engels to Karl Marx, 29 July 1881, MECW, 46: 109; MEW, 35: 9.

② 恩格斯一如既往地慷慨大方，他立刻回答说："至于那微不足道的30英镑，别让它给你带来任何白发……如果你需要更多，请告诉我，我会把支票放大。"Friedrich Engels to Karl Marx, 6 August 1881, MECW, 46:113; MEW, 35:14.

③ Karl Marx to Friedrich Engels, 3 August 1881, MECW, 46: 110; MEW, 35: 11.

④ Ibid.; ibid., MEW, 35: 11—12. 仅仅几天后，马克思就给了他们一些生活的信号："我在这里已经待了将近两周了；我没去过巴黎，也没见过熟人。我妻子的身体状况既不允许这样，也不允许那样。"卡尔·马克思给卡尔·希尔施的信，6 August 1881, MECW, 46: 115; MEW, 35: 207。

印象"。

马克思写信给恩格斯说，回到阿尔让台后，由于担心妻子的病情可能突然恶化，他曾试图劝说妻子回到伦敦。不过，"她的母性占了上风，她说她想尽可能和女儿燕妮待得久一些。她早就'雇了一个小伎俩，把一大堆待洗的衣物送了出去'①，这些衣物将到下周早些时候才会被送回来"②，马克思在结尾处叙说了几句关于自己的情况："虽然我夜间睡眠很不好，而且白天操心和令人着急的事也不少，可是大家都说我脸色很好，而这也是符合实际的。"③

最终，另一件令人痛苦的事情迫使他匆忙地离开了法国。8月16日，马克思收到了他的第三个女儿爱琳娜病重的消息；他立即动身前往伦敦，几天后他的妻子和海伦·德穆特在那里与他会合。小杜西——他对爱琳娜的爱称——正处于极度衰弱的状态。④ 爱琳娜看起来"脸色苍白，身体消瘦"，"已经几个星期几乎没有吃任何东西"，马克思对此感到非常焦虑，他向另一个女儿燕妮求助，说她的妹妹受到"经常失眠，双手颤抖，面部有神经痛的抽动等"的折磨。"万一再耽搁下去，她将面临极大的危险。"⑤ 幸运的是，马克思对

---

① Karl Marx to Friedrich Engels, 9 August 1881, MECW, 46: 116; MEW, 35: 16.

② 马克思在给女儿劳拉的信中提到同样的情况："妈妈越来越虚弱，情况令人担心。因此我本来想（因为我们现在只能作短途旅行）无论如何于本星期末动身，并且已把这一点告诉了我们的病人。但她打乱了我的计划，昨天把我们的衣物送出去洗了。这样一来，下星期初以前就别想动身了。"Karl Marx to Laura Lafargue, 9 August 1881, MECW, 46: 118; MEW, 35: 208。

③ Karl Marx to Friedrich Engels, 9 August 1881, MECW, 46: 116; MEW, 35: 16.

④ 伊万娜·卡普猜测爱琳娜的"问题是双重的和严重的"：她试图解除与利沙加勒的秘密婚约，她的家人从未接受过他，与此同时，她"渴望为自己在舞台上创造事业"。Kapp, *Eleanor Marx*, 227。

⑤ Karl Marx to Jenny Longuet, 18 August 1881, MECW, 46: 135; MEW, 35: 218. 马克思在给恩格斯的信中，他写道，唐金博士认为这是"一个奇迹……这种崩溃以前从未发生过"。Karl Marx to Friedrich Engels, 18 August 1881, MECW, 46: 133; MEW, 35: 27.

刚刚在阿尔让台度过的几周美好时光的记忆使他在危机中支撑下来："没有任何事情比和你以及亲爱的孩子们一起度过的日子能使我更快乐。"①

仅仅在两天之后，从阿尔让台传来消息，"龙格和小哈利"病得很重。马克思对恩格斯说："目前家里尽是不幸的事。"②这些考验和磨难似乎看不到尽头。

四、妻子的长眠

这个夏天的后半段，照顾爱琳娜的工作耗费了马克思大量的精力，再加上燕妮·马克思生病期间"一天天临近病危"③——使马克思一家无法维持任何的社会关系。10月初，他写信给敏娜·考茨基（Minna Kautsky, 1837—1912），就未能邀请她来伦敦的事情而道歉，因为他"妻子得了重病，恐怕是不治之症"已经"使他们中断了与外部世界的联系"④，考茨基曾是一名女演员，现在是热衷于社交小说的作者。在给敏娜的儿子考茨基的信中，马克思说自己是一名"生病的护士"⑤。

在这期间，马克思重新开始了他的数学研究。保尔·拉法格后来回忆他岳父研究这一学科的非常独特的方法：除了作为诗人和小说家，马克思还有另一种不同寻常的放松智力的方法——数学，他对此有着特别的爱好。代数甚至给他带来了精神上的慰藉，使他在变故频发的生命中最痛苦的时刻得到了安慰。在他妻子生病的最后一段日子

---

①　Karl Marx to Jenny Longuet, 18 August 1881, MECW, 46: 135; MEW, 35: 219.

②　Karl Marx to Friedrich Engels, 19 August 1881, MECW, 46: 136; MEW, 35: 29.

③　Karl Marx to Karl Kautsky, 1 October 1881, MECW, 46: 143; MEW, 35: 226.

④　Karl Marx to Minna Kautsky, 1 October 1881, MECW, 46: 143—144; MEW, 35: 227.

⑤　Karl Marx to Karl Kautsky, 1 October 1881, MECW, 46: 143; MEW, 35: 226.

里，他不能全身心地投入到日常的科学工作中去，而摆脱因为妻子遭受痛苦所带来压抑的唯一办法就是投入到数学中去。在精神上受折磨的那段时间里，他写了一本关于微积分的书。他在高等数学中发现了最富逻辑的同时也是最简单的辩证运动形式。他认为，只有学会运用数学，科学才能真正得到发展。①

10 月中旬，马克思的健康受到家庭不幸的影响再次恶化，因为支气管炎发展成了严重的胸膜炎。这一次，爱琳娜将所有时间用来陪伴父亲，试图帮助他远离肺炎的危险。她阻止她的姐姐从阿尔让台赶来与他们会合。②

10 月 25 日，一直担忧的恩格斯在给伯恩施坦的信中写道："关于这封信，马克思一点也不知道。他因患支气管炎及各种并发症已经卧床十二天了；但从星期天起，已经没有——如果谨慎小心的话——任何危险了。我受了不少惊吓。现在情况好了。"③几天后，他也告诉了老同志贝克尔："按他的年龄和他的整个健康状况来看，这真是非同小可。幸亏最严重的情况已经过去了，现在马克思并没有任何危险；但整天大部分时间他还得在床上躺着，他很虚弱。"④

11 月底，恩格斯给伯恩施坦发了一份医疗报告：马克思仍然非常虚弱，他被禁止离开房间或从事任何繁重的工作，但他的体重明

---

① Paul Lafargue, in *Reminiscences of Marx and Engels,* ed. Institute of Marxism—Leninism (Moscow: Foreign Languages Publishing House, 1957), 75.

② "你不能离开孩子们。这将是最最疯狂的了，这会让爸爸更加挂心；陪着孩子们比你在这里给他带来快乐和好处更重要，尽管我们都希望你能在这里"，引自 Kapp, *Eleanor Marx*, 219。

③ Friedrich Engels to Eduard Bernstein, 25 October 1881, MECW, 46: 150; MEW, 35: 233. 马克思本人在 12 月写给贝克的信中写道："我得了严重的胸膜炎和支气管炎，有一段时间，医生都怀疑我是否能挺过来。"卡尔·马克思致约翰·菲利普·贝克，10 December 1881, MECW, 46: 159; MEW, 35: 244。

④ Friedrich Engels to Johann Philipp Becker, 4 November 1881, MECW, 46: 151; MEW, 35: 235.

显增加。其间，"如果有任何外部事件或多或少地对马克思重新走
上正轨作出了贡献，那就是选举"①。1881 年 10 月 27 日，德国社会
民主党在选举新议会的投票中获得了 30 多万张选票，这在欧洲是
独一无二的。②

　　燕妮·马克思也对这个结果感到非常高兴，但这将是她生命中最
后的欢乐之一。几个星期后，她的情况变得很糟糕。她的女儿爱琳娜
回忆道，唐金医生说"为了给她一点改变"，她和其他助手需要"把
裹着床单的她从床上抬到折椅上再抬回来"。③ 由于剧烈的疼痛，燕
妮被注射了大量吗啡镇静剂。爱琳娜后来回忆道："我们的母亲躺在
前面的大房间里，摩尔则在后面的小房间里。我永远也忘不了那个早
晨，他感到自己有足够的力气走进我母亲的房间。当他们在一起的时
候，他们又变得年轻了——刚刚踏上人生道路的时候，她是一个可爱
的女孩，他是一个可爱的青年，而不是一个被病魔摧残的老人和一个
即将死去的女人。"④

　　1881 年 12 月 2 日，与马克思共患难并具有共同政治情感的燕
妮·马克思逝于肝癌，这是无可挽回的损失。1836 年，他 18 岁时就
爱上了她，如今她的去世让他第一次发现自己孤单一人，失去了"最

---

① Friedrich Engels to Eduard Bernstein, 30 November 1881, MECW, 46: 155; MEW, 35: 235.

② 恩格斯兴高采烈地说："从来没有一个无产阶级表现得如此出色。在英国，在 1848 年的大败之后，人们又重新陷入对资产阶级剥削的冷漠，并最终屈服于资产阶级的剥削，条件是工会为提高工资而进行个人斗争。"引自 Friedrich Engels to Eduard Bernstein, 30 November 1881, MECW, 46:152—153; MEW, 35:237.

③ Quoted in Kapp, *Eleanor Marx,* 219.

④ Ibid., 219—220. 马克思后来写信给丹尼尔逊说，在她生命的最后六个星期里，有三个星期没能见到他的妻子，这太糟糕了，尽管他们在她生命的最后几个星期里住在相邻的两个房间里。卡尔·马克思致尼古拉·丹尼尔逊，13 December 1881, MECW, 46: 160; MEW 35: 245。

宝贵的财富"，①再也没有"一副容颜，它的每一个线条，甚至每一处皱纹能引起我的生命中的最强烈而美好的回忆"②。为了避免自己的身体状况进一步恶化，他甚至不能出席她的葬礼。他悲伤地给女儿燕妮写道，"医生的禁令是无可辩驳的"，他想起了他的妻子在去世前不久对他说过但被忽视的话："我们并不是什么特殊的人。"③ 被爱琳娜描述为"有着非语言所能形容的善良和忠诚"④ 的恩格斯参加了燕妮的葬礼。他在墓地演讲中回忆道："如果有一位女性把使别人幸福视为自己最大的幸福，那么这位女性就是她。"⑤ 马克思在给女儿燕妮的信中说，回想起当年夏天他们的巴黎之行，他感到"无比幸福"。她的母亲从和她以及孩子们一起度过的时光中获益良多，在病重的最后几周，"重温那段时光"使她"分散了注意力"。他还说："她的生命力在适当的时候耗尽了"，这对他来说是一种安慰。燕妮身上"由于肿瘤的位置非常罕见（因此它是活动的，能改变位置），只是在最后几天才产生特有的难以忍受的剧痛（但是注射吗啡后抑制住了，这是医生有意留到临终时才用的，因为在长期使用的情况下，连吗啡也不再起任何作用）。如唐金医生预先告诉我的，病势带有逐渐衰亡的性质，同年老衰竭一样。甚至在最后的几小时，也不用同死亡进行任何斗争，而是慢慢地沉入睡乡；她的眼睛比平时更加富于表情，更加美

---

① Karl Marx to Jenny Marx, 15 December 1863, MECW, 41:499; MEW, 30: 643. 关于燕妮·马克思的生平和她与马克思的关系，参见玛丽·加布里埃尔，《爱与资本：卡尔和燕妮·马克思与革命的诞生》（纽约：Little, Brown and Company, 2011）。最近的另一份出版物是 Angelika Limmroth, *Jenny Marx. Die Biographie* (Berlin: Dietz, 2014)，更多之前的作品包括 *Jenny Marx: Der Lebensweg einer Sozialistin* (Berlin: Dietz, 1971)，and Heinz Frederick Peters, *Red Jenny: A Life with Karl Marx* (New York: St. Martin's, 1986)。

② Karl Marx to Jenny Marx, 21 June 1856, MECW, 40:56; MEW, 29:535.

③ Karl Marx to Jenny Longuet, 7 December 1881, MECW, 46: 156; MEW, 35: 240.

④ Kapp, *Eleanor Marx*, 219.

⑤ Ibid., 221.

丽，更加明亮！"①

对马克思来说，失去亲人的痛苦加剧了身体上的疼痛。尽管他以坚忍的精神面对疼痛，但这些不得不接受的治疗是极其痛苦的。他给女儿燕妮写信说："我至今还不得不用碘酊在胸部、背部等处文身，由于定期重复这样做，使皮肤产生了一种很不舒服、很难受的灼痛。这种处置只是为了防止在恢复健康期间旧病复发（实际上我只是有点轻微的咳嗽了），这现在对我效力很大。对付精神上的痛苦只有一种有效的解毒剂——肉体上的疼痛。你想象一下吧，一方面是世界末日，而另一方面是牙疼得要命的人！"②

他的健康状况变得非常不稳定，正如他写信给他的朋友贝克尔时所说："我自己还有病，但健康渐趋恢复；胸膜炎加上支气管炎曾严重到这种程度，以致有一段时间，即有几天，医生们对我能否恢复健康都表示怀疑。"③ 他还对丹尼尔逊说，他一度"几近"离开这个世界。他补充说："现在医生们想让我到法国南部，甚至到阿尔及利亚。"④ 他被迫卧床数周，在给左尔格的信中，他说自己"被限制在家里"，"浪费一定的时间来恢复健康"。⑤ 尽管面临着巨大的困难，马克思却依然鼓起勇气使自己振作起来并且重新开始工作。

五、回到历史研究

从 1881 年秋到 1882 年冬，马克思将大部分精力投入到历史研究中。他在编年摘要上展开了大量的工作，逐年标注了公元前 1 世纪以

---

① Karl Marx to Jenny Longuet, 7 December 1881, MECW, 46: 156—157; MEW, 35: 240—241.

② Ibid., 156; ibid., 240.

③ Karl Marx to Johann Philipp Becker, 10 December 1881, MECW, 46: 159; MEW, 35: 244.

④ Karl Marx to Nikolai Danielson, 13 December 1881, MECW, 46:160; MEW, 35:245.

⑤ Karl Marx to Friedrich Sorge, 15 December 1981, MECW, 46: 162; MEW, 35: 247.

来世界事件的时间轴，总结了它们的原因和显著特征。他在 1879 年秋到 1880 年夏的《印度历史笔记》(664—1858) 中使用了同样的方法。

马克思想再一次根据历史上重大的政治、军事、经济和技术发展来验证他的观点是否有依据。有一段时间，马克思已经意识到，他曾在《〈政治经济学批判〉序言》(1859) 中阐述的经过了"亚细亚的，古代的，封建的和资产阶级的生产方式"① 的线性发展模式对于历史运动的理解是完全不充分的，并且意识到避开任何历史哲学确实是明智的。马克思的身体虚弱到已无法再去完成《资本论》的剩余手稿，他可能认为应该开始把注意力再次转向世界历史，特别是资本主义发展和现代国家诞生之间的关系这一关键问题。② 等到体力恢复，他才有可能完成那两卷尚未完成的巨著。

除了马克思没有提及的一些次要资料来源外，马克思在编年史中引用的两篇主要的文本。第一本是意大利历史学家卡洛·博塔 (Carlo Botta，1766—1837) 写的《意大利民族史》(1825)，该书最初用法语出版了三卷，因为作者不得不在 1814 年逃离都灵以躲避萨瓦政府的迫害，并且在拿破仑·波拿巴 (Napoleon Bonaparte，1769—1821) 战败后才回到皮埃蒙特 (Piedmont)。③ 第二本是弗里德里希·施洛瑟 (Friedrich Schlosser, 1776—1861) 撰写的广受好评的《德国人民世界史》(1844—1857)，他在世时曾被认为是德国最杰出的历史学

---

① Karl Marx, *A Contribution to the Critique of Political Economy,* MECW, 29: 263; *Zur Kritik der Politischen Ökonomie*, MEW, 13: 9.

② 迈克·克拉特克"马克思与世界历史"，《国际社会历史评论》第 63 期，1 (2018)。在对这四本笔记的重构中，马克思认为现代国家的诞生是一个与"贸易、农业、采矿、财政主义和空间基础设施的发展"相关的过程（同上，123）。克拉特克还认为，马克思编纂这些笔记是基于他长期以来的信念，即他"为社会主义运动提供了坚实的社会科学基础，而不是政治哲学"（同上，92）。

③ 关于意大利历史学家的生活，参见 Scipione Botta, *Vita privata di Carlo Botta. Ragguagli domestici ed aneddotici raccolti dal suo maggior figlio* (Florence: G. Barbera, 1877)。

家。① 马克思把这两本书放在他的私人图书馆里——他可能是从他的朋友威廉·沃尔夫（Wilhelm Wolff, 1809—1864）那里继承了施洛瑟的著作——并且在博塔的《意大利民族史》的前两卷中简单记下了一些评论和批注。②

马克思对这两部作品做了 4 本厚厚的笔记，③ 字体比往常更小，几乎难以辨认。封面上的标题是恩格斯在处理遗产时附加上去的："按年代编排摘要：I：96 年到约 1320 年；II：约 1300 年到约 1470 年；III：约 1470 年到约 1580 年；IV：约 1580 年到约 1648 年。"④ 马克思

---

① 关于施洛瑟的知识分子传记，参见 Michael Gottlob, *Geschichtsschreibung zwischen Aufklärung und Historismus. Johanna von Müller und Friedrich Christoph Schlosser* (Frankfurt: Peter Lang, 1989), esp. section IV。

② 参见 Bruno Kaiser, *Ex libris Karl Marx und Friedrich Engels. Schicksal und Verzeichnis einer Bibliothek*, Berlin: Dietz, 1967, 36—37. Cf. MEGA2, IV/32: 158, 586—587。

③ 在马克思的书信中没有提到这些研究，因此很难准确地确定它们的年代。《马克思恩格斯全集》的编辑暂时将摘录放在"1881 年末至 1882 年末"之间（MEW, 19: 621—622），而马克西米利安·吕贝尔在他的《马克思：生活与作品》（伦敦麦克米伦出版社 1980 年版），第 121 页，宣称它们"毫无疑问"可以追溯到 1881 年末。第一种假设过于笼统，但第二种假设似乎并不完全准确，因为马克思在 1881 年完成了大部分研究，很可能在 1882 年的某些时候继续推进这个项目。我们可以从手稿中不同风格的下划线，以及马克思 1882 年 12 月 23 日给他女儿爱琳娜的信（见第四章注释 81）中推断出这一点。因此，有争议的是，这些笔记本（IISH 马克思—恩格斯的论文，B157, B158, B159, B160）属于马克思人生最后 18 个月中唯一的两个思想活跃时期，因为他辗转于伦敦和威特岛之间：从 1881 年秋季到 1882 年 2 月 9 日；从 1882 年 10 月初到 1883 年 1 月 12 日；从 1882 年 10 月初到 1883 年 1 月 12 日。可以肯定的是，在 1882 年他在法国、阿尔及利亚和瑞士度过的 8 个月里，他并没有研究历史年表。

④ 在某些情况下，笔记本的内容与恩格斯指出的日期略有不同。唯一出版的部分是第三和第四本笔记本的大约六分之一，大部分页数取自后者。这些材料出现在 1953 年沃尔夫冈·哈里奇（Wolfgang Harich）编写的一本缺乏文本参考的选集中：Marx-Engels-Lenin-Stalin, *Zur deutschen Geschichte* (Berlin: Dietz, 1953). 八年后，题目变成了 Karl Marx and Friedrich Engels, *Über Deutschland und die deutsche Arbeiterbewegung*. 从《编年摘要》中部分摘录出来的包括在 Band 1: Von der Frühzeit bis zum 18. Jahrhundert（Berlin: Dietz, 1973）: 285-516.

的总结采用的是德语、英语和法语，有时还穿插着简短的评论。其中许多仅仅是对日期或事件的更正。然而，在其他一些情况下，马克思对重要人物增加了批判性的思考，或对重要的历史事件作出了自己的解释，从中我们可以推断出他对施洛瑟所表达的进步信念和道德判断存在着思想分歧。这种重新沉浸于历史的研究不仅限于欧洲，还扩展到亚洲、中东、伊斯兰世界和美洲。①

马克思的编年体摘要主要以博塔的研究为根据，在这第一本笔记中，马克思使用了 143 页的篇幅，对公元前 91 年至公元 1370 年间的一些主要事件进行了年表整理。马克思的研究从古罗马开始，继而思考罗马帝国的衰落、法国的崛起、查理大帝（742—814）和拜占庭帝国的历史重要性以及封建主义的各种特征和发展情况。

在《资本论》第一卷出版之后，马克思已经多次忙于中世纪的研究，他对中世纪的了解在 1868 年得到显著增加。当时，他密切关注历史和农业问题，并且将从事这些领域研究的不同作家的著作摘录汇编成笔记本。对他来说尤为重要的是由政治理论家和法律历史学家格奥尔格·冯·毛雷尔（Georg von Maurer）于 1854 年出版的《德国马克、农场、村庄、城镇和公共权力的构成史概论》（*the Constitutive History of the German Mark, Farm, Village, Town and Public Authority*）。② 马克思告诉恩格斯，他发现毛雷尔的书籍"非常有意义"，因为它们以一种完全不同的方式对"不仅是原始时代，就是后来的帝国直辖市、享有豁免权的地主、公共权力以及自由农和农奴之间的斗争的全部发展，都获得了崭新的说明。"③

---

① 克拉特克在"马克思与世界历史"一文中指出："马克思没有给欧洲中心主义留下任何空间；他认为世界历史绝不是'欧洲历史'的同义词。"（ibid., 104）

② 参见最近出版的，"Exzerpte aus Georg Ludwig von Maurer: Einleitung zur Geschichte der Mark—, Hof—, Dorf— und Stadt—Verfassung und der öffentlichen Gewalt"，MEGA2, IV/18: 542—559, 563—577, 589—600。

③ Karl Marx to Friedrich Engels, 25 March 1868, MECW, 42: 557; MEW, 32: 51. 关于

在分析不同国家和不同时代的税收制度时，马克思仔细地标注了所有可能对他有用的方面。他还对位于阿拉伯世界和欧洲边缘的西西里岛所扮演的特殊角色，以及意大利海上共和国对商业资本主义发展的重要贡献产生了极大兴趣。最后，在查阅其他有助于整合博塔提供的信息的书籍时，马克思记录了许多关于伊斯兰征服非洲和东方，十字军东征巴格达以及哈里发的笔记。

在由 145 页组成的关于 1308 年至 1469 年这一时期的第二本笔记中，马克思继续记录了"圣地"最后的战争。然而，最大的部分还是与意大利的经济发展有关，马克思认为这是现代资本主义的开端。[①]马克思还借鉴了马基雅维利，总结了佛罗伦萨共和国政治斗争中的主要事件。与此同时，马克思借鉴施洛瑟的《德国人民世界史》，详细阐述了德国 14 世纪和 15 世纪的政治经济形势，以及成吉思汗生前和死后蒙古帝国的历史。[②]

包含在 141 页的第三本笔记中，马克思论述了 1470 年至 1580 年间主要的政治和宗教冲突。他对法国和西班牙之间的冲突、英国君主制动荡的王朝斗争以及吉罗拉莫·萨沃纳罗拉（Girdamo Savonarola，1452—1498）的生活和影响有着特殊兴趣。当然，他还追溯了宗教改革的历史，记录了新兴资产阶级对宗教改革的支持。他的笔记有相当一部分与马丁·路德（Martin Luther，1483—1546）有关。与施洛瑟

马克思对毛雷尔著作的研究，见 Tomonaga Tairako，"马克思关于前资本主义社会理论的转折点——马克思关于毛雷尔的摘录笔记，Mega IV/18—"，《社会研究杂志》第 47 期，no.1（January 2016）：1—10; 以及齐藤康平的《卡尔·马克思的生态社会主义：资本、自然和未完成的政治经济学批判》（New York: Monthly Review Press, 2017），264—265。

① 克拉特克在"马克思与世界历史"一文中坚持认为，马克思将"现代资本主义的开端"置于"十三世纪末意大利城市共和国的经济发展"。（同上，111）

② 克拉特克，同上，认为蒙古的陷落"让马克思反思在广阔领土上的政治权力的局限"（同上，112）。

不同的是，马克思对马丁·路德的描述非常负面，并尖锐地总结道："这个僧侣阻碍了宗教改革中一切进步因素。"①

最后，在 117 页的第四本笔记中，马克思主要关注了 1580 年至 1648 年间欧洲的众多宗教冲突。最长的一章论述了三十年战争（1618—1648）爆发前的德国，并对这一时期展开了深入的分析。②马克思对瑞典国王古斯塔夫·阿道夫（Gustavus Adolphus，1594—1632）、红衣主教黎塞留（1585—1642）和红衣主教马萨林（1602—1661）的角色进行了详细的描述。最后一部分是专门介绍伊丽莎白一世（1533—1603）去世后的英格兰。③

马克思根据从博塔和施洛瑟著作中摘录而来的 4 本笔记，编辑了另一本笔记，其特点与其他笔记相同，其内容密切相关。在这里，马克思根据基诺·卡波尼（Gino Capponi, 1792—1876）所著的《佛罗伦萨共和国史》（1875），进一步提升了他已经掌握的 1135 年至 1433 年的知识。他还根据约翰·格林（John Green, 1837—1883）的《英国人民史》（1877）对 449 至 1485 年这段时期进行了进一步的注释。然而，他那不稳定的健康状况使他不能再往前探究了。他的笔记止于《威斯特伐利亚和约编年史》和 1648 年的"三十年战争"。

当马克思的病情好转时，他需要尽一切可能消除"复发的危险"。④1881 年 12 月 29 日，在女儿爱琳娜的陪同下，马克思搬到威

---

① Karl Marx, IISH Amsterdam, *Marx-Engels Papers*, B 159, 113. 这篇马克思的简短评论由克拉特克所报道 "Marx and World History", 114。

② 这些摘录部分发表在 1953 年的 Harich 版上，共计 90 多页。参见 Karl Marx and Friedrich Engels, *Über Deutschland und die deutsche Arbeiterbewegung*（Berlin: Dietz, 1978），424—516。

③ 克拉特克在"马克思与世界历史"一文中指出，按时间顺序排列的摘要的第四本笔记显示了"马克思作为一个了解历史的社会科学家的力量，他可以轻易地从特定国家的内部发展转换到主要的欧洲和国际政治，而不会忽略整体的经济基础"（同上，6）。

④ Friedrich Engels to Karl Marx, 8 January 1882, MECW, 46:174; MEW, 35:32.

特岛的文特诺尔，他之前去过那里几次，现在有人建议他回去，希望"那里温暖的气候和干燥的空气会很快使他完全恢复健康"①。临行前，他给燕妮写信说："亲爱的孩子，你能为我做的最好的事就是振作起来！但愿我能和你们一起度过更多的快乐时光，尽职尽责地履行外祖父的职责。"②

1882 年 1 月的前两周，他是在文特诺尔度过的。为了不给散步带来太多麻烦，也为了"减少对反复无常的天气的依赖"，他不得不"在需要的时候"戴上一个呼吸器，这个呼吸器看起来很像"面罩"。③即使在这样困难的情况下，马克思也从未失去他的批判风格，他在给劳拉的信中写道，"德国资产阶级报纸迫不及待地宣布，有的说我死了，有的说我在最近的将来必然要死亡，这使我很开心；为了它们，'这个与世界失去联系的人'也一定要重新成为有活动能力的人"④。

马克思和爱琳娜在一起的日子并不轻松。爱琳娜在生存问题的重压下始终深感不安而无法入睡，马克思担心她的神经危机可能会急剧恶化。不管他们对彼此的感情有多深，他们都很难沟通：他总是"生气、焦虑"，而且觉得她"不讨人喜欢、让人不满意"。⑤

马克思仍然设法关注当时的主要政治事件。当在议会发言的德国

---

① Friedrich Engels to Ferdinand Domela Nieuwenhuis, 29 December 1881, MECW, 46:167.

② Karl Marx to Jenny Longuet, 17 December 1881, MECW, 46: 131; MEW, 35: 251.

③ Karl Marx to Friedrich Engels, 5 January 1882, MECW, 46: 171; MEW, 35: 30.

④ Karl Marx to Laura Lafargue, 4 January 1882, MECW, 46: 170; MEW, 35: 256.

⑤ Eleanor Marx to Jenny Longuet, 8 January 1882, in Meier, *The Daughters of Karl Marx*, 145—146. 关于整个事件，参见 Kapp, *Eleanor Marx*, 225—228. On 4 January, 225—228。1 月 4 日，马克思写信给劳拉："我的同伴（爱琳娜）（这只限我们之间谈谈）几乎什么也吃不下；神经性抽搐使她很痛苦。"卡尔·马克思在 1882 年 1 月 4 日写给劳拉·拉法格的信中写道："她整天读书写字，很是沉默寡言，事实上，她同我一起待在这里似乎只是出于义务感，就像一个把自己作为牺牲品的蒙难者似的。"46: 169; MEW 35: 255。

宰相再也无法忽视德国工人对政府政策的极度不信任时，① 他写信给恩格斯说道：“俾斯麦在帝国国会中供认德国工人终于‘唾弃了’他的国家社会主义，我认为，不仅直接地在德国，而且一般说来在国外这都是一个巨大胜利。”②

然而，马克思的支气管炎已经变成了慢性疾病，回到伦敦后，他的家人和唐金医生详细地讨论了气候问题，认为气候可以为他的病情好转提供最好的条件。选择在温暖的地方休养以便能够完全康复是明智的；威特岛不起作用。直布罗陀被排除在外，因为马克思需要护照才能进入该领土，而作为无国籍人士，他没有护照。当时的俾斯麦帝国已是冰天雪地，并且禁止马克思进入，而意大利则是更不可能的，因为，正如恩格斯所说，“对于正在恢复健康的人来说，首要条件是避免警察找麻烦”③。

在唐金医生和马克思的女婿保尔·拉法格的支持下，恩格斯说服马克思前往阿尔及尔。当时，这个地方在有经济条件躲避严寒的英国人当中享有很高的声誉，因为在那里英国人能够躲避严冬。④ 正如马克思的女儿爱琳娜后来回忆的那样，促使马克思进行这次不同寻常的旅行的原因是他一直以来对完成《资本论》的执着。她写道，他的总体状况越来越糟。如果他再自私一点，他就只能会让事情顺其自然了。但对他来说，有一件事是最重要的：全身心投入《资本论》的写作。

---

① 参见 the stenographic records of Reichstag debates, *Stenographische Berichte über die Verhandlungen des Reichstags*, I, Berlin 1882, 486. 俾斯麦的演说伴随着他在德国主要工业中心的选举失败。

② Karl Marx to Friedrich Engels, 15 January 1882, MECW, 46: 183; MEW, 35: 39.

③ Friedrich Engels to Eduard Bernstein, 25 January 1882, MECW, 46: 186—187; MEW, 35: 265. 在他看来，“意大利（能够）提供的担保比其他任何地方都少——当然，除了俾斯麦帝国”。也可以参阅 Karl Marx to Pyotr Lavrov, 23 January 1882, MECW, 46: 184; MEW, 35: 262。

④ 参见 Gilbert Badia, "Marx en Algérie", in Karl Marx, *Lettres d'Alger et de la Côte d'Azur* (Paris: Le Temps des Cerises, 1997), 17。

他希望将写作坚持到底，因此再次同意去旅行以使自己恢复健康。①

马克思于 2 月 9 日动身前往地中海，途中在巴黎郊区阿尔让台停留，他的长女燕妮就住在那里。在健康状况没有好转的情况下，他说服爱琳娜不必陪他，仅仅过了一个星期，他就决定一个人去马赛。他向恩格斯吐露："我根本不想让孩子认为，似乎她当了老头子的'护士'，成了家庭的牺牲品。"②

在乘火车穿越整个法国之后，他于 2 月 17 日到达了普罗旺斯海港。他很快便获得一张首班开往非洲的轮船船票。③ 第二天，在一个寒风凛冽的下午，他和其他乘客一起在港口排队等着上船。他有两个行李箱，里面塞满了厚重的衣服、药品和几本书。下午 5 点，这艘汽船驶往阿尔及尔，马克思将在那里待 72 天，这是他一生中唯一一次在欧洲以外的地方度过的时光。④

---

① Eleanor Marx, in *Gespräche mit Marx und Engels*, 577—578.

② Karl Marx to Friedrich Engels, 12 January 1882, MECW, 46: 176; MEW, 35: 34—35. 关于爱琳娜·马克思与父亲特殊关系的相关问题，除了参阅 Kapp, *Eleanor Marx,* 可 以 参 阅 Chushichi Tsuzuki, *The Life of Eleanor Marx, 1855—1898: A Socialist Tragedy*（Oxford: Clarendon Press, 1967）；Eva Weissweiler, *Tussy Marx: Das Drama der Vatertochter*（Cologne: Kiepenheuer & 2014）. Witsch, 2002）等文献。最新的研究成果是 Rachel Holmes, *Eleanor Marx: A Life*（London: Bloomsbury, 2014）。

③ 参见马克思致恩格斯的信（17 February 1882）："关于护照之类的事情没有问题，在乘客的票上。"MECW, 46:200; MEW, 35:42。

④ 马克思这趟去阿尔及利亚首都的旅行没有受到马克思传记作者的太多关注。就连出生在阿尔及尔的雅克·阿塔利（Jacques Attali），在他的《卡尔·马克思（Karl Marx）》一文中也只有半页纸的篇幅提及（Paris: Librairie Arthème-Fayard, 2005），尽管阿塔利对马克思的这次停留有一些不明确的态度，但他指出，马克思对1881 年夏季至 1883 年春季之间发生的奥兰起义一无所知。Marlene Vesper 的《马克思在阿尔及尔》（波恩：Pahl-Rugenstein Nachfolger, 1995）非常精确地追踪了马克思在访问阿尔及尔期间目睹的所有事件。对此感兴趣的还有 Dené Gallissot 编撰的《马克思在阿尔及尔》（Paris: Vnion Générale d'éditions, 1976）. Hans Jürgen Krysmanski 的小说《卡尔·马克思的最后旅程》（Frankfurt: Westend, 2014），最初试图将马克思在阿尔及尔期间的停留作为一幕，但由于缺乏资金从未实现过。

第四章 马克思的最后旅程

一、阿尔及尔的旅行和对阿拉伯世界的反思

在狂风暴雨中横渡 34 小时后，卡尔·马克思于 2 月 20 日抵达目的地。第二天，他给弗里德里希·恩格斯写信。一周后，他回忆说，他"病弱的身躯"（corpus delecti）已经"冻入骨髓"。他在上穆斯塔法区的维多利亚酒店找到一间位置理想的房间，可以看到港口景色。这是一个"神奇的全景"，让他得以欣赏欧洲和非洲的美妙结合。①

唯一知道这位新到来的、通晓多国语言的绅士真正身份的人是阿尔伯特·费默（Albert Ferme，1840—1904），他是一位治安法官，也是夏尔·傅立叶的追随者。1870 年，他因反对第二帝国而被监禁一段时间后，来到了阿尔及尔。他是马克思在那里唯一真正的同伴，在马克思的各种旅行中充当向导，试图满足其对新大陆的好奇心。

然而，随着日子一天天过去，马克思的健康状况并没有改善：他仍然受到支气管炎的困扰，无法控制的咳嗽使他晚上睡不着。异常寒冷、潮湿和多雨的天气——这是阿尔及尔 10 年来最糟糕的冬天——也导致了马克思的胸膜炎再次发作。他在给恩格斯的信中写道："但我还是冻得够呛，以致这些天我穿的衣服同在威特岛和在

---

① Karl Marx to Friedrich Engels, 1 March 1882, MECW, 46: 213—214; MEW, 35: 44, 45.

阿尔及尔市时不同的仅仅是，在别墅里用轻便大衣换下了犀牛皮大衣，其他的到现在为止没有任何变化。"他甚至考虑再往南走 400 公里，到撒哈拉沙漠边缘的比斯克拉村，但糟糕的身体状况让他打消了这么费力的旅行。因此，他在阿尔及尔进行了长时间的复杂治疗。

查尔斯·斯蒂凡（Charles Stephann，1840—1906）是这个城市里最好的医生，为马克思开了白天服用的亚砷酸钠处方和晚上服用的一种含有可卡因的止咳糖浆以帮助他入睡。他还要求马克思把体力消耗减少到最低限度，并且"除了消遣性的阅读外，禁止任何严肃的脑力工作"。然而，3 月 6 日时的马克思咳嗽变得更加剧烈，并造成反复出血。因此，马克思被禁止离开酒店，甚至是参与谈话："安静、孤单和沉默"现在是他的"公民天职"。① 他给恩格斯写信说，至少"斯蒂凡医生像我亲爱的唐金医生一样，总忘不了……白兰地！"②

最痛苦的治疗是 10 个水疱疗程，这是当时流行的一种治疗方法，它使用药剂使皮肤起疱以释放皮下毒素。在一位年轻药剂师的帮助下，马克思完成了这些治疗。通过使用火棉反复涂抹马克思的胸部和背部并且把由此产生的水疱刺破，莫里斯·卡西拉兹先生逐渐将他肺部多余的液体成功抽了出来。

毫不奇怪，马克思开始对他选择的目的地感到后悔，正如他在给保尔·拉法格（Paul Lafargue）的信中写道："从我刚离开马赛起到现在为止"，"尼斯和门顿的天气都一直非常好！"这是他考虑过的另外两种可能。③ 三月下旬，他向他的女儿燕妮透露："由于这一

---

① Karl Marx to Jenny Longuet, 16 March 1882, MECW, 46: 219; MEW, 35: 291.

② Karl Marx to Friedrich Engels, 1 March 1882, MECW, 46: 215; MEW, 35: 46.

③ Karl Marx to Paul Lafargue, 20 March 1882, MECW, 46: 221; MEW, 35: 293. 他补充道："但曾经有过一种固有的理念——对此我是没有责任的——这就是非洲的阳光和这里有奇效的空气！"（同上）

次愚蠢的、考虑不周的旅行，现在我的健康又处于我离开伦敦时的那种状况。"马克思还告诉她，他曾对长途旅行"犹豫不决的，但恩格斯和唐金彼此互相激发了对非洲的热情，而且他们两人都没有得到任何特别的情报，都没有考虑到今年的气候异乎寻常"①。他的观点是："本来应当预先弄清这种情况，而不应碰运气地作这样的旅行。"②

3月20日，马克思写信给拉法格称，治疗已经暂时停止，因为他的"无论是背上还是胸上（胸上也刺画），都没有一块干燥的地方可以再做这种手术了"。一看到自己的身体，他就会想起"种上了甜瓜的小菜园"。然而，使他大为宽慰的是，他的睡眠"逐渐在恢复"了。他说，"没有得过失眠症的人，是不能体会到彻夜不眠的痛苦终于消除时的这种愉快心情的！"③

而马克思的呼吸更加吃力，这是由于夜间出现水疱，需要严格禁止抓挠，必须用绷带包扎。他得知自从他离开伦敦之后，法国的天气"非常好"，牢记快速理念的最初预测，他写信给恩格斯说："因此一个人任何时候都不应以过于美好的希望来安慰自己！"④ 很明显"距离'有健全的身体，才有健全的精神'还差得很远"。⑤

---

① Karl Marx to Jenny Longuet, 16 March 1882, MECW, 46: 218; MEW, 35: 289—290.

② Karl Marx to Jenny Longuet, 27 March 1882, MECW, 46: 224; MEW, 35: 295. 他又补充道："虽然威特岛的天气不好，可是我的健康状况却大为好转，以致当我回到伦敦的时候，大家都惊讶不已。况且在文特诺尔，我是安心的；而相反地在伦敦，恩格斯的担心（还有多嘴的拉法格也认为，我需要的只是'散步'、新鲜空气等等）实际上弄得我心绪不宁。我感到，我再也不能忍受这种情况了；所以当时我那样着急地一定要离开伦敦！可见，最真实诚挚的爱可以害人；在这种情况下，对于一个正在恢复健康的人来说，还有什么更危险的东西呢！"(ibid.; MEW, 35: 295—296)

③ Karl Marx to Paul Lafargue, 20 March 1882, MECW, 46: 221—222; MEW, 35: 293—294.

④ Karl Marx to Friedrich Engels, 1 March 1882, MECW, 46: 215; MEW, 35: 46.

⑤ Karl Marx to Friedrich Engels, 28—31 March 1882, MECW, 46: 226; MEW, 35: 51.

马克思的痛苦不仅仅是肉体上的，他还感到孤独，在 3 月 16 日，他写信给女儿燕妮："对于我来说，再没有比阿尔及尔市，特别是它的郊区的夏天和春天更具有魔力了，假使我身体健康而且我所有的亲人（尤其是几个外孙）都跟我在一起的话，我会感到自己如同在《一千零一夜》中一样。"①3 月 27 日，他又补充说，他希望"有朝一日飞毯能把琼尼送到我这里来。我可爱的孩子要是看到摩尔人、阿拉伯人、柏柏尔人、土耳其人、黑人——总之，所有这些巴比伦人，以及掺杂有'文明的'法国人等等和迟钝的不列颠人的这个东方世界的服装（大部分是非常优美的），会感到多么惊奇"②。

马克思经常给恩格斯写信分享一切，他写道"有点惘然若失，有时犯重忧郁症，像伟大的堂·吉诃德一样"。他的思想总是回到他失去终身伴侣的事情上："你知道，没有人比我更讨厌随便动感情的了；但如果不承认我的思想大部分沉浸在对我的妻子——她同我生命中最美好的一切是分不开的——的怀念之中，那是骗人的。"③他周围的自然景象暂时地使他从悲伤的痛苦中解脱出来。四月初，他写道"月光照耀下的港湾呈现了一幅美妙的图画"，"对走廊前面的海景，我总是看不够"。④

马克思还被迫丧失严谨的智力活动。从旅行一开始，他就意识到这将是一个"浪费时间的行动"，但当他意识到这种"可恶的疾病"也"损害人的智力"时，他最终同意了。⑤

他告诉燕妮，在阿尔及尔"暂时还谈不上做什么工作，甚至不能为了再版而校订《资本论》⑥。至于当前的政治形势，他只能通过阅

①　Karl Marx to Jenny Longuet, 16 March 1882, MECW, 46: 219; MEW, 35: 290.

②　Karl Marx to Jenny Longuet, 27 March 1882, MECW, 46: 225; MEW, 35: 296.

③　Karl Marx to Friedrich Engels, 1 March 1882, MECW, 46: 213, 215; MEW, 35: 44, 46.

④　Karl Marx to Friedrich Engels, 4 April 1882, MECW, 46: 229; MEW, 35: 52.

⑤　Karl Marx to Pyotr Lavrov, 23 January 1882, MECW, 46: 184; MEW, 35: 262.

⑥　Karl Marx to Jenny Longuet, 27 March 1882, MECW, 46: 225; MEW, 35: 296. 1881

读当地一份小报纸《小庄园主报》①[*Le Petit Colon*] 的电报报道，以及欧洲寄来的唯一一份工人报《平等报》[*L'Égalité*] 来了解，他讽刺地说："但它根本就不能叫作报纸。"②

马克思在 1882 年春天的一封信中说，他"渴望重新获得活动能力并结束这种残废者的无聊职业"，③"这是一种毫无意义的、枯燥的，甚至是昂贵的存在。"④他甚至对拉法格说，他是如何无所事事，堕落到几乎愚笨。⑤——这表明他担心自己再也不能像从前那样活着了。

接二连三的打击使马克思无法深入了解阿尔及利亚现实的真相，也不像恩格斯所预见的那样，他真的有可能研究"阿拉伯人共同拥有"⑥的特征。1879 年，在他研究民族学、土地财产和前资本主义社会的过程中，他已经对法国统治的阿尔及利亚的土地问题产生了兴

年 10 月，出版商奥托·迈斯纳(Otto Meissner) 要求马克思对他的巨著《资本论》第一卷做任何必要的修改或补充，为新版做准备。

① 阿尔及利亚的小报，类似巴黎的《小报》《小法兰西共和国报》等的电讯。——译者注

② Karl Marx to Paul Lafargue, 20 March 1882, MECW, 46:221; MEW, 35:293.

③ Karl Marx to Jenny Longuet, 6—7 April 1882, MECW, 46: 230; MEW, 35: 298.

④ Karl Marx to Friedrich, Ergels, 20 May 1882, MECW, 46:210; NEW, 35:65.

⑤ 参见 Paul Lafargue to Friedrich Engels, 19 June 1882, in Frederick Engels, Paul and Laura Lafargue, *Correspondence*, vol. 1, *1868—1886*（Moscow: Foreign Languages Publishing House, 1959）, 87.

⑥ 参阅 Friedrich Engels to Eduard Bernstein, 22—25 February 1882, MECW, 46: 210—211; MEW, 35: 285。拉法格后来说："马克思回来的时候满脑子都是非洲和阿拉伯人；他利用在阿尔及尔逗留的时间，吞食了他们的图书馆，在我看来，他读过大量关于阿拉伯人状况的著作。"参见"保尔·拉法格致弗里德里希·恩格斯的信"，1882 年 6 月 16 日，参见"恩格斯，保罗和劳拉·拉法格的信"，第 83 页。正如巴迪亚所指出的，马克思更有可能无法"了解法国殖民地的社会和政治形势"，尽管他的"来自阿尔及尔的信件证明了他多方面的好奇"，参见吉尔伯特·巴迪亚的《马克思在阿尔及利亚》，卡尔·马克思的《阿尔及尔的信件》第 13 页。

趣。在这种情况下，马克思从柯瓦列夫斯基的《公社土地占有制，其解体的原因、进程和结果》中摘录："土地所有权个体化"给入侵者带来巨大利益的原因、过程和后果，但它也会有助于摧毁"这个社会基础"的"政治目标"。①

1882 年 2 月 22 日，阿尔及尔日报《新闻报》（*L'akhbar*）的一篇文章记录了新制度的不公正。理论上讲，当时的任何法国公民都拥有可以在不出国的情况下获得阿尔及利亚 100 多公顷土地的特权，然后以 4 万法郎的价格转卖给当地的人。平均来说，殖民者以 300 法郎的价格卖掉了他们以 20—30 法郎购买的每一块土地。②

由于健康状况不佳，马克思无法回到这些问题的思考上来；《新闻报》里的文章也没有引起他的注意。即使在最不利的情况下，他对知识的恒久渴望也没有消退。在考察了酒店周围那些正在进行大规模房屋改造的区域后，他指出："上穆斯塔法的街上正在不断地修建新的房屋，拆除旧的房屋等等，虽然从事这种工作的工人都是健壮的人，而且是本地居民，但是他们在做完头三天工作以后就害热病。因此，他们工资的一部分是企业主提供给他们每天服用的奎宁。"③

马克思在他的 16 封 ④ 来自地中海南部的信件中做了一些有趣的观察，其中一些信件显示了部分殖民地的社会景象。真正比较显眼的

---

①　Marx, "Excerpts from M. M. Kovalevsky", 412; "Exzerpte aus M. M. Kovalevskij", 109.

②　参见 Marlene Vesper, *Marx in Algier*, 33—34，这是对当地日报"让步"一文的重复。

③　Karl Marx to Paul Lafargue, 20 March 1882, MECW, 46: 220; MEW, 35: 292. 马克思补充说，"同样的做法可以在南美的不同地方看到"。（同上）

④　这个总数仅指他现存的信件。事实上，马克思写了更多的信，其中一些是写给他女儿爱琳娜的，但这些信随着时间的推移已经遗失了："他从阿尔及尔给我写了几封长信。其中许多我已经不再拥有了，因为在他的要求下，我把它们发给了燕妮，她只还给了我一些。"爱琳娜·马克思，在 *Gesprache mit Marx and Engels*，第 578 页。

是那些涉及穆斯林社会关系的书信。

马克思被阿拉伯人的举止深深地震撼了："甚至最穷的摩尔人，"他写道，"在走路或站立时所表现出的自然优雅和高贵气度方面，都胜过欧洲大演员。"①4月中旬，他在给女儿劳拉的信中写道，他注意到一群阿拉伯人在打牌，"这些摩尔人中间有几个穿着很讲究，甚至很豪华，其余的穿一种我不妨暂且称为'短衫'的衣服，看样子过去是白色毛料的，但现在已经破烂不堪。"然而在一位"真正穆斯林的眼睛里"，他评论道："这类事情，幸运或者倒霉，都不会造成穆罕默德的子女之间的差别。他们在社交中绝对平等——是完全自然的；相反地，他们只是在风俗习惯受到破坏的时候，才意识到这种平等；至于谈到对基督徒的仇恨及最后战胜这些异教徒②的希望，那么他们的政治家正当地把这种绝对平等感，把这种平等的实际存在（不是在财产或地位上，而是在人格方面）看作是支持这种仇恨并且不放弃这种希望的保证。（然而没有革命运动，他们什么也得不到）"③

马克思也对国家缺乏权威颇为惊讶。"任何地方，任何一个同时又是中央政权所在地的其他城市，都没有这里这么行动自由：警察缩减到最必需的最小数量，社会中的放荡不羁现象闻所未闻，——所有这一切都是因为有摩尔人的影响。事实上穆斯林居民不承认任何隶属关系：他们认为自己既不是'臣民'，也不是'被管理的人'，除了在政治问题上以外，没有任何权威，——这正是欧洲人所不能理解的。"④

马克思轻蔑地抨击欧洲人的暴力滥用和不断挑衅，尤其是他们对"劣等种族"的"那种无耻的傲慢自大和烧死活人祭摩洛赫神般

①　Karl Marx to Jenny Longuet, 6-7 April 1882, MECW, 46:231-232; MEW, 35:300.

②　基督徒、异教徒指的是来自基督教世界的殖民统治者。——译者注

③　Karl Marx to Laura Lafargue, 13—14 April 1882, MECW, 46: 242; MEW, 35: 308.

④　同上。MECW, 46: 238; ibid., MEW, 35: 305.

的残忍"。他还强调，在殖民占领史的比较中，"英国和荷兰胜过法国"。就阿尔及尔本身，他向恩格斯报告说，他的朋友费默法官在他的职业生涯中经常看到"采用（而且这是作为一种'常规'）迫使阿拉伯人认罪的特殊刑讯方式；当然，这是'警察'干的（就像英国人在印度所干的那样）"。"假如有一伙阿拉伯人主要是为抢劫而杀了人，后来真正的罪犯被查了出来，抓到了，判了罪并且处死了，可是殖民主义者的受害的家庭对这样偿命也并不感到满足。它要求再多'斩首'几个，至少要多杀半打无辜的阿拉伯人。欧洲殖民主义者不管是在一个地方定居，或者是由于事务关系在'劣等种族'中暂时居住，他们通常总是认为自己比漂亮的威廉一世更加神圣不可侵犯。"①

马克思在另一个背景下回到了这个主题，他告诉恩格斯法国当局对"一个可怜的强盗，一个可怜的阿拉伯人，不断犯罪的职业杀人犯进行的恶毒戏谑"的暴行。在行刑前不久，他得知"不是被枪毙，而是被斩首！这违背协议！"，"还不仅如此。他的亲属们曾希望，就像过去法国人允许做的那样，把头和身子拿回去，以便能把两者缝合起来，然后埋一个'全尸'。可是办不到了！于是哀号，咒骂，发狂；而法国当局断然拒绝，而且是第一次！当躯干进入天堂的时候，穆罕默德就会问：你把自己的脑袋丢在哪儿了？或者问：脑袋为什么失去了躯干？你不配进天堂！亲属们因此而痛哭流涕。"②

除了对政治和社会的观察，马克思的书信还包括了阿拉伯文化方面的资料。一次，他给他的女儿劳拉讲了一个寓言，这个寓言深深反映了他现实性的一面：一个船夫准备好在湍急的河水中驾驶小船，上面坐着一个想渡到河对岸去的哲学家。于是发生了下面的对话：

---

① Karl Marx to Friedrich Engels, 8 April 1882, MECW, 46: 234; MEW, 35: 54.

② Karl Marx to Friedrich Engels, 18 April 1882, MECW, 46:246-7; MEW, 35:57-58.

哲学家：船夫，你懂得历史吗？

船夫：不懂！

哲学家：那你就失去了一半生命！

哲学家又问：你研究过数学吗？

船夫：没有！

哲学家：那你就失去了一半以上的生命。

哲学家刚刚说完了这句话，风就把小船吹翻了，哲学家和船夫两人都落入水中，于是

船夫喊道：你会游泳吗？

哲学家：不会！

船夫：那你就失去了你的整个生命！

马克思还对劳拉说："这个寓言会使你对阿拉伯人产生某些好感。"①

经过两个多月的治疗，马克思的病情有所好转，他终于回到了法国。他给了恩格斯最后一个惊喜："顺便说一下，太阳迫使我去掉了预言家的胡须和'假发'，不过（因为我的女儿们比较喜欢我过去的样子）我在把自己的头发献给阿尔及尔理发师的祭坛之前去照了相。"② 这是他的最后一张照片。这与"实际存在的社会主义"广场上的政府所要求刻画的花岗岩雕像轮廓完全不同。他的胡子，就像他的思想一样，并没有失去青春的色彩；他的微笑，尽管历经了生活种种不如意的考验，但仍然显得亲切和谦逊。③

---

① Karl Marx to Laura Lafargue, 13—14 April 1882, MECW, 46: 243; MEW, 35: 311.

② Karl Marx to Friedrich Engels, 28 April 1882, MECW, 46: 249; MEW, 35: 60.

③ 马克思本人说，尽管他在拍摄这张照片的前八周没有"完整地休息过一天"，但他"仍然把事情看得很好"，同上；恩格斯对他的朋友告诉他的情况感到非常高兴。1882 年 5 月 16 日，弗里德里希·恩格斯对奥古斯特·倍倍尔说："他在阿尔及尔拍了张照片，现在又恢复了他原来的样子。"MECW, 46: 259; MEW, 35: 322. Cf. Vesper, *Marx in Algier*, 130—135.

二、"共和主义者的共和国"

恶劣的天气继续困扰着马克思。他"在非洲的最后几天"①，西罗科风②的到来给他的健康带来了严峻的考验。5月5日，时值他64岁生日这天，他在马赛上岸。正如他后来在给爱琳娜的信中写道："一场猛烈的风暴把他的船舱变成了一个真正的风洞。"虽然到达目的地，但是汽船并没有真正进入港口，所以乘客不得不乘小船离开，"我们不得不在寒冷的而且有穿堂风的海关炼狱中待几小时。"他打趣说，这些苦难"又在一定程度上破坏了我的机体的工作"，一到蒙特卡罗，"重新投入埃斯库拉普③的怀抱"。④

值得信赖的埃斯库拉普是库奈曼医生（1828—?），一个来自阿尔萨斯专攻肺部疾病的优秀医生。⑤马克思的支气管炎已经变成了慢性疾病，"胸膜炎又复发了"⑥，这使马克思感到"惊恐"。四处奔波造成了他身体的进一步衰弱，马克思用他惯用的文学典故来和恩格斯开玩笑：在这一方面"命运"这次和过去一样，甚至几乎和缪尔纳博士的悲剧中描写的一样，很不吉利。因此，有必要在5月9日—30日期间进行另一个疗程的四次水疱治疗。

因为在继续新旅程之前，马克思必须先恢复健康，所以他在摩纳哥公国住了3个星期。他对那里的描述既敏锐又带有社会批判的色

---

① Karl Marx to Friedrich Engels, 8 May 1882, MECW, 46: 253; MEW, 35: 61.

② 原文中为 sirocco，这是地中海地区的一种风，会带来干燥炎热的天气，导致很多人因此患病。——译者注

③ 埃斯库拉普指的是希腊神话中的医神。——译者注

④ Karl Marx to Eleanor Marx, 28 May 1882, MECW, 46: 267; MEW, 35: 327.

⑤ 参阅 Karl Marx to Friedrich Engels, 5 June 1882, MECW, 46: 272; MEW, 35: 69。

⑥ Karl Marx to Friedrich Engels, 20 May 1882, MECW, 46: 262; MEW, 35: 64. 马克思没有写信给他的女儿们说明这一发展，因为"这不必要地会使她们惊慌"，ibid., MECW, 46: 264; ibid., MEW, 35: 65。

彩。例如，他把蒙特卡罗比作格罗什坦，格罗什坦是雅克·奥芬巴赫
（Jacques Offenbach，1819—1880）歌剧《格罗什坦公爵夫人》中虚
构的小王国。

马克思去过几次那间位于著名赌场的阅览室，那里有很多国际报
纸可供选择。他对恩格斯说，他在"俄国酒店的桌游同伴"，以及这
座城市的普通公众"对于娱乐场赌博厅里的情况倒是更感兴趣"。他
在这一时期的来信中，时而对他遇到的人进行有趣的评论："特别使
我开心的是一个大不列颠的后代，他愁眉苦脸，怨天尤人，暴躁易
怒，为什么？因为他绝对相信他能'捞到'一些金币，结果却输掉了
一些金币。他不懂得即使用不列颠式的粗鲁也不能'制服'福图娜。"①

马克思的女儿爱琳娜收到过关于这个陌生世界最尖刻的描述，信
中写道："在饭店，在咖啡馆等地方，人们谈论和窃窃私语的几乎全
是关于轮盘赌以及'三十和四十'②。例如，一会儿某个年轻的俄国女
人（某俄国外交官的妻子，'俄罗斯'旅馆的一个房客）赢了一百法
郎，当场又输了六千法郎；一会儿某人已经没有回家的路费了；另一
些人输得倾家荡产；只有极少数人在这里赢了很少一点钱走了；我指
的是赌徒中的少数人，而他们几乎全是富人。在这种场合下根本谈不
到精打细算，等等；只有很小的机会可以碰上好'运气'，尽管如此，
如果人们有一笔可观的赌注，他们就会拿它去冒险。"③

"在娱乐场（那里面也进行赌博）的右边紧挨着的是'巴黎咖啡
馆'，它的旁边有一个小亭子；那里每天都张贴着耀眼的广告，不是
印的，而是画的，有作者姓名的缩写字；人们花六百法郎可以从他那
里知道白纸黑字写的全部科学秘密，即只要有一千法郎就能在轮盘赌
或者'三十和四十'中赢得一百万。而真有不少人去上这个为傻瓜设

---

① Karl Marx to Friedrich Engels, 8 May 1882, MECW, 46: 254; MEW, 35: 62.

② "三十和四十"，又名"红与黑"，是一种赌博。——译者注

③ Karl Marx to Eleanor Marx, 28 May 1882, MECW, 46: 268; MEW, 35: 328.

下的圈套！确实有很多男女赌棍都相信这种纯属碰运气的赌博的科学；先生们和女士们坐在'巴黎咖啡馆'门前或娱乐场的美丽花园的条凳上，手持计算表（铅印的），低着头，在乱写乱画计算着什么东西，或者，一个人深思熟虑地对另一个人述说他所喜欢的是'哪一种办法'——是否应该赌'级数'，等等。可以认为，人们入了疯人院。"①

简而言之，马克思清楚地认识到："除了会同赌场一起沦落下去的摩纳哥—格罗什坦以外，尼斯如果没有这个蒙特卡罗的赌场，也不能作为一个时髦的城市维持下去，在冬季，上流社会的人士和冒险家们都麋集在这里。尽管如此，这种赌场同交易所相比，是多么幼稚的游戏啊！"②

在一系列的水疱治疗之后，库奈曼医生准许马克思出院，并且允许他继续旅程。但建议他在卡恩停留几天，让伤口"干燥"，在这之后，他就可以继续前往巴黎。一到法国度假胜地，马克思就列出一张在维耶拉的时间表："我就在上流社会的懒汉或冒险家的这个巢穴里混了整整一个月。这里，自然景色非常优美，而在其他方面，是个无聊的地方；它是'宏伟的'，因为完全是由大旅馆构成。除了属于流氓无产阶级的旅馆、咖啡馆等等的听差和仆役之外，这里没有任何平民'群众'。"③天气仍然很糟糕，不利于马克思的身体。在戛纳的三天时间里，"例外的有大风（虽然是暖和的）和尘柱"，这一话题充斥

---

① Karl Marx to Eleanor Marx, 28 May 1882, MECW, 46: 269; ibid., MEW, 35: 329. 英国工程师约瑟夫·贾格斯（Joseph Jaggers, 1830—1892）确实发现了一种打破轮盘规律的方法——但不是通过任何科学计算，而是仅仅通过机械的故障。1873年，他意识到有一个轮盘比其他轮盘更不平衡，所以它比其他轮盘更经常得到9个数字。他设法赢得了150万法郎，直到赌场意识到这个缺陷，并毫不费力地修理了它。

② Karl Marx to Eleanor Marx, 28 May 1882, NECW, 46:268; NEW, 35:328（本出处由译者所添加）。

③ Karl Marx to Friedrich Engels, 5 June 1882, MECW, 46: 272; MEW, 35: 68.

着"里维埃拉的地方报刊"。马克思带着自嘲的口吻对恩格斯说:"连大自然也具有某种小市民的幽默(例如,早在《旧约》里就说用尘土喂蛇,就像幽默地预示达尔文说蚯蚓以尘土为食物一样)。"

在同一封信中,马克思细数了医生的最后建议:"应当吃得好而多;甚至要强迫自己'习惯于'这样做;要'喝''好酒',如果不能多走路、爬山等,可以经常乘车等去散心;要尽量少思索,等等。"他不能不说:"遵照这个'教导',我正走在定会成为'白痴'的道路上,虽然如此,我还是没有摆脱支气管卡他症。老加里波第因得支气管炎而'永生了',这对我是一种慰藉。当然,到了一定的年龄,因为什么而'去见上帝',完全是无关紧要的。"①

6月7日,马克思离开伦敦大约4个月后,终于能够坐火车回到他女儿在阿尔让台的家。马克思劝她不要为他的到来而操心——"如果你不去为我到达的准确日期和钟点而操心,那就使我很感激了。以前我常说,没有任何事像有人到车站来接我那样使我心绪不宁。也不要对任何人说(包括加斯科尼人、俄国人和希尔施)你在那周等我。"马克思仍然需要"充分的安静"。②而且,正如他对恩格斯说的那样,他觉得"'与人交往'越少越有必要"③。马克思疲惫不堪,觉得自己已经走到了生命的尽头。他在给燕妮的信中所写的内容和其他任何普通人都大同小异:"所谓'安静'我是指'家庭生活'、'孩子们的喧闹',整个这一'小小的微观世界'比'宏观'世界有意思得多。"④

在阿尔让台,马克思把他的生活比作一个假释犯,因为他总是必

---

① 同上,MECW, 46: 274; ibid., MEW, 35: 69—70。

② Karl Marx to Jenny Longuet, 4 June 1882, MECW, 46: 271; MEW, 35: 330.

③ Karl Marx to Friedrich Engels, 5 June 1882, MECW, 46: 274; MEW, 35: 70. 这里参考的是阿道夫·冯·克尼格(Adolph von knigge, 1752—1796)的著作,书名正是《与人交往》(1788)。

④ Karl Marx to Jenny Longuet, 4 June 1882, MECW, 46: 272; MEW, 35: 330.

须"到最近的医生那里去报到"。① 龙格夫妇的家庭医生杜尔朗非常
了解马克思，建议他"在几周内""尝试一下恩吉安的硫矿泉水"。②
在附近的一个地方，他可以请教弗纪埃医生。

仍然不稳定的天气不允许马克思立即开始治疗；这还导致他腿部
的风湿病发作，非常痛苦。③ 只有在 7 月的头几天，他才接受建议，
到硫磺浴场去旅行，这使他受益匪浅。他告诉恩格斯，治疗必须定期
且持续："各种形态的硫磺使人疲劳；然后在户外散步等等。硫磺蒸汽
使吸入治疗室内昏暗不清；在这里要待三十至四十分钟；每五分钟在
一个特定的桌旁（从一个带开关的锌管中），吸入以特殊方法喷射出
来的含有硫磺的蒸汽；每个人从头到脚都用橡皮裹住；吸完之后大家
一个接一个地围着桌子行军，这是但丁《地狱》中的无罪的场面。"④

下午，马克思洗完澡回来休息一会儿，就经常出去"散步，和孩
子们玩，所以听和看（特别是思维）的能力，丧失得比黑格尔本人在
《现象学》⑤ 中还厉害；最后，晚上 8 点吃晚饭，一天的活动就这样结
束了，哪里还有写信的时间呢？"。尽管做了很多的努力，支气管卡他
症还是"没有消失"，医生建议他把治疗延长到 8 月中旬。然而，总

---

① Karl Marx to Friedrich Engels, 9 June 1882, MECW, 46: 275; MEW, 35: 71.

② Ibid.; ibid. 正如恩格斯报告的那样，"他的进一步行动……完全取决于医生"，弗
里德里希·恩格斯对弗里德里希·左尔格说，1882 年 6 月 20 日，MECW, 46:
278; MEW, 35: 332。

③ Karl Marx to Friedrich Engels, 24 June 1882, MECW, 46: 284; MEW, 35: 74. 甚至回
到他女儿在阿尔让台的家，恶劣的天气也让他感到不安，看看拉法格的评论：
"巴黎人绝望了；他们从来没有过这样的六月；你可能会认为自己在英国，太可
怕了。马克思忍受着坏天气，他告诉我，无论他走到哪里，他一坐下吃饭，大
家就纷纷抱怨天气，昨天天气好，今天天气糟透了。'这是我的错，'马克思回
答说，'我带来了坏天气。'如果他生活在中世纪，他会被当作魔法师烧死。"参
见"保尔·拉法格致弗里德里希·恩格斯的信"，1882 年 6 月 16 日，恩格斯，
保尔和劳拉·拉法格，《通信录》，第 85 页。

④ Karl Marx to Friedrich Engels, 4 July 1882, MECW, 46: 290—291; MEW, 35: 75.

⑤ 乔·威·弗·黑格尔《精神现象学》。——译者注

的来说，马克思的情况有所改善，所以在这个月初，他甚至与巴黎工人运动的一些领导人举行了一次会议，包括何塞·梅萨（Josē Mesa，1840—1904）、保尔·拉法格、加布里埃尔·杰维尔（Gobriel Devilk，1854—1940）和茹尔·盖得。这是几个月来他第一次参与这样的事件，尽管"事情经过良好"，但他写信给恩格斯说，"由于热闹的谈话或者闲聊，事后我至今仍然感到疲劳。"①

8月20日，马克思完成了他的"最后一次去恩吉安的吸入治疗室，进行了沐浴和淋浴"，在最后一次检查后，弗纪埃医生告诉他，"支气管的嘶哑声大大减少了，要不是可恶的天气，也许会完全消失了"；并且建议他到日内瓦湖去，"那里传来的天气预报是很好的，——因为两位医生都认为，支气管卡他症的最后遗迹可能会在那里自行'消失'。"②

这一次，马克思不能"独自开始这趟危险的旅程"，他的女儿劳拉陪着他。他开玩笑说，他把自己比作在暗杀中扮演重要角色的伊斯玛利派的拉希德丁·息南（Rashidad-Din Sinan，1132/1135—1192），在十字军东征期间，她认为陪伴山中老人或多或少是她的职责。③

在马克思去瑞士之前，他收到了一封来自在巴黎为德国许多资产阶级报纸效劳的德国记者的信，信中说："他不是社会民主党人，当然，也不是这派报纸的记者；但是，他说德国'社会'各界对官方关于我的健康状况的报道感到不安；因此他请求到阿尔让台访问我，如此等等。"

---

① Karl Marx to Friedrich Engels, 3 August 1882, MECW, 46: 296—298; MEW, 35: 76, 78.

② Karl Marx to Friedrich Engels, 21 August 1882, MECW, 46: 308; MEW, 35: 83. 不久，恩格斯给燕妮写信说："我们完全有理由满足于他在如此恶劣的天气下所取得的进步，他已经得了三次胸膜炎，其中两次很严重。对他残留的支气管炎再加一点恩吉安或科特雷等，然后在阿尔卑斯山或比利牛斯的高地上进行气候治疗，就会使他完全重新振作起来，准备工作。"46: 315—316; MEW, 35: 354。

③ Karl Marx to Laura Lafargue, 17 June 1882, MECW, 46: 277; MEW, 35: 331.

他继续告诉恩格斯，"我没有答复这个阿谀奉承的下流文人"。①

他们的第一段旅程是在白天进行的，目的是为了"避免旧病复发的任何可能"，② 最远到达洛桑。马克思到达后感冒了，这是他在巴黎与《资本论》的译者罗伊在花园谈话时染上的。尽管天气预报说天气很好，但那里实际上"一直下雨，天气较冷"。他告诉恩格斯："我向茶房提出的第一个问题是：这里是什么时候开始下雨的？回答是：才下了两天（也就是我从巴黎动身的那天起）。真有意思！"③

最后的目的地是斐维，日内瓦湖的东北海岸。马克思写信给恩格斯说，他"仍然老是咳嗽"，但一切都很顺利："我们住在这里就像生活在乐土中一样。"④ 他非常想念恩格斯的陪伴，并试图说服他离开伦敦与他会合。恩格斯忙于处理各种各样的实际问题，以便能够继续支持马克思反复出现的治疗需要："我很想设法到你那里去一趟，但是如果我出了什么事——哪怕是一时出事，那么我们的全部财务安排就会陷于紊乱。这里找不到一个人我可以赋予他全权，让他办理毕竟有点复杂的收款等事宜。"⑤ 马克思理解了这一点，并再次表达了他的感激之情："你对我的忘我的关怀真是令人难以想象的，对此我内心时常感到惭愧。"⑥

9月底，马克思回到燕妮在阿尔让台的家后，再次去找杜尔朗医生，请求允许他本人"横渡英吉利海峡"⑦。杜尔朗医生发现马克思的病情"已大大改善，说我甚至'发胖了'"。但他要求马克思"在伦敦居留的时间无论如何不能超过两个星期，如天气非常好，也不能超过

---

① Karl Marx to Friedrich Engels, 24 August 1882, MECW, 46: 310; MEW, 35: 85—86.

② Karl Marx to Friedrich Engels, 21 August 1882, MECW, 46: 308; MEW, 35: 83.

③ Karl Marx to Friedrich Engels, 24 August 1882, MECW, 46: 310; MEW, 35: 85.

④ Karl Marx to Friedrich Engels, 4 September 1882, MECW, 46: 317; MEW, 35: 91.

⑤ Friedrich Engels to Karl Marx, 12 September 1882, MECW, 46: 319; MEW, 35: 93.

⑥ Karl Marx to Friedrich Engels, 16 September 1882, MECW, 46: 326; MEW, 35: 95.

⑦ Karl Marx to Friedrich Engels, 28 September 1882, MECW, 46: 337; MEW, 35: 98.

三个星期"。他所说的"冬季旅行"应该"及早到威特岛、泽稷岛、莫尔累（布列塔尼）或波城开始"，不过，马克思还对在英国等候他的朋友开玩笑说，"以金融骗子杜克累尔为代表的法国政府，如果知道我在这里（特别是在议院闭会期间），也许会打发我出去旅行而不经杜尔朗医生的许可"。①

尽管在妻子死后的一年里经历了极其糟糕的时期，马克思还是尽可能地进行他的研究。由于无法继续《资本论》的写作工作，他尽最大努力了解各种科学和经济学科的最新情况。其中最精彩的部分是他从爱德华牧师（1853—1907）的《现代物理学：电力的应用原理》（1882）一书中摘录的内容，马克思的兴趣在于他对"电力领域发现的发展"，②包括马塞尔·德普雷兹（Marcel Deprez, 1843—1918）的著作。在回顾这些研究的原因时，恩格斯回忆道："在马克思看来，科学是一种在历史上起推动作用的、革命的力量。任何一门理论科学中的每一个新发现，即使它的实际应用甚至还无法预见，都使马克思感到衷心喜悦，但是当有了立即会对工业、对一般历史发展产生革命性影响的发现的时候，他的喜悦就完全不同了。"③

马克思还致力于生态学研究。1880年4月，他研究了谢尔盖·波多林斯基（Sergei Podolinsky, 1850—1891）发表在《社会主义评论》（*La Revue Socialiste*）上的文章"人类劳动与力量的统一"（1880）。波多林斯基是乌克兰的社会主义者，马克思在1872年通过他们共同的朋友彼得·拉夫罗夫（Pyotr Lavrov, 1823—1900）认识了他。波多林斯基把他的文章手稿寄给马克思，强调他的"第一次激励"④来自于对《资本论》

---

① Karl Marx to Friedrich Engels, 30 September 1882, MECW, 46: 338—339; MEW, 35: 99—100.

② Friedrich Engels, "Karl Marx's Funeral", MECW, 24: 468.

③ Ibid.

④ Sergei Podolinsky to Karl Marx, 30 March 1880, IISH, Amsterdam, *Marx Engels Papers*, D 3701.

的解读，他"特别迫不及待"地想知道作者的意见。波多林斯基的目的是要表明社会主义是一种最适合利用"太阳能"来满足人类需要的社会组织形式。因此，他写信给马克思，说他感到有义务"尝试将剩余劳动力和当前的物理理论协调起来"。[①] 事实上，正如恩格斯在1882年12月就这个问题给马克思的一封长信中所写的那样[②]，波多林斯基发现"人类劳动能够比在没有它的情况下更长久地使太阳能保留在地球表面上并起作用"。不过，"他由此得出的全部经济方面的结论都是错误的"。[③] 对恩格斯来说，"波多林斯基离开自己的一个很有价值的发现而走入歧途，因为他想为社会主义的正确性寻找一个新的自然科学的论据，因而把体力的和经济的东西混为一谈"。[④]

恩格斯和马克思的书信往来显示了他们对环境问题的新研究是多么地关注。虽然在1882年底，马克思缺乏精力来详细回复恩格斯的信件，他再次参考约翰内斯·兰克（Johannes Ranke，1836—1916）撰写的《医疗保健和医生的实际需要》（1868）去研究人体生理学大纲，

[①] Sergei Podolinsky to Karl Marx, 18 April 1880, IISH Amsterdam, *Marx—Engels Papers*, D 3702.波多林斯基给马克思的两封英文书信已在《生态经济学：能源、环境和社会》一书中发表，（Oxford: Basil Blackwell, 1987），62。

[②] 关于恩格斯和马克思重新对这位作家产生兴趣的原因，请参见约翰·贝拉米·福斯特和保罗·伯克特的《马克思与地球：一个反批判》，（Leiden: Brill, 2016），122—123。在他们看来，对于波多林斯基来说，"社会主义仅仅是一种为了所有人的利益的有效的、强有力的劳动系统的普遍化"（同上，117）。

[③] Friedrich Engels to Karl Marx, 19 December 1882, MECW, 46: 410; MEW, 35: 133.

[④] Ibid., 412; ibid., 135. Serge Latouche, *Petit traité de la décroissance sereine*（Paris, Mille et Une Nuits, 2007），对波多林斯基错误的断言"徒劳地试图使马克思对生态批判敏感起来"，（同上）根据 Martínez—Alier,（*Ecological Economics*, 222）："恩格斯对波多林斯基的文章的反应，无疑是马克思主义与生态学对话中错过的一个重要机会。"但保罗·伯克特（Paul Burkett）和约翰·贝拉米·福斯特（John Bellamy Foster）在"波多林斯基的神话：一纸讣闻"中反对这种解释。"人类劳动与团结力量导论"，谢尔盖·波多林斯基，《历史唯物主义》第 16 期（2008），第 115—161 页。恩格斯在《工人》（*La Plebe*）一书中读过意大利版的波多林斯基的著作，他在 1882 年 12 月 22 日写给马克思的信中补充了一些观点。

可能是为了更深入研究波多林斯基的思想。①

　　1880 年，从马克思摘录的波多林斯基的文章中，我们可以看出他十分关注热力学的重要性。根据鲁道夫·克劳修斯（Rudolf Clausius, 1822—1888）在他的《热力学理论》（1864）中提出了"熵"概念，揭示了热力学的两个基本规律，马克思摘录了其中两句名言："宇宙的能量是恒定的""宇宙的熵趋于最大值"。②

　　在马克思生命的最后阶段，他对自然科学的学习态度，尤其是动物学、生物学和生态学，显然是受到了他与埃德温·雷·兰克斯特（Edwin Ray Lankester，1847—1929）的友谊的激励。兰克斯特是牛津大学埃克塞特学院的研究员，也是格兰特动物学博物馆的馆长。③兰克斯特不仅读了《资本论》，从中获得了极大的乐趣和收获，④还与马克思进行了大量的交流；他也觉得自己和马克思非常亲近，并帮助马克思找到合适的医生来解决持续发生在这个家庭中的可怕的健康问题。

三、"可以肯定的是，我不是马克思主义者"

　　在伦敦的日子过得很快。10 月 9 日，马克思写信给他的女儿劳拉说，他的"咳嗽'仍然令人讨厌'，如果想再次康复，就必须完全摆脱咳嗽"。⑤秋天的到来，伴随着潮湿多云的天气。这时候照顾马

---

① 马克思在 1876 年已经对这本书的进行了丰富的总结：参见 Karl Marx, IISH Amsterdam, *Marx Engels Papers*, B 130, B 131, B 132。

② Karl Marx, RGASPI Moscow, f. 1, op. 1, d. 2940.

③ 关于马克思与兰克斯特的关系，参见 Lewis S. Feuer, "The Friendship of Edwin Ray Lankester and Karl Marx: The Last Episode in Marx's Intellectual Evolution", *Journal of the History of Ideas 40*, no. 4 (1979)：633—648。

④ Edwin Ray Lankester to Karl Marx, 25 December 1880. In ibid., 647.

⑤ Karl Marx to Laura Lafargue, 9 October 1882, MECW, 46: 340; MEW, 35: 372.

克思的唐金医生建议他搬回威特岛。马克思和恩格斯在一起待了一整天，恩格斯在给拉法格的信中写道："昨天马克思在我这里吃午饭，晚上我们都在他那里吃晚饭并喝罗姆酒直至深夜一点。"①10月30日，他乘火车前往文特诺尔。然而，马克思的病情很快又恶化了，因为风湿病"非常接近他的复发性胸膜炎的原发部位"②；这使得他认识了当地的医生詹姆斯·威廉森（James Williamson），后者给他开了一种"奎宁、吗啡和氯仿"药物。③ 此外，"为了在户外活动时不会过于依赖风和温度的反复变化"，他"再次被迫随身携带呼吸器，以备不时之需"。在经历了"长时间的智力衰退"④ 之后，马克思发现自己仍然不可能着手《资本论》德文版第三版的写作。11月10日，他写信给他的女儿爱琳娜："我现在还没有开始真正工作，而是在做各种准备。"⑤

恩格斯让他了解伦敦的最新情况："你家里一切均好；不过到处都是劣质啤酒，只有西头的德国啤酒不错。"⑥但马克思无法用他自己的积极消息来回应。他咳嗽得更厉害了，而且还出现了恼人的沙哑。因

① Friedrich Engels to Paul Lafargue, 30 October 1882, MECW, 46: 352; MEW, 35: 385. 两天前，恩格斯给德国的倍倍尔写信说："他（马克思）后天要去威特岛。""马克思的健康正在完全恢复，如果胸膜炎不再犯，明年秋天他的身体将会比近几年以来都好。"参见 Friedrich Engels to August Bebel, 28 October 1882, MECW, 46: 349, 450; MEW, 35: 381, 383. 然而，后来，他给出了一个不那么乐观而更准确的解释："马克思自己对无所事事的漫游生活已感到很厌倦，所以，要是再一次把他流放到欧洲南部去，也许对他的身体有好处，而对他的精神却有害处。当伦敦雾季开始的时候，他被送到威特岛去。那里阴雨连绵；他又患了感冒。"Friedrich Engels to Friedrich Sorge, 15 March 1883, MECW, 46: 461; MEW, 35: 459。

② Karl Marx to Eleanor Marx, 10 November 1882, MECW, 46: 371; MEW, 35: 397.

③ Karl Marx to Friedrich Engels, 11 November 1882, MECW, 46: 375; MEW, 35: 110.

④ Karl Marx to Friedrich Engels, 8 November 1882, MECW, 46: 366, 365; MEW, 35: 106, 105.

⑤ Karl Marx to Eleanor Marx, 10 November 1882, MECW, 46: 371; MEW, 35: 398.

⑥ Friedrich Engels to Karl Marx, 23 November 1882, MECW, 46: 385; MEW, 35: 119.

此，他被"禁足在房间里，直到炎症消失"①。

12 月 14 日，马克思在给女儿劳拉的信中说，"患了支气管卡他症被软禁了两个来星期"，并补充说他"住在这里像隐士一样"。他见到的人只有威廉森医生，② 因为天气潮湿多雨，威廉森医生禁止他外出，"直到下一个好天气"。③

然而，马克思并没有对当前的事件和法国工人运动领导人的立场发表他所能发表的最好的评论。他对后者的一些"极端革命性的措辞"感到"困扰"，马克思一直认为这些都是"夸夸其谈"，"我们的人最好把这类专长让给那些所谓的无政府主义者，他们实质上是现存秩序的支柱，而根本不会带来无秩序，——他们生来就是蠢才——混乱不是他们的过错。"④

同样，马克思也没有放过那些被证明不能保持阶级自治地位的人，他警告说，"工人们绝对有必要反对国家的制度和言论"。当约瑟夫·考恩（Joseph Cowen，1829—1900）——一位国会议员和合作大会主席，是马克思认为的"英国议员中最好的一个"——为英国入侵埃及辩护时，⑤ 马克思向爱琳娜表达了他完全反对的态度。

最重要的是，他斥责英国政府："事实上，还有比征服埃及——在一片和平景象中征服——更无耻、更虚伪、更伪善的'征服'吗！"而考恩于 1883 年 1 月 8 日在纽卡斯尔的一次演讲中，表达了他对英

---

① Karl Marx to Friedrich Engels, 4 December 1882, MECW, 46: 392; MEW, 35: 123.

② Karl Marx to Laura Lafargue, 14 December 1882, MECW, 46: 398, 399; MEW, 35: 407, 408.

③ Karl Marx to Friedrich Engels, 18 December 1882, MECW, 46: 409; MEW, 35: 132.

④ Karl Marx to Laura Lafarge, 14 December 1882, MECW, 46: 398; MEW, 35: 407.

⑤ 马克思指的是 1882 年的战争，这场战争反对艾哈迈德·乌拉比（Ahmad Vrabi，1841—1911）领导下的埃及军队和英国军队。它结束于泰勒凯比尔战役（1882 年 9 月 13 日），结束了 1879 年开始的所谓的乌拉比起义，使英国能够建立一个埃及的保护国。

国人这类"英雄业绩"和"我国军事实力的光辉显示"的赞扬。他"一想到从大西洋到印度洋的牢固的侵略基地加上从三角洲到开普兰的'不列颠非洲帝国'的这幅迷人妙景，也垂涎三尺。图景真不坏呀！"。这是"英式风格"，以"对家庭利益负责"为特征。马克思总结说："这些长吁短叹的资产者（而考恩在这方面也是资产者），这些可怜的英国资产者，在日益加重的对历史使命所负的'责任'的重荷之下呻吟，而又如此无法反抗这种历史使命！"①

马克思也对埃及的经济状况非常感兴趣，我们可以从他长达 8 页的对"埃及金融"（1882）摘录中看到这一点。"埃及金融"是迈克尔·乔治·马尔霍尔（Michael George Mulhall，1836—1900）的一篇文章，发表在《伦敦当代评论》的 10 月刊上。马尔霍尔的研究集中在两个方面，一是重现了英德债权人在奥斯曼帝国的埃及总督——伊斯梅尔帕夏（Ismail Pasha，1830—1895）——使国家陷入债务危机后进行的金融勒索；第二，他描绘了伊斯梅尔帕夏设计的压迫性税收制度，这一制度让民众付出了可怕的代价，马尔霍尔对许多埃及农民被迫流离失表示出特别的关注和声援。②

马克思恢复了对俄国持续社会和政治变革所涉及文本的研究。1882 年秋，正如我们从他最后几本摘录中所能够看到的，③ 他再次投身于改变该国经济的动力。这本笔记包含了一份题为"我书架上的俄语"的清单，部分已经在 1881 年编纂并涵盖了马克思在他的个人图书馆中使用语言的出版物。如果他有足够的时间和精力，他打算更深入地研究这些有争议的问题。马克思研究了最新出版的关于俄国

---

① Karl Marx to Eleanor Marx, 9 January 1883, MECW, 46: 422—423; MEW, 35: 422.

② Karl Marx, IISH Amsterdam, *Marx—Engels Papers*, B 168, 11—18. 参见大卫·史密斯的"强迫迁移的积累"，他对这些笔记的评论揭示了这一事件与我们今天的相关性："这些事件在今天看来唯一令人惊讶的方面是它们发生在 19 世纪。马克思在埃及案例中所目睹和报道的是当代全球化时代的早期模板。"（同上）

③ 参见 IISH Amsterdam, *Marx—Engels Papers*, B 167.

1861 年土地改革和废除农奴制后新的社会经济关系的著作。其中包括：《凯瑟琳二世时期的农民》（1881），瓦西里·塞梅夫斯基（Vasilii Semevskii，1848—1916）；《俄罗斯艺术》（1881），安德烈·伊萨耶夫（Andrei Isaev，1851—1924）；《阿昆格尔省的乡村公地》（1882），杰拉德·米内科（Gerard Mineiko, 1832—1888）；以及《俄罗斯资本主义的命运》（1882），这是经济学家和社会学家沃龙佐夫（Vasilii Vorontsov, 1847—1918）自 1879 年以来在《俄罗斯资本主义的命运》（*Otechestvennye Zapiski*）上发表的一系列有趣的文章。沃龙佐夫是最早发现马克思著作重要性的俄国学者之一，部分得益于他对《资本论》的阅读，他将自己与米哈伊洛夫斯基对劳动分工的批判保持距离。[1] 沃龙佐夫也忙于研究社会主义者如何应对经济落后这一棘手问题，在他的书中，他认为俄国的工业应该使用"西方创造的所有形式，因此，可以非常迅速地发展，而不必像蜗牛一样缓慢地经历所有连续阶段"。在所谓"后发特权"命题的摘要中，沃龙佐夫认为，"后发国家"可以从"别国积累的历史经验"中获益，不必为本能地获取他国已经取得的成果而付出艰辛努力。他们可以"有意识地"这样做，而不是"在黑暗中摸索"。[2]

　　除了这些 19 世纪 80 年代早期出版的书籍外，马克思还研究了一些较早的作品，如《亚历山大二世时代的农民问题》（1862），以及费奥多尔·埃莱涅夫（Fyodor Elenev, 1827—1902）的《周边地区和首都》

---

[1]　参阅 .Walicki, *Controversy Over Capitalism*, 120。

[2]　Vasily Vorontsov, *Sud'by kapitalizma v Rossii*（Destinies of Capitalism in Russia），(St. Petersburg: n.p. 1882)，13—14; quoted in Walicki, *Controversy Over Capitalism*, 1115—1116. 值得注意的是，这些引文并没有出现在马克思做了旁注或下划线的那几页里。参见 Karl Marx and Friedrich Engels, *Die Bibliotheken von Karl Marx und Friedrich Engels*, MEGA, IV/32: 667。对于沃龙佐夫的限制在这方面的批评，参见 Rosa Luxemburg, *The Accumulation of Capital* (London: Routledge, 1951)，276—283。

（1870），后者使用"斯卡尔丁"这个笔名。他还开始重读尼古拉·车尔尼雪夫斯基的《没有地址的信》，这些信虽然写于 1862 年，但由于俄国的审查制度，直到 1874 年多亏了彼得·拉夫罗夫的提议才得以在伦敦出版。①

除了这些阅读之外，马克思关于俄国最重要的著作是他写于 1881 年底至 1882 年 10 月之间的手稿，即《关于俄国一八六一年改革和改革后的发展的札记》。② 这几页关于废除农奴制影响的文章大量引用了尼古拉·丹尼尔逊的《我国改革后社会经济的概貌》中的信息，但马克思也参考了其他著作和大量官方出版物，包括统计数据和经济数据。马克思将文本分为四个部分：1. 准备改革的过程；2. 编纂委员会工作的三个期间；3. 地方自治机关；4. 俄国，这四个部分对应于他感兴趣的主要问题。俄国正在发生的变化继续吸引着他，直到他有足够的精力去研究这些问题。

在此期间，马克思的"几本在圣彼得堡不是在国外印刷的新出版的俄文著作证明"，"我的理论正在那个国家迅速传播"，他告诉他的女儿劳拉，"不论在什么地方我所取得的成就都不会比这更使我愉快的了"，因为"我感到满意的是，我正在打击那个与英国一起构成旧社会的真正堡垒的强国"。③

另一方面，没有人能逃脱马克思的批判。1882 年 9 月法国工人党诞生后，他对恩格斯批判他两个女儿的丈夫："龙格是最后的蒲鲁东主义者，而拉法格是最后一个巴枯宁主义者！让他们见鬼去吧！"④

---

① 要了解更多关于马克思对俄国的研究，参见 Karl Marx and Friedrich Engels, *Die Bibliotheken von Karl Marx und Friedrich Engels*, MEGA, IV/32: 597, 343, 463, 667, 603—604, 245—246, 186。

② Karl Marx, *Notizen zur Reform von 1861 und der damit verbundenen Entwicklung in Rußland*, MEW 19, 407—424.

③ Karl Marx to Laura Lafargue, 14 December 1882, MECW, 46: 399; MEW, 35: 408.

④ Karl Marx to Friedrich Engels, 11 November 1882, MECW, 46: 375; MEW, 35: 110.

同样地，他不止一次地批判那些声称追随他思想的人，指出："有一点可以肯定，我不是马克思主义者。"①

四、人生的落幕

在马克思最后的时光中，他无法持续密切关注欧洲工人运动的发展状况，也没能在理论工作上取得更大的进步。尽管他竭尽所能让自己恢复"健康状态"，也尽管他在年底拜访爱琳娜时让她带了一些书——兰克的《生物学》和爱德华·弗里曼（Edward Frecman，1823—1892）撰写的《欧洲历史》（1876）来代替时间表②——但他身体情况的不稳定和对女儿燕妮在生完最后一个孩子后身体状况的担忧让他的处境越来越糟糕。

1月6日，马克思向詹姆斯·威廉森医生报告说，在起身时，他

---

① 恩格斯在 1882 年 11 月 2 日—3 日给爱德华·伯恩施坦的信中陈述了马克思对拉法格的评价。MECW, 46: 356; MEW, 35: 388。"法国的所谓'马克思主义'"，恩格斯悲叹道，"完全是一种特殊的产物"。事实上，7 年后，也就是 1890 年 9 月 7 日，他在给《社会民主党人报》编辑的一封信中重复了同样的想法，见弗里德里希·恩格斯："给《社会民主党人报》编辑的回信草稿"，MECW, 27: 67—68; Engels an die Redaktion der 'Sächsischen Arbeiter—Zeitung", MEW, 22: 69。还可参见恩格斯另外两封私人信件：1890 年 8 月 5 日致康拉德·施密特，1890 年 8 月 27 日致保尔·拉法格，MECW, 49: 7, 22; MEW, 37: 436, 450。卡尔·考茨基错误地引用了这一词语，声称马克思在与自己的交流中使用了这一词语，见贝内迪克特·考茨基，ed., *Friedrich Engels' Briefwechsel mit Karl Kautsky*（Vienna: Danubia 1955），90。1883 年 9 月 20 日，《资本论》的俄文译者德·洛帕丁在给玛丽亚·奥沙尼娜的信中写道："你还记得我说过马克思本人从来都不是马克思主义者吗？"恩格斯曾说，在布鲁斯、马隆等人与他人的斗争中，马克思曾笑着说："有一点可以肯定，我不是马克思主义者。"German Lopatin, in Gespräche mit *Marx und Engels*, 583. 也可参阅 Maximilien Rubel, *Marx critique du marxisme*（Paris: Payot, 1974），20—22。

② Karl Marx to Eleanor Marx, 23 December 1882, MECW, 46: 417—418; MEW, 35: 418. 马克思指的是他于 1881 年秋开始编制的世界历史年表。

"突然出现痉挛性咳嗽、喘息、摔跤，仿佛窒息。我毫不怀疑这一情况突然恶化的原因。前一天下午，我收到了一封信，里面有关于第一个孩子的可怕消息：我当然知道她的病情很严重，但我也还没有准备好听到她处于病危的消息"①。

马克思还向弗里德里希·恩格斯承认，他觉得自己"快要窒息了"，"现在，任何紧张的刺激都会立刻掐住他的喉咙"。② 他给爱琳娜写道："我想，这是神经受了刺激——替小燕妮担心所致！这不必多讲了。我想立即到阿尔让台去，可是一个生病的客人，恐怕只会更加重孩子的负担！要知道谁也不能担保，走这一趟不会引起我至今幸免的旧病复发。但是，不能去看望孩子，心里总是很难受的。"③

于是，马克思又一次"长时间地禁闭在家中"④；"几乎没有间断过的咳嗽""本来就非常讨厌"，加上"每天呕吐"，这种情况让他"简直无法忍受了"。⑤ 但恢复健康似乎也并非完全不可能。他向爱琳娜抱怨说他的状态"这常常使我不能工作"，但他也说"而医生却相信——他还相信，这就不错了！——能够使我摆脱这种折磨（靠刚刚给我开的药剂）"。然而，1月11日，他心爱的燕妮死于肝癌，让他的希望破灭了。在他妻子去世之后，这一沉重的打击再一次击倒了这个病重在身、生活艰辛的男人。爱琳娜后来的叙述是对他当时状态的证明："我们收到了一封来自摩尔的信，他在信中写道，燕妮的情况终于有所好转，让我们——海伦和我——不必担心。在收到这封信一小时后，我们就收到了燕妮去世的电报。我立刻动身去文特诺尔。我经历过许多悲伤的时刻，但没有一次像这次一样。我觉得（告诉父亲

---

① 卡尔·马克思写给詹姆斯·威廉森，1883年1月6日，MECW, 46: 419。这封信是用英文写的，没有出现在 MEW 中，也没有在 MEGA2 中出版。

② Karl Marx to Friedrich Engels, 10 January 1883, MECW, 46: 425; MEW, 35: 140.

③ Karl Marx to Eleanor Marx, 8 January 1883, MECW, 46: 420—421; MEW, 35: 420.

④ Karl Marx to Friedrich Engels, 10 January 1883, MECW, 46: 425; MEW, 35: 141.

⑤ Karl Marx to Eleanor Marx, 9 January 1883, MECW, 46: 423; MEW, 35: 421.

这个消息）就是在宣判他的死刑。在漫长而痛苦的旅途中，我绞尽脑汁地想着该如何告诉他这个消息。但还没等我说，我的表情就出卖了我。摩尔很快意识到：'我们的小燕妮死了！'他想马上动身去巴黎，帮着照看孩子们。我想和他在一起，而他没有同意。我在文特诺尔只待了半小时，就怀着一颗悲伤而沉重的心踏上了回伦敦的路，是为了尽快动身去巴黎。这是为了（燕妮的）孩子们好，我按照摩尔的意愿做了。"①

1月13日，马克思匆匆动身前往伦敦。在他离开威特岛之前，他对威廉森医生解释说，原因是他的"大女儿去世的致命消息"，并补充道："我从严重的头痛中得到了一些缓解。身体上的痛苦是克服精神上痛苦的唯一'绝招'。"② 这是他写在纸上的最后一句话。

多亏恩格斯的信件，我们才得以知晓马克思生命最后几个星期的许多细节。从恩格斯给爱德华·伯恩施坦的一封信中，我们得知，马克思从文特诺尔回来后，"因支气管炎被关在家里——到目前为止，幸运的是，只有轻微的发作"③。2月8日，恩格斯又写信给伯恩施坦说，"在过去的三个星期里"，马克思"声音嘶哑得几乎不能说话"。④当时，伯恩施坦是德国社会民主党的领袖，恩格斯经常与他保持联系，因为他是《社会民主党》杂志的主编，也因为恩格斯与威廉·李卜克内西之间曾经有过冲突。2月1日，恩格斯在给劳拉的信中写道："最近他夜里睡眠很不好，使他不得不打消自己的精神嗜好，所以他

---

① Eleanor Marx, *Reminiscences of Marx and Engels*, ed. Institute of Marxism—Leninism（Moscow: Progress Publishing House, 1957），128.

② Karl Marx to James Williamson, 13 January 1883, MECW, 46: 429; MEW, 46: 429. 这封信是用英文写的，没有出现在 MEW 卷中，也没有在 MEGA2 中出版。

③ Friedrich Engels to Eduard Bernstein, 18 January 1883, MECW, 46: 430; MEW, 35: 424.

④ Friedrich Engels to Eduard Bernstein, 8 February 1883, MECW, 46: 434; MEW, 35: 428.

不看小说而开始看出版书目了。"第二天，他又补充说，马克思已经
"不看书目而又看起弗雷德里克·苏利埃的作品来了"，①"无论如何这
是个好征兆"，苏利埃是法国 1848 年以前最受欢迎的作家之一。尽管
如此，恩格斯还是有些担心："糟糕的是，他的病是这样复杂，以致
在应当注意最紧急的方面——呼吸器官——以及有时应当用安眠药的
时候，就顾不上其他方面，例如胃的状况；你知道，他的胃根本不是
非常健全的消化器官。"②

　　月底，恩格斯又给爱德华·伯恩施坦发来了最新消息："马克思
还没有恢复工作能力，他经常不出房门（他是在他的女儿逝世后立
即回来的），在看法国小说。看来他的病情很复杂。"③接下来的一周，
他对奥古斯特·倍倍尔说，马克思的健康状况"仍然不好"。④ 最后，
3 月 10 日，在唐金医生为马克思做了检查之后，恩格斯写信给劳拉：
"昨天晚上，唐金去看摩尔了，我可以高兴地告诉你，他对摩尔健康
的估计比两星期以前要好得多。他说，摩尔肯定不比那时差，而是
比那时好；如果我们能够使他支持两个月，就大有恢复健康的希望。"
然而，马克思"由于吞咽有困难，他还在不断地衰弱下去"，"我们一
定得强使他进食。"⑤

　　事情很快变得更糟糕了，马克思的身体迅速地变得虚弱，肺部长
了脓肿。恩格斯开始担心他这位一辈子的朋友快要走到人生的尽头：
"六个星期以来，每天早晨当我走到拐角地方的时候，我总是怀着极
度恐惧的心情看看窗帘是不是放下来了。"他所担心的事情不久在

---

① Friedrich Engels to Laura Lafargue, 16—17 February 1883, MECW, 46: 440—441;
　MEW, 35: 436.

② Ibid., MECW, 46: 441; ibid.

③ Friedrich Engels to Eduard Bernstein, 27 February— 1 March 1883, MECW, 46: 450;
　MEW, 35: 445.

④ Friedrich Engels to August Bebel, 7 March 1883, MECW, 46: 455; MEW, 35: 451.

⑤ Friedrich Engels to Laura Lafargue, 10 March 1883, MECW, 46:456; MEW, 35:452.

1883 年 3 月 14 日下午 2 时 45 分终是发生了。①

对马克思生命的最后时刻最完整、最感人的记录，是恩格斯在给弗里德里希·左尔格信中的描述。左尔格是 1872 年国际工人协会搬到美国后担任该协会秘书的同志："昨天下午两点半钟——这是白天探望他的最合适的时间——我到了他家里，看到全家人都在掉泪，说他快到临终的时刻了。我就询问了情况，想弄清原因，进行安慰。他先是少量出血，接着体力就突然衰竭了。我们那个非常好的老琳蘅看护他要胜过任何母亲照顾自己的孩子，她走上楼去，立刻又走下来，说他处在半睡状态，我可以跟她一起上去。当我们进去的时候，他躺在那里睡着了，但是已经长眠不醒了。脉搏和呼吸都已停止。在两分钟之内，他就安详地、毫无痛苦地与世长辞了。"②

尽管失去至爱的朋友令恩格斯痛苦不已，但他立刻看到了马克思的逝世这一不可逆转的处境所暗含的意义。"由于自然的必然性而发生的一切事件，不管多么可怕，它们自身都包含着一种安慰。这一次情况也是一样。医术或许还能保证他勉强拖几年，无能为力地活着，不是很快地死去，而是慢慢地死去，以此来证明医术的胜利。但是，这是我们的马克思决不能忍受的。眼前摆着许多未完成的工作，受着想要完成它们而又不能做到的唐达鲁士式的痛苦，这样活着，对他来说，比安然地死去还要痛苦一千倍。他常常喜欢引用伊壁鸠鲁的话：

---

① 根据海尔穆特·德雷斯勒 , *Ärzte um Karl Marx*, (Berlin: Verlag Volk und Gesundheit, 1970)，肺溃疡导致的内出血。"我们不知道，"德雷斯勒接着说，"这是否也是给他看病的医生的意见。由于其多重含义，'肺溃疡'的概念已不再于今天使用。但是，让我们假设马克思的死是由于肺结核的传播。1882 年，马克思左肺有积液，湿性胸膜炎 95% 的病例是结核性质。没有足够的证据说明胸腔积液或液体物质的积聚，特别是与心功能不全或肾阻塞有关。另一方面，一些症状，如咳痰'很严重'的咳嗽、胸腔左侧疼痛、失眠和食欲不振，都指向结核源病性"（同上，145—146）。

② 恩格斯致弗里德里希·阿道夫·左尔格，15 March 1883, MECW, 46: 461—462; MEW, 35: 460。

'死不是死者的不幸，而是生者的不幸。'不能眼看着这个伟大的天才像废人一样勉强活着，去给医学增光，去受他健壮时经常予以痛击的庸人们嘲笑，——不能那样，现在的情况要比那样好一千倍，我们后天把他送到他夫人安息的墓地去，这要比那样好一千倍。① 根据过去发生的、连医生也不如我了解得清楚的情况来看，我认为只有这一条出路。"②

"尽管这样，人类却失去了一个头脑，而且是人类在当代所拥有的最重要的头脑。无产阶级运动在沿着自己的道路继续前进，但是，法国人、俄国人、美国人、德国人在紧要关头都自然地去请教的中心点没有了，他们过去每次都从这里得到只有天才和造诣极深的人才能作出的明确而无可反驳的忠告。那些土名人和小天才（如果不说他们是骗子的话），现在可以为所欲为了。最后的胜利依然是确定无疑的，但是迂回曲折的道路，暂时的和局部的迷误——虽然这也是难免的——，现在将会比以前多得多了。不过我们一定要克服这些障碍，否则，我们活着干什么呢？我们决不会因此丧失勇气。"③

这正是马克思死后发生的事情，许多人高举着他的思想旗帜。不管是拉丁美洲还是远东，在贫困边缘地区的工会组织或是著名大学的大礼堂里，数以千万计的工人和学生都会阅读他的著作，从中了解被压迫人民的处境，获得从事新的斗争，组织罢工、社会运动和组建政党的激励。他们将为面包和玫瑰而战，为反抗不公正和获得自由而战，这样做将使马克思的理论真正变为现实。

在这个漫长的过程中，马克思被深入研究，有时被转化为一个偶

---

① 此处套用了伊壁鸠鲁给梅诺伊凯乌斯的信中的一句话。——译者注

② 参阅 Friedrich Engels to Wilhelm Liebknecht, 14 March 1883, MECW, 46: 458; MEW, 35: 457: "在我看来，他妻子的死，在马克思生命垂危的时刻加速了他的死亡"。

③ Friedrich Engels to Friedrich Sorge, 15 March 1883, MECW, 46: 462—463; MEW, 35: 460—461.

像，有时被载入官方文件中，有时被误解、被谴责，甚至被宣告死亡，有时又被重新发现：有些人妄图颠覆他的思想，所采用的却是他一生中坚决反对的教条做法；而另一些人则以马克思所秉持的那种批判精神，丰富了马克思的思想并使其与时俱进，同时指出了其中的一些问题和矛盾。

如今，那些再次翻阅马克思著作的人，或是第一次翻阅马克思著作的人，都会被他运用社会经济分析方法解释世界的能力所折服。他们也不得不被马克思思想中反复出现的主题所打动：全世界无产者联合起来，结束资本主义生产方式，把全世界无产者从资本主义的统治中解放出来。

年表大事记 1881—1883

1881 年

1 月到 6 月　在伦敦的数月里，马克思完成了他从 1880 年末开始对 H.摩尔根、J.莫尼、J.菲尔和 H.梅恩的一些作品的摘要，形成了包含这些资料的大约 200 页的《人类学笔记》。与此同时，他在数学笔记本上忙着学微积分。从 2 月下半月到 3 月 8 日，马克思撰写了给维·伊·查苏里奇关于他对俄国农村公社历史命运见解的复信及草稿。

6 月的最后一周—大约 7 月 19 日　和妻子燕妮·冯·威斯特法伦住在伊斯特勃恩。

大约在 7 月 20—25 日　返回伦敦，准备出发前往法国。

7 月 26 日—8 月 16 日　与他的妻子以及海伦·德穆特在巴黎郊区阿尔让台拜访大女儿燕妮·龙格。

8 月 17 日—12 月 28 日　回到伦敦。沉浸在深厚的历史研究中，并广泛摘录了施洛瑟和博塔的作品。编撰了《编年史摘要》，一份 550 多页注释的大型综合文集，记录了从公元前 91 年到 1648 年威斯特伐利亚条约期间的主要政治事件。在照顾生病的妻子的同时，他利用业余时间阅读最近出版的有关俄国的书籍，继续他的数学研究。10 月中旬以后，胸膜炎发作导致的支气管炎让他动弹不得大约两个月。

12 月 2 日　妻子去世。

12 月 29—31 日　和他的小女儿爱琳娜到威特岛的文特诺尔旅行，寻找更温和的气候。

1882 年

1 月 1—15 日　继续留在文特诺尔。

1 月 16—2 月 8 日　回到伦敦向医生咨询最有效的治疗方法。1 月 21 日，马克思和恩格斯完成了《共产党宣言》俄文版的序言。

2 月 9—16 日　在爱琳娜的陪伴下，他去了阿尔让台的女儿燕妮家。

2 月 17 日　马克思独自一人继续着他的旅程。穿过法国后，他在马赛住了一夜。

2 月 18—19 日　乘汽船到非洲，目的地是阿尔及尔。

2 月 20 日—5 月 2 日　在阿尔及利亚首都，旧疾支气管炎的复发和胸膜炎的发作迫使他又接受了两个月的痛苦治疗。

5 月 3—4 日　病情好转后返回法国。

5 月 5 日　马克思 64 岁生日时在马赛上岸；进行短暂访问。

5 月 6 日—6 月 3 日　由于他的健康状况再次恶化，需要接受进一步治疗，他不得不留在蒙特卡洛。

6 月 4—7 日　在从马赛到巴黎的旅程之前，按照他的医生的建议，对戛纳进行短暂的访问。

6 月 8 日—8 月 22 日　去阿尔让台看望他的女儿燕妮。7 月初至 8 月 20 日，在恩吉安进行温泉治疗。

8 月 23 日—9 月 27 日　马克思和女儿劳拉去瑞士旅行。在洛桑作短暂停留，然后在日内瓦湖上的斐维逗留四周。在回程中中途在日内瓦停留。

9 月 28 日—10 月 6 日　回到法国。马克思曾在巴黎与女儿劳拉住过一段时间，然后在燕妮位于阿尔让台的家中短暂逗留。

10 月 7 日　回到英格兰。

10 月 8—29 日　再次在伦敦待了三周，他从经济学和人类学的文本中摘录了一些内容。他还写了一篇关于 1861 年后俄国的文章。

10 月 30 日—12 月 31 日　又在文特诺奇尔待了一段时间，他花费了很大的精力来恢复健康，并重新开始工作。

1883 年

1 月 1—12 日　继续在文特诺尔逗留，12 日他接到了女儿燕妮的死讯。

1 月 13 日—3 月 13 日　马克思悲痛欲绝，立即返回伦敦。由于肺部脓肿，他的病情突然恶化。用他仅有的一点力气，查阅图书目录，阅读法国小说。

3 月 14 日　马克思在家中因肺结核引起的心力衰竭溘然长逝。

参考文献

I. Writings of Karl Marx

I.1 Marx Engels Collected Works（MECW）

Marx, Karl. "A Contribution to the Critique of Hegel's Philosophy of Law", MECW, vol. 3: 3— 129; "Kritik des Hegelschen Staatsrechts", MEW, vol. 1: 203—333.

Marx, Karl. *The Poverty of Philosophy,* MECW, vol. 6: 105—212; *Das Elend der Philosophie*, MEW, vol. 4: 63—182.

Marx, Karl. "The Future Results of British Rule in India", MECW, vol. 12: 217—223; "Die künftigen Ergebnisse der britischen Herrschaft in Indien", MEW, vol. 9: 220—226.

Marx Karl. "Speech at the Anniversary of the People's Paper", MECW, vol. 14: 655—656; "Rede auf der Jahresfeier des People's Paper", MEW, vol. 12: 3—5.

Karl Marx. "Provisional Rules of the International Working Men's Association", MECW, vol. 20: 14—16; "Provisorische Statuten der Internationalen Arbeiter—Assoziation", MEW, vol. 16: 14—16.

Marx, Karl. "Instructions for the Delegates of the Provisional General Council. The Different Questions", MECW, vol. 20: 185—193; "Instruktionen für die Delegierten des Provisorischen Zentral—rats zu den einzelnen Fragen", MEW vol. 16: 190—199.

Marx, Karl. *The Civil War in France*, MECW, vol. 22: 307—359; *Der Bürgerkrieg in Frankreich*, MEW, vol. 17: 313—365.

Marx, Karl. *Critique of Gotha Program,* MECW, vol. 24: 75—99; *Kritik des Gothaer Programms,* MEW, vol. 19: 13—32.

Marx, Karl. "Workers' Questionnaire", MECW, vol. 24: 328—334; "Fragebogen für Arbeiter", MEW, vol. 19: 230—237.

Marx, Karl. "Letter to Otechestvennye Zapiski", MECW, vol. 24: 196—201; Brief an die Redaktion der "Otetschestwennyje Sapiski", MEW, vol. 19: 107—112.

Marx, Karl. "Preamble to the Programme of the French Workers Party", MECW, vol. 24: 340; "Einleitung zum Programm der französischen Arbeiterpartei", MEW, vol. 19: 238.

Marx, Karl. "K. Marx: Drafts of the Letter to Vera Zasulich: First Draft", MECW, vol. 24: 346—360; "Entwürfe einer Antwort auf den Brief von V. I. Sassulitsch: Erster Entwurf", MEW, vol. 19: 384—395.

Marx, Karl. "K. Marx: Drafts of the Letter to Vera Zasulich: Second Draft", MECW, vol. 24: 360—364; "Brief von V. I. Sassulitsch: Zweiter Entwurf", MEW, vol. 19: 396—400.

Marx, Karl. "K. Marx: Drafts of the Letter to Vera Zasulich: Third Draft", MECW, vol. 24: 364—369; "Brief von V. I. Sassulitsch: Dritter Entwurf", MEW, vol. 19: 401—406.

Marx, Karl. "Letter to Vera Zasulich", MECW, vol. 24: 370—371; "Brief an V.I. Sassulitsch", MEW, vol. 19: 242—243.

Marx, Karl. "Notes on Bakunin's Book *Statehood and Anarchy*", MECW, vol. 24: 485—526; "Konspekt von Bakunins Buch *Staatlichkeit und Anarchie*", MEW, vol. 18: 597—642.

Marx, Karl. "Marginal Notes on Adolph Wagner's *Lehrbuch der politischen Ökonomie*", MECW, vol. 24: 531—559; "Randglossen zu A. Wagners *Lehrbuch der politischen Ökonomie*", MEW, vol. 19: 355–383.

Marx, Karl. "Account of Karl Marx's Interview with the *Chicago Tribune* Correspondent", MECW, vol. 24: 568—579; "Interview mit dem Grundleger des modernen Sozialismus. Besondere Korrespondenz der Tribüne", 5 Januar 1879, MEW 34: 508—516.

Marx, Karl. "Sir Mountstuart Elphinstone Grant Duff's Account of a Talk with Karl Marx: From a Letter to Crown Princess Victoria", 1 February 1879, MECW, vol. 24: 580—583; "Sir Mountstuart Elphinstone Grant Duff, Account of a Talk with Karl Marx: Aus einem Brief an Kronprinzessin Victoria", MEGA2 I/25: 438—441.

Marx, Karl. "Account of an Interview with John Swinton, Correspondent of *The Sun*", MECW, vol. 24: 583—585; Swinton, John. "Account of an Interview with Karl Marx. Published in the 'Sun,'" MEGA, vol. I/25: 442—443.

Marx, Karl. *Outlines of the Critique of Political Economy* [*First Instalment*], MECW, vol. 28; Grundrisse der Kritik der politischen Ökonomie, MEW, vol. 42.

Marx, Karl. *Outlines of the Critique of Political Economy* [*First Instalment*], MECW vol. 29: 5—253; Grundrisse der Kritik der politischen Ökonomie, MEW, vol. 42.

Marx, Karl. *A Contribution to the Critique of Political Economy,* MECW, vol. 29:

257—417; *Zur Kritik der Politischen Ökonomie*, MEW, vol. 13: 7—160.

Marx, Karl. Capital, Volume I, MECW, vol. 35; *Das Kapital, Erster Band*, MEW, vol. 23.

I.2 Marx Engels Collected Works（MECW）, co—authored with Friedrich Engels

Marx, Karl and Friedrich Engels. *The German Ideology*, MECW, vol. 5: 519—539; *Die Deutsche Ideologie*, MEW, vol. 3: 529—530.

Marx, Karl and Friedrich Engels. *Manifesto of the Communist Party*, MECW, vol. 6: 477—519; *Manifest der Kommunistischen Partei*, MEW, vol. 4: 459—493.

Marx, Karl and Friedrich Engels. "Preface to the Second Russian Edition of the *Manifesto of the Communist Party*", MECW, vol. 24: 425—426; "Vorrede zur zweiten russischen Ausgabe des Manifests der *Kommunistischen Partei*", MEW, vol. 19: 295—296.

Marx, Karl and Friedrich Engels. *Letters 1856—1859*, MECW, vol. 40; *Briefe, Jan 1856—Dez 1859*, MEW, vol. 29.

Marx, Karl and Friedrich Engels. *Letters 1860—1864*, MECW, vol. 41; B*riefe, Jan 1860—Sep 1864*, MEW, vol. 30.

Marx, Karl and Friedrich Engels. *Letters 1864—1868*, MECW, vol. 42; *Briefe, Okt 1864—Dez 1867*, MEW, vol. 31.

Marx, Karl and Friedrich Engels. *Letters 1868—1870*, MECW, vol. 43; *Briefe, Jan 1868—Juli 1870*, MEW, vol. 32.

Marx, Karl and Friedrich Engels. *Letters 1870–1873*, MECW, vol. 44; *Briefe, Juli 1870—Dez 1874*, MEW, vol. 33.

Marx, Karl and Friedrich Engels. *Letters 1874–1879*, MECW, vol. 45; *Briefwechsel Marx und Engels, Feb 1875—Sep 1880*, MEW, vol. 34.

Marx, Karl and Friedrich Engels. *Letters 1880—1883*, MECW, vol. 46; B*riefwechsel Marx und Engels, Jan 1881—Mar 1883*, MEW, vol. 35

I.3 Marx—Engels Gesamtausgabe（MEGA）

Marx, Karl. Das Kapital, MEGA, vol. II/5.

Marx, Karl. Le Capital, Paris 1872—1875, MEGA2, vol. II/7.

Marx, Karl. "Mehrwertrate und Profitrate mathematisch behandelt", MEGA2, vol. II/14: 19—150.

Marx, Karl. "Das Kapital. Zweites Buch. Der Zirkulationsprozeß des Kapitals. Zu benutzende Textstellen früherer Darstellungen（Manuskript I bis IV）", MEGA, vol. II/11: 525—548.

Marx, Karl. "Das Kapital. Zweites Buch. Der Zirkulationsprozeß des Kapitals. Erster Abschnitt（Fragmente II）", MEGA, vol. II/11: 550—697.

Marx, Karl. "Das Kapital. Zweites Buch. Der Zirkulationsprozeß des Kapitals. （Manuskript VIII）", MEGA, vol. II/11: 698—828

Marx, Karl. "Exzerpte aus Georg Ludwig von Maurer: Einleitung zur Geschichte der Mark—, Hof—, Dorf— und Stadt—Verfassung und der öffentlichen Gewalt, MEGA2, vol. IV/18: 542—559, 563—577, 589—600.

Marx, Karl. "Exzerpte und Notizen zur Geologie, Mineralogie und Agrikulturchemie. März bis September 1878", MEGA, vol. IV/26: 93—94.

Marx, Karl. "Exzerpte aus Werken von Lothar Meyer, Henry Enfield Roscoe, Carl Schorlemmer, Benjamin Witzschel, Wilhelm Friedrich Kühne, Ludimar Hermann, Johannes Ranke und Joseph Beete Jukes". MEGA, vol. IV/31.

Marx, Karl and Friedrich Engels. *Die Bibliotheken von Karl Marx und Friedrich Engels*, MEGA, vol. IV/32.

I.4 Marx Engels Werke

Marx, Karl. "Entstehung und Überlieferung", in Exzerpte und Notizen: Februar 1864 bis Oktober 1868, November 1869, März, April, Juni 1870, Dezember 1872, MEGA2, vol. IV/18: 1038—1144.

I.5 Single Editions

Marx, Karl. *Œuvres. Économie I*. Paris: Gallimard, 1963.

Marx, Karl. "Chronologische Auszüge". In: Marx, Karl, and Friedrich Engels. Über *Deutschland und die deutsche Arbeiterbewegung*, 285—516. Band 1: *Von der Frühzeit bis zum 18. Jahrhundert*. Berlin: Dietz, 1973.

Marx, Karl. "Excerpts from M. M. Kovalevskij（Kovalevsky）, *Obschinnoe zemlevladenie. Prichiny, khod i posledstviya ego razlozheniya* [Communal landownership. Causes, course and consequences]". In Lawrence Krader, *The Asiatic Mode of Production. Sources, Development and Critique in the Writings of Karl Marx*, 343—412. Assen: Van Gorcum, 1975; "Exzerpte aus M. M. Kovalevskij: Obschinnoe zemlevladenie（Der Gemeindelandbesitz）". In Karl Marx, Über Formen *vorkapitalistischer Produktion. Vergleichende Studien zur Geschichte des Grundeigentums* 1879—1880, 21—109. Frankfurt: Campus, 1977.

Marx, Karl. The Ethnological *Notebooks of Karl Marx*. Assen: Van Gorcum, 1972; *Die Ethnologischen Exzerpthefte*. *Edited by Lawrence Krader*. Frankfurt: Suhrkamp, 1976.

Karl Marx. *Mathematical Manuscripts*. London: New Park Publications, 1983; *Mathematische Manuskript*. Kronberg Taunus: Scriptor GmbH, 1974.

Marx, Karl. *Notes on Indian History*. Honolulu: University Press of the Pacific, 2001.

I.6 Unpublished Manuscripts

Marx, Karl. IISH Amsterdam, *Marx—Engels Papers,* A 167.

Marx, Karl. IISH Amsterdam, *Marx—Engels Papers,* B130, B 131, B 132, B140, B141, B146, B 157, B 158, B 159, B 160, B 161, B 167, B 168.

Marx, Karl. IISH Amsterdam, *Marx—Engels Papers,* D 3701, D 3702.

Karl Marx. RGASPI Moscow, f. 1, op. 1, d. 2940.

II. Writings by Other Authors

Al—Azm, Sadiq Jalal. "Orientalism and Orientalism in Reverse". *Khamsin 8,* (1980): 25—26.

Ahmad, Aijaz. Theory: *Classes, Nations, Literatures*. London: Verso, 1992.

Alcouffe, Alain ed. Introduction to *Les manuscrits mathématiques de Marx*, edited by Alain Alcouffe, 9—109. Paris: Economica, 1985.

Anderson, Kevin. *Marx at the Margins*. Chicago: University of Chicago Press, 2010.

Annales de l' Assemblée nationale du 1873, vol. XVII.

Attali, Jacques. *Karl Marx, ou l'Esprit du monde*. Paris: Librairie Arthème—Fayard, 2005.

Badia, Gilbert. "Marx en Algérie", In *Karl Marx, Lettres d'Alger et de la Côte d'Azur,* 7—39. Paris: Le Temps des Cerises, 1997.

Baksi, Pradip, ed. *Karl Marx and Mathematics: A Collection of Texts in Three Parts*. New Delhi: Aakar Books, 2019.

Balibar, Etienne. *The Philosphy of Marx*. London: Verso, 2017.

Bax, E. Belfort. "Leaders of Modern Thought: XXIII. Karl Marx", *Modern Thought 3,* no.12 (1881): 349—354.

Beckett, James Camlin. *The Making of Modern Ireland 1603—1923*. London: Faber and Faber, 1981.

Bensaid, Daniel. "A New Way of Writing History", In *Marx for Our Times: Adentures and Misadventures of a Critique, 9—39*. London: Verso, 2002.

——. Marx for our times. London: Verso 2010.

Bergman, Jay. *Vera Zasulich: A Biography.* Stanford University Press, 1983.

Berlin, Isaiah. *Karl Marx: His Life and Environment.* London: Oxford University Press, 1963.

Bernstein, Edward. *My Years of Exile.* London: Leonard Parsons, 1921.

Billington, James H. *Mikhailovsky and Russian Populism.* Oxford: Clarendon Press, 1958.

Bloch, Maurice. *Marxism and Anthropology: The History of a Relationship.* London: Routledge, 1983.

Bongiovanni, Bruno. L*e repliche della storia. Karl Marx tra la Rivoluzione francese e la critica della politica.* Turin: Bollati Boringhieri, 1989.

Botta, Scipione. *Vita privata di Carlo Botta. Ragguagli domestici ed aneddotici raccolti dal suo maggior figlio.* Florence: G. Barbera, 1877.

Bottigelli, Emile. "La rupture Marx—Hyndman", *Annali dell' Istituto Giangiacomo Feltrinelli,* (1961): 621—629.

Briggs, Asa and John Callow. Marx in London: *An Illustrated Guide. London: Lawrence and Wishart,* 2008.

Brown, Heather. *Marx on Gender and the Family: A Critical Study.* Leiden: Brill, 2012.

Buber, Martin. *Paths in Utopia.* Syracuse: Syracuse University Press, 1996.

Burkett, Paul, and John Bellamy Foster. "The Podolinsky Myth: An Obituary. Introduction to 'Human Labour and Unity Force' by Sergei Podolinsky", *Historical Materialism* 16, no. 1 (2008): 115—161.

Casiccia, Alessandro. "La concezione materialista della società antica e della società primitiva", In Henry Morgan, *La società antica,* XVII—XXVII. Milan: Feltrinelli, 1970.

Cafiero, Carlo. *Il Capitale di Carlo Marx brevemente compendiato da Carlo Cafiero. Libro Primo: Sviluppo della Produzione Capitalistica.* Milan: E. Bignami e C. Editori, 1879.

Chernyshevskii, Nikolai. "Kritika filosofskikh preubezhdenii protiv obshchinnogo vladeniya", [Critique of Philosophical Prejudices against Communal Ownership of the Land], in *Sobranie sochinenii,* vol. 4, 424—475. Moscow: Ogonyok, 1974.

——. "A Critique of Philosophical Prejudices against Communal Ownership", in *Late Marx and the Russian Road,* edited by Teodor Shanin, 182—190. London: Routledge, 1984.

Chakrabarty, Dipesh. *Provincializing Europe: Postcolonial Thought and Historical Difference.* Princeton: University Press, 2000.

Claeys, Gregory. *Marx and Marxism*. London: Penguin, 2018.

Colin, Matthew. *Gladstone: 1875—1898*. London: Clarendon Press, 1995.

Comyn, Marian. "My Recollections of Marx", *The Nineteenth Century and After 91*, (1922): 161—169.

Dardot, Pierre and Christian Laval. *Marx, prénom Karl, Paris*: Gallimard, 2012.

Dornemann, Luise. *Jenny Marx: Der Lebensweg einer Sozialistin*. Berlin: Dietz, 1971.

Douglas, Roy. Land, People and Politics: A History of the Land Question in the United Kingdom, 1878—1952. London: Allison and Busby, 1976.

Dressler, Helmut. *Ärzte um Karl Marx*. Berlin: Volk und Gesundheit, 1970.

Ducange, Jean—Numa. *Jules Guesde: L'anti—Jaurès?*, Paris: Armand Colin, 2017.

Dunayevskaya, *Raya. Rosa Luxemburg, Women's Liberation, and Marx's Philosophy of Revolution*. Chicago: University of Illinois Press, 1991.

Dussel, Enrique. E*l último Marx (1863—1882) y la liberación latinoamericana*. México D.F. : Siglo XXI, 1990.

Eaton, Henry. "Marx and the Russians". *Journal of the History of Ideas* 41, no. 1 (1980): 89—112.

Engels, Frederick, "Karl Marx's Funeral", MECW, vol. 24: 467—471.

——. *The Origin of the Family, Private Property and the State*, MECW, vol. 26: 129—276.

——."Draft of a Reply to the Editors of the *Sachsischen Arbeit—Zeitung*", MECW, vol. 27: 67—68.

——."Preface to the English Edition" to Karl Marx, *Capital*, Volume I, MECW, vol. 35: 30—36.

——."Preface to the First German Edition", *Capital*, Volume II, MECW, vol. 36: 5—23.

——. *Letters 1883—1886*, MECW, vol. 47.

——. *Letters 1887—1890*, MECW, vol. 48.

——. *Letters 1890—1892*, MECW, vol. 49.

——. *Letters 1892—1895*, MECW, vol. 50.

Engels Frederick, and Paul Lafargue and Laura Lafargue. *Correspondence*, vol. 1. Moscow: Foreign Languages Publishing House, 1959.

Enzensberger, Hans Magnus, ed. *Gespräche mit Marx und Engels*. Frankfurt: Insel, 1973.

Feuchtwanger, Edgar J. *Gladstone*. London: Allen Road, 1975.

Feuer, Lewis S. "The Friendship of Edwin Ray Lankester and Karl Marx: The Last Episode in Marx's Intellectual Evolution", *Journal of the History of Ideas* 40, no. 4 (1979): 633—648.

Foner, Philip S., ed. *Karl Marx Remembered: Comments at the Time of His Death.* San Francisco: Synthesis Publications, 1983.

Foster, John Bellamy and Paul Burkett, *Marx and the Earth: An Anti—Critique.* Leiden: Brill, 2016.

Gabriel, Mary. *Love and Capital: Karl and Jenny Marx and the Birth of a Revolution.* New York: Little, Brown and Company, 2011.

Gailey, Christine Ward. "Community, State, and Questions of Social Evolution in Karl Marx's *Ethnological Notebooks*", In *The Politics of Egalitarianism*, edited by Jacqueline Solway, 31—52. New York: Berghahn Books, 2006.

Gallissot, René, ed. *Marxisme et Algérie.* Paris: Union générale d'éditions, 1976.

García Linera, Álvaro. *Forma valor y forma comunidad.* Prometeo, Buenos Aires 2010.

Garin, Sender. *Three American Radicals: John Swinton, Charles P. Steinmetz, and William Dean Howells.* Boulder: Westview Press, 1991.

George, Henry. "The Kearney Agitation in California". *The Popular Science Monthly* *17*, (August 1880): 433—453.

——. *An Anthology of Henry George's Thought.* Edited by Kenneth C. Wenzer. Rochester: University of Rochester Press, 1997.

——. *Progress and Poverty*, New York: Robert Schalkenbach Foundation, 2006.

Gibbons, James Sloan. *The Banks of New York, Their Dealers, Their Clearing—House, and the Panic of 1857.* New York: Appleton & Co., 1859.

Godelier, Maurice. *Horizon, trajets marxistes en anthropologie.* Paris: Francois Maspero, 1973.

——. *L'idéal et le matériel. Pensée, économies, sociétés.* Paris: Fayard, 1984.

——. *Perspectives in Marxist Anthropology.* London: Verso, 1977.

Gottlob, Michael. *Geschichtsschreibung zwischen Aufklärung und Historismus. Johanna von Müller und Friedrich Christoph Schlosser.* Frankfurt: Peter Lang, 1989.

Guesde, Jules. *Textes Choisis*, 1867—1882. Paris: Editions sociales, 1959.

Habib, Irfan. "Marx's Perception of India", In *Karl Marx on India*, edited by Iqbal Husain, XIX LIV. New Delhi: Tulika, 2006.

Hall, Alfred Rupert. *Philosophers at War.* Cambridge: Cambridge University Press, 1980.

Harstick, Hans—Peter. "Einführung. Karl Marx und die zeitgenössische Verfassungsgeschichtsschreibung", In Karl Marx, *Über Formen vorkapitalistischer Produktion*. Frankfurt: Campus, 1977.

Harstick, Hans Peter, Richard Sperl and Hanno Strauß（1999）"Einführung", MEGA2, vol. IV/32: *Die Bibliotheken von Karl Marx und Friedrich Engels,* 7—102.

Haupt, Georges. *Aspects of International Socialism.* Cambridge: Cambridge University Press, 1986.

Herzen, Alexander. *The Russian People and Socialism: An Open Letter to Jules Michelet.* London: Weidenfeld and Nicolson, 2011.

"Revolution in Russia". In *The Herzen Reader*, edited by Kathleen Parthe, ??—??. Evanston, IL: Northwestern University Press, 2012.

Hobsbawm, Eric. "Introduction *Pre—Capitalist Economic Formations*", by Karl Marx. London: Lawrence & Wishart, 1964.

Holmes, Rachel. *Eleanor Marx: A* Life. London: Bloomsbury, 2014.

Hospitalier, Édouard. *La physique moderne. Les principales applications de l'électricité.* Paris: G. Masson, 1882.

Hyndman, Henry. *The Record of an Adventurous Life.* New York: Macmillan, 1911.

——. *England for All.* New York: Barnes & Noble, 1974.

——. IISH Amsterdam, *Marx—Engels Papers*, C 261, C 262.

Hudis Peter. "Accumulation, Imperialism, and Pre—capitalist Formations. Luxemburg and Marx on the Non—Western World", *Socialist Studies VI*, no. 2（2010）: 75—91.

Institute of Marxism—Leninism ed., *Reminiscences of Marx and Engels*. Moscow: Foreign Languages Publishing House, 1957.

Kapp, Yvonne. *Eleanor Marx: Family Life 1855—1883*, vol. 1. London: Virago, 1979.

Kautsky, Benedikt, ed. *Friedrich Engels' Briefwechsel mit Karl Kautsky.* Wien: Danubia, 1955.

Kisch, Egon Erwin. *Karl Marx in Karlsbad.* Berlin: Aufbau, 1953.

Klein, Maury. *The Life and Legend of Jay Gould.* Baltimore: Johns Hopkins University Press, 1997.

Krader, Lawrence ed. "Introduction *The Ethnological Notebooks of Karl Marx*", by Karl Marx, 1— 85. Assen: Van Gorcum, 1972.

——. *The Asiatic Mode of Production: Sources, Development and Critique in the*

Writings of Karl Marx, Assen: Van Gorcum, 1975.

Krätke, Michael R. "Marx and World History", *International Review of Social History* 63, no. 1 (2018): 91—125.

Krysmanski, Hans Jürgen. *Die letzte Reise des Karl Marx*. Frankfurt: Westend, 2014.

Lafargue, Paul. "Frederick Engels", *The Social Democrat 9*, no. 8 (1905): 483—488.

Lanzardo, Dario. "Intervento socialista nella lotta operaia: l'inchiesta operaia di Marx", *Quaderni Rossi 5*, (April 1965): 1—24.

Latouche, Serge. *Petit traité de la décroissance sereine*. Paris: Mille et une Nuits, 2017.

Lazarus, Neil. "The Fetish of 'the West' in Postcolonial Theory", In Marxism, *Modernity and Postcolonial Studies*, edited by Crystal Bartolovich and Neil Lazarus, 43—64. Cambridge: Cambridge University Press, 2002.

Liedman, Sven—Eric. *A World to Win: The Life and Works of Karl Marx*. London: Verso, 2018.

Limmroth, Angelika. *Jenny Marx. Die Biographie*. Berlin: Karl Dietz, 2018.

Limmroth, Angelika and Rolf Hecker. *Jenny Marx. Die Briefe*. Berlin: Karl Dietz, 2014.

Lindner, Kolja. "Marx's Eurocentrism: Postcolonial Studies and Marx's Scholarship", *Radical Philosophy*, no. 161 (2010): 27—41.

Lombardo Radice, Lucio. "Dai "manoscritti matematici di K. Marx", *Critica Marxista—Quaderni*, no. 6 (1972): 273—286.

Luxemburg, Rosa. *The Accumulation of Capital*. London: Routledge, 2014.

Martínez—Alier, Juan. *Ecological Economics: Energy, Environment and Society*. Oxford: Basil Blackwell, 1987.

McLellan, David. *Karl Marx: His Life and His Thought*. London: Macmillan, 1973.

Mehring, Franz. *Karl Marx: The Story of His Life*. Ann Arbor: University of Michigan Press, 1962.

Meier, Olga, ed. *The Daughters of Karl Marx: Family Correspondence 1866—1898*. New York: Harcoxurt Brace Jovanovich, 1982.

Mohri, Kenzo. "Marx and 'Underdevelopment'", *Monthly Review 30*, no. 11 (1979): 32—42.

Most, Johann. *Kapital und Arbeit. Ein populärer Auszug aus 'Das Kapital' von Marx 1873*, MEGA2, vol. II/8: 735—800, Chemnitz 1873.

——. Moses, Daniel. *The Promise of Progress: The Life and Work of Lewis Henry Morgan*. Columbia: University of Missouri Press, 2009.

Morgan, Henry. *Ancient Society*. New York: Henry Holt, 1877.

Mulhall, Michael George. "Egyptian Finance", *Contemporary Review* XLII, (1882): 525—535.

Musto, Marcello. "The Rediscovery of Karl Marx", *International Review of Social History* 52, no. 3 (2007): 477—498.

——. ed. Karl Marx's *Grundrisse: Foundations of the Critique of Political Economy 150 Years Later*. New York: Routledge, 2008.

——. ed. Workers Unite! *The International 150 Years Later*. London: Bloomsbury, 2014.

——. "The Myth of the 'Young Marx' in the Interpretations of the *Economic and Philosophic Manuscripts of 1844*", Critique 43, no. 2 (2015): 233—260.

——. *Another Marx: Early Manuscripts to the International*. London: Bloomsbury, 2018.

——. Karl Marx. *Biografia intellettuale e politica 1857—1883*. Turin: Einaudi, 2018.

——., ed. *The Marx Revival: Essential Concepts and New Critical Interpretations*. Cambridge: Cambridge University Press, 2020.

Natalizi, Marco. *Il caso Èernyševskij*. Milan: Bruno Mondadori, 2006.

Nicolaevsky, Boris, and Otto Maenchen—Helfen. *Karl Marx: Man and Fighter*. London: Pelican Books, 1976.

Nieuwenhuis, Ferdinand Domela. *Kapitaal en Arbeid*. Hague: n.p., 1881.

Oittinen, *Vesa. Marxism, Russia, Philosophy*. London: Palgrave 2020.

Otani, Teinosuke, Ljudmila Vasina, and Carl—Erich Vollgraf. Einführung, in MEGA2, vol. II/11: 843—905.

Payne, Robert. Marx: *A Biography*. New York: Simon & Schuster, 1969.

Pereira, Norman G.O. *The Thought and Teachings of N. G. Èernyševskij*. The Hague: Mouton, 1975.

Perlman, Selig. "The Anti—Chinese Agitation in California". In John R. Commons, David J. Saposs, Helen L. Sumner, Edward B. Mittelman, Henry E. Hoagland, John B. Andrews and Selig Perlman, *History of Labour in the United States*, vol. 2. New York: Macmillan, 1918, 252—268.

Peters, Heinz Frederick. *Red Jenny: A Life with Karl Marx*. New York: St. Martin's, 1986.

Pipes, Richard. "Narodnichestvo: A Semantic Inquiry", *Slavic Review* XXIII, n. 3 (1964): 421—458.

——. *Struve: Liberal on the Left, 1870—1905*, Cambridge: Harvard University Press,

1970.

Poggio, Pierpaolo. *L'Obščina. Comune contadina e rivoluzione in Russia*. Milan: Jaca Book, 1978.

Prawer, Siebert S. *Karl Marx and World Literature*. London: Verso, 2011.

Rae, John. "The Socialism of Karl Marx and the Young Hegelians", *The Contemporary Review XL*, (1881): 587—607.

Renehan, Edward J. Dark *Genius of Wall Street: The Misunderstood Life of Jay Gould, King of the Robber Barons*. New York: Basic Books, 2006.

Rubel, Maximilien. Karl Marx. *Essai de biographie intellectuelle*. Paris: Rivière, 1957.

——., ed. *Karl Marx/Friedrich Engels: Die russische Kommune,* Munich: Hanser, 1972.

——. *Marx critique du marxisme*. Paris: Payot, 1974.

——. *Marx: Life and Works*. London: Macmillan, 1980.

Ryazanov, David. "Neueste Mitteilungen über den literarischen Nachlaß von Karl Marx und Friedrich Engels", *Archiv für die Geschichte des Sozialismus und der Arbeiterbewegung* 11, (1925): 385—400.

Rühle, Otto. *Karl Marx: His Life and Work*. New York: Routledge, 2011.

Said, Edward. *Orientalism*. London: Routledge, 1995.

Saito, Kohei. Karl Marx's *Ecosocialism: Capital, Nature, and the Unfinished Critique of Political Economy*. New York: Monthly Review Press, 2017.

Sawer, Marian. *Marxism and the Question of the Asiatic Mode of Production*. The Hague: Martinus Nijhoff, 1977.

Shanin, Teodor. "Late Marx: Gods and Craftsmen", In *Late Marx and the Russian Road*, edited by Teodor Shanin, 3—39. London: Routledge, 1984.

Shannon, Richard. *Gladstone, vol. 2, 1865—1898*. Chapel Hill: The University of North Carolina Press, 1999.

Smith, Cyril. *Marx at the Millennium*. London: Pluto, 1996.

Smith, David. *Marx's World: Global Society and Capital Accumulation in Marx's Late Manuscripts*. Yale University Press, forthcoming 2020.

Smith, David. "Accumulation by Forced Migration: Insights from *Capital* and Marx's Late Manuscripts", In *Marx 201: Rethinking Alternatives*, edited by Marcello Musto and Alfonso M. Iacono, London: Palgrave Macmillan, forthcoming 2020.

Sofri, Gianni. *Il modo di produzione asiatico. Storia di una controversia marxista*. Turin: Einaudi, 1969.

Sperber Jonathan. *Karl Marx: A Nineteenth—Century Life*. New York: Liveright, 2013.

Stedman Jones, Gareth. *Karl Marx: Greatness and Illusion*. Harvard: Harvard University Press, 2016.

Stenographische Berichte über die Verhandlungen des Reichstags, I, Berlin, 1882.

Tairako, Tomonaga. "Marx on Capitalist Globalization". *Hitotsubashi Journal of Social Studies* 35, (2003): 11—16.

Tible, Jean. *Marx Selvagem*. São Paulo: Autonomia Literaria, 2018.

Tichelman, Fritjof. *Schriften aus dem Karl—Marx—Haus, XXX, Marx on Indonesia and India*. Trier: Karl—Marx—Haus, 1983.

Tsuzuki, Chushichi. *H.M. Hyndman and British Socialism*. London: Oxford University Press, 1961.

——. *The Life of Eleanor Marx, 1855—1898: A Socialist Tragedy*. Oxford: Clarendon Press, 1967.

Venturi, Franco. *Roots of Revolution: A History of the Populist and Socialist Movements in Nineteenth Century Russia*. New York: Alfred A. Knopf, 1960.

Venturi, Franco. "Introduzione", In Franco Venturi, *Il populismo russo. Herzen, Bakunin, Cernysevskij, vol. I*. Torino: Einaudi, 1972, VII—CXII.

Vesper, Marlene. *Marx in Algier*. Bonn: Pahl—Rugenstein Nachfolger, 1995.

Vorländer, Karl. *Karl Marx*. Leipzig: F. Meiner, 1929.

Vorontsov, Vasily. *Sud'by kapitalizma v Rossii* (Destinies of Capitalism in Russia), St. Petersburg: n.p. 1882

Wada, Haruki. "Marx and Revolutionary Russia", In *Late Marx and the Russian Road*, edited by Teodor Shanin, 40—76. London: Routledge, 1984.

Walicki, Andrzej. *Controversy Over Capitalism: Studies in the Social Philosophy of the Russian Populists*. Oxford: Clarendon Press, 1969.

Webb, Daren. *Marx, Marxism, and utopia*. Aldershot: Ashgate, 2000.

Weissweiler, Eva. *Tussy Marx: Das Drama der Vatertochter*. Cologne: Kiepenheuer & Witsch, 2002.

White, James. *Marx and Russia: The Fate of a Doctrine*. London: Bloomsbury 2018.

Wurmbrand, Richard. *Was Marx a Satanist?* Glendale: Diane Books, 1979.

Yanovskaya, Sofya. "Preface to the 1968 Russian Edition", In Karl Marx, *Mathematical Manuscripts*, VII—XXVI. London: New Park Publications, 1983.

Zasulich, Vera. "A Letter to Marx", In *Late Marx and the Russian Road*, edited by Teodor Shanin, 98—99. London: Routledge, 1984.

责任编辑：赵圣涛
版权统筹：陈冰洁
封面设计：胡欣欣
责任校对：吕　飞

图书在版编目（CIP）数据

马克思的晚年岁月／（意）马塞罗·穆斯托（Marcello Musto）著；刘同舫，
　谢静 译 . —北京：人民出版社，2022.1
ISBN 978－7－01－023304－8

Ⅰ.①马…　Ⅱ.①马…②刘…③谢…　Ⅲ.①马克思（Marx, Karl 1818—1883）-
生平事迹　Ⅳ.① A712

中国版本图书馆 CIP 数据核字（2021）第 063417 号

马克思的晚年岁月
MAKESI DE WANNIAN SUIYUE

〔意〕马塞罗·穆斯托　著

刘同舫　谢　静　译

人 民 出 版 社 出版发行
（100706　北京市东城区隆福寺街 99 号）

中煤（北京）印务有限公司印刷　新华书店经销

2022 年 1 月第 1 版　2022 年 1 月北京第 1 次印刷
开本：710 毫米 × 1000 毫米 1/16　印张：13
字数：210 千字

ISBN 978－7－01－023304－8　定价：59.00 元

邮购地址 100706　北京市东城区隆福寺街 99 号
人民东方图书销售中心　电话（010）65250042　65289539